PREMIERS ESSAIS

DE

PHILOSOPHIE DU DROIT

ET

D'ENSEIGNEMENT MÉTHODIQUE

DES LOIS FRANÇAISES.

PARIS. — IMPRIMERIE DE FAIN ET THUNOT,
Rue Racine, 29, près de l'Odéon.

PREMIERS ESSAIS

DE

PHILOSOPHIE DU DROIT

ET

D'ENSEIGNEMENT MÉTHODIQUE

DES LOIS FRANÇAISES;

SUIVIS DE

LETTRES adressées à **M. GIRAUD**,

INSPECTEUR GÉNÉRAL DE L'ORDRE DU DROIT ;

PAR J. OUDOT,

AVOCAT A LA COUR ROYALE,
PROFESSEUR DE CODE CIVIL A LA FACULTÉ DE DROIT DE PARIS.

> La raison tend à rattacher toute connaissance à son principe le plus élevé, et qui ne dépend de nul autre principe.
> TENNEMANN, *Manuel de l'histoire de la philosophie.*

———≫⋘———

PARIS.

JOUBERT, LIBRAIRE DE LA COUR DE CASSATION,

RUE DES GRÈS, 14, PRÈS DE LA FACULTÉ DE DROIT.

——

1846

A MES ÉLÈVES.

Ce livre est à vous.

Il s'adresse à vos souvenirs, à vos intérêts, à vos espérances.

Les deux premières parties vous répètent des leçons que vous avez entendues, et dont vous avez désiré la publication.

La troisième expose vos doléances et les miennes, sur tout ce qui gêne les communications de nos intelligences.

La quatrième demande pour vous des moyens plus complets d'instruction.

Que ce volume soit, entre vous et moi, un gage de plus

d'une affection réciproque, dont les preuves ont été déjà multipliées!

Qu'il contribue à nous consoler de la triste erreur de ceux qui représentent les étudiants des Facultés françaises comme *étrangers à leurs professeurs* (1)!

(1) M. Édouard Laboulaye, *Revue de législation et de jurisprudence*, 1845, t. III, p. 323.

PRÉFACE.

Nous devons au lecteur quelques explications sur l'occasion, la pensée et les diverses parties de cette publication.

I.

La reconnaissance est due à toute ardeur qui cherche le progrès, à toute persévérance qui le réalise.

Se demander quelles améliorations peut réclamer l'enseignement du droit ;

Poser sur ce point les questions dans un rapport au roi, et réunir, pour les décider, une haute commission ;

Mais, avant d'ouvrir la discussion, se rappeler ce proverbe, cité par Leibnitz, *plus vident oculi quàm oculus;* consulter en conséquence les Facultés, publier leurs réponses, et attendre que la polémique ait apporté dans le débat ses lumières:

C'est avoir bien mérité de la science.

Remercions donc, et pour le but qu'il poursuit, et pour les moyens qu'il emploie, M. de Salvandy, Ministre de l'Instruction publique;

Et réservons nos désirs et notre espérance d'avoir à le remercier davantage, pour le succès difficile de l'œuvre.

En présence des controverses que ces projets de réforme ont fait naître, un souvenir doit apparaître à ceux qui ont pour la vérité la ferveur que son culte demande : c'est celui d'une loi de Solon, qui punissait l'indifférence du citoyen, quand, dans les temps de discordes civiles, il ne se déclarait pas pour l'un ou l'autre des partis opposés (1).

Voter pour l'un d'eux, dans les assemblées publiques, et se placer dans ses rangs, s'il fallait combattre, c'était satisfaire suffisamment à cette loi.

Mais les luttes scientifiques imposent d'autres devoirs que celles de l'Agora.

---

(1) Plut., in Solon. — Aul. Gell., lib. II, c. 12.

Celui qui s'y mêle a bien plus à expliquer qu'à donner son suffrage.

Ailleurs les voix se comptent! ici les raisons se pèsent!

Le désir d'apporter notre vote motivé dans les questions à l'ordre du jour, telle a été l'occasion de cette publication.

II.

Formulons maintenant la pensée dont ce livre contiendra le développement.

De tout temps la pratique et la théorie se sont livré, mal à propos, un combat regrettable.

Plus regrettable encore serait la victoire, si, de quelque côté qu'elle vînt à pencher, elle avait pour résultat de séparer deux choses qui doivent rester indivisiblement unies, la science et l'action.

D'un côté, les hommes dont toute l'occupation est d'appliquer le droit, vont répétant que des théories isolées de cette application ne sont que des jeux stériles de l'esprit.

C'est exprimer une incontestable vérité. — Mais il faut la renfermer dans ses limites exactes.

Ne lui permettons pas d'inspirer au juge, à l'avocat, encore moins au professeur, trop de préventions contre bien des recherches, dont les conséquences pratiques, pour n'être pas immédiatement aperçues, n'en existent pas moins!

Aussi lorsque, au nom de cette vérité, un jurisconsulte sévère et consciencieux, dont la modestie vraie et la sagacité analytique n'estiment une notion qu'au prix de sa netteté, recommande, du haut de la chaire, d'éviter *le fatras historique* (1), je lui demanderai du moins de ne pas poser trop près la limite qui doit empêcher de confondre, avec ce *fatras*, l'histoire utile.

Et s'il veut écarter, par une fin de non-recevoir, des questions philosophiques indispensables, dont le contre-coup se fait sentir jusque dans les plus minces détails des actions humaines, je ne pourrai joindre ma voix à sa voix amie, pour affirmer « *que tout ce luxe de métaphysique ne peut être d'*AUCUN AVANTAGE *pour les véritables progrès de la science du droit* (2) ! »

---

(1) M. Valette, *Revue de droit français et étranger*, 1846, t. III, p. 243.
(2) *Id. ibid.*

D'un autre côté, des hommes érudits, dont les méditations patientes se complaisent à découvrir des trésors inconnus au vulgaire, soutiennent que les faits présents ne sont qu'un spectacle matériel pour les yeux, si l'esprit n'en cherche pas l'origine et le but.

Autre vérité incontestable ! — mais dont l'entraînement a aussi son danger !

Trop séduite par l'attrait même des investigations historiques et philosophiques, la science ne peut-elle pas être tentée d'oublier la mission, qui lui est confiée, de diriger les sociétés humaines, pour ne plus aspirer qu'à amuser ses aristocratiques loisirs ?

Alors elle laissera les faits marcher tout seuls. S'absorbant dans la mysticité de ses souvenirs ou dans le caprice de ses prévisions, elle placera le droit « *en dehors de toute application, dans la région de l'érudition pure et de la métaphysique abstraite* (1). »

Va-t-on nous accuser d'erreur, si nous signalons cette tendance dans l'exagération des propositions suivantes :

---

(1) M. Bonnier, *Revue de droit français et étranger*, 1846, t. III, p. 201. — Dans deux articles de cette revue (1846, t. III, p. 150 et 198), mon excellent collègue et ami, M. Bonnier, recherche, comme moi, la voie qui tend à ne sacrifier, comme à ne glorifier exclusivement, aucune partie de la science.

« *Une Faculté (Allemande) a sa fin en elle-même : cette fin, c'est la science*, ET NON *le service public* (1) ?

» *Elle avertit les étudiants de ne point sacrifier la science à l'intérêt, en se bornant à ce qu'on appelle dédaigneusement en Allemagne les* brodstudien, *ou études gagne-pain, c'est-à-dire* aux matières exigées par l'examen (2). » LA SCIENCE POUR LA SCIENCE, *telle doit être la devise des professeurs et des étudiants. Sans ce culte désintéressé* (3), *un haut enseignement n'est pas possible* (4) ?

» *Le professeur de Code civil est chargé*, NON PAS D'ENSEIGNER L'HISTOIRE DU DROIT, *mais d'expliquer le texte de la loi ;* ET L'HISTOIRE, MÊLÉE A L'EXÉGÈSE, EST UN MOYEN SÛR DE BROUILLER TOUTES LES IDÉES (5) ? »

La pensée de la publication qui va suivre est de

---

(1) M. Édouard Laboulaye, *Revue de législation et de jurisprudence*, 1845, t. III, p. 302.

(2) *Id. ibid.*, p. 303.

(3) Le désintéressement est le sacrifice bienfaisant de notre bien-être au profit d'autrui. L'amour de la science, pour le plaisir de l'aimer, est moins intéressé que sa recherche en vue des avantages matériels ; mais il n'est pas désintéressé. Ce n'est qu'un égoïsme rare et de bon goût.

(4) M. Édouard Laboulaye, *Revue de législation et de jurisprudence*, 1845, t. III, p. 303.

(5) *Id.*, *De l'enseignement du droit en France*, 1839, p. 3. — Voilà qui serait de nature à nous désespérer, nous qui ne concevons pas la pos-

placer la vérité à une distance égale des deux systèmes extrêmes que nous venons de signaler.

Craignez, dirons-nous aux partisans exclusifs, soit de l'un, soit de l'autre, de compromettre, en en brisant l'unité, la cause dont vous êtes les honorables défenseurs!

Il est impossible, le divorce que vous tendriez à introduire entre la science et l'action!

Toutes deux, unies comme l'âme qui commande et le corps qui obéit, ne peuvent, pas plus que l'âme et le corps, se séparer sans faire disparaître l'être qui résultait de leur combinaison.

[Connaît-il le bassin d'un fleuve, celui qui s'établit sur un des points de la rive, et, content du bienfait des eaux courantes, ne demande jamais le nom du ruisseau qui leur donna naissance, ou de la mer qui les absorbera?]

Mais le connaît-il davantage, le marin qui, de la pleine mer, en aperçoit seulement l'embouchure?

---

sibilité de séparer l'histoire et la philosophie de l'étude du texte des lois!]

Mais, à la page 10, l'auteur, mieux inspiré, nous rassure, et nous l'en remercions, quand il recommande comme *un admirable instrument*, *l'excellente méthode historique empruntée de Cujas*, laquelle, on le sait, lui servait surtout pour l'exégèse.

Quant à l'expression *méthode historique*, nous faisons seulement contre elle ici nos sévères réserves. — C'est plus loin que nous ferons voir, plus d'une fois, l'inexprimable confusion d'idées qu'elle renferme.

ou le voyageur qui s'égare dans les montagnes, pour en chercher la source ignorée?

Certes, nous voudrions dans nos Facultés, non pas seulement plus de souci de l'étude du droit public et du droit pénal, et plus de liberté pour certains enseignements resserrés dans d'inutiles entraves, mais, surtout, plus d'amour pour les travaux philosophiques et historiques! C'est notre vœu sincère! c'est aussi notre ardent espoir!

Mais cet espoir et ce vœu seraient insensés, s'il était vrai, ce qu'à Dieu ne plaise, qu'il appelât seulement des recherches de vaine spéculation!

Heureusement il n'en est point ainsi. On peut dire de la science ce qu'on a dit de la mort : *Si non tota est, non est!*

Qu'on se garde de présenter la philosophie, l'histoire, la législation comparée (1), comme des études accessoires de la jurisprudence! Autant vaudrait appeler accessoires d'un triangle, deux des côtés qui le forment.

Ces études ne sont pas en dehors du droit; elles se fondent dans son identité! Sans elles, le juris-

---

(1) « Le *thalweg* des rivières, l'arête des montagnes,... ne marquent pas les limites de la science. » M. Ortolan, *Cours de législation pénale comparée, Introduction philosophique*, p. 20.

consulte n'est pas. Ce n'est que dans leur union continuelle avec la connaissance des textes, qu'il trouve la plénitude des moyens d'arriver à son but, c'est-à-dire à la direction pratique intelligente des actions de toutes les heures de la vie de l'homme (1)!

En résumé, la science que nous voulons, c'est la science sous tous ses aspects, mais les disposant tous autour d'un centre commun, l'application!

La science active, et non contemplative! qui analyse, pour les régler, les faits sociaux, au lieu de mirer complaisamment sa propre image!

Telle est la pensée qui a inspiré cet ouvrage. — Elle essaye d'apporter ses solutions conciliatrices, sur les projets de réforme de l'enseignement du droit.

---

(1) Nous ne saurions trop dire combien est fausse, disons mieux, impossible, la distinction perpétuelle que fait M. Laboulaye entre *le jurisconsulte et le savant en droit*. (Voyez notamment *De l'enseignement du droit en France*, 1839, p. 50.)

Pourquoi défendre au premier de lire le Sachsenspiegel, ou le Schwabenspiegel, ou le Ruprecht von Freysingen, ou les Gragas?

Faut-il donc défendre au second de lire les Codes?

L'auteur ne dit-il pas lui-même que « *le but commun de tous deux est la justice et la vérité?* » Quoi! le but est le même! et ils y parviendraient suffisamment chacun, en n'employant qu'un des deux moyens nécessaires, sans nul secours de l'autre? Cela ne se peut.

Aussi l'ardeur scientifique sincère de l'auteur ne lui permet jamais de se tromper longtemps. — Applaudissons sans réserve aux pages 15 et 17 du même ouvrage, où il recommande, avec raison, au professeur de Code civil, de faire une introduction *historique*, *philosophique*, *littéraire*, comprenant notamment l'*indication des éléments anciens des lois*, et *une bibliographie!*

III.

Indiquons, en terminant, le lien qui rattache l'une à l'autre les diverses parties de ce volume.

Un devoir nous paraît sévèrement imposé au novateur qui parle de réforme d'un enseignement. C'est de faire d'abord sa profession de foi sur l'objet, les divisions, le but, les méthodes de cet enseignement.

A cette condition seule, il a le droit d'être écouté : car il montre seulement ainsi qu'il saurait remplacer ce qu'il demande à détruire.

Lorsque, pour marcher, dans les rangs de l'Université, à la conquête des progrès de la jurisprudence, on prend le nom de *volontaire* (1), j'aime ce nom, qui exprime une bonne confraternité :

Mais je ne puis approuver l'idée qu'il renferme.

Un volontaire suit, il ne dirige pas.

Il cherche l'éclat de quelque charge brillante ; tandis que c'est l'affaire des chefs du conseil de

---

(1) M. Édouard Laboulaye, *De l'enseignement du droit en France*, 1839. Voir la dédicace.

guerre de tracer, avec la sagesse qu'inspire le sentiment de la responsabilité, le plan de la campagne et les détails de l'organisation de la conquête.

Eh bien! c'est ce dernier rôle, et non l'autre, qu'il faut prendre résolument, quand on se sent l'ambition légitime de proposer des améliorations.

Aussi j'avoue mon impuissance à comprendre quel scrupule de réserve, et quelle délicatesse d'impartialité, ont pu inspirer le besoin de proclamer, en se posant comme juge des Facultés françaises, « *qu'on est étranger à leur mouvement* (1). »

S'identifier au contraire tout d'abord avec elles;

Demander à leur expérience une masse de faits, avant d'établir *à priori* des théories;

Découvrir des vérités partielles jusque dans leurs erreurs mêmes, et dans les exagérations de la direction qu'on leur reproche;

Et alors, bien instruit de l'état réel des choses, commencer l'accomplissement de sa mission, en déclarant de quelle école on est, d'où l'on vient, et où l'on va;

Donner ainsi autorité aux mesures qu'on in-

---

(1) M. Édouard Laboulaye, *De l'enseignement du droit en France*, 1839, p. 14.

dique, en en faisant clairement apercevoir et le point de départ, et les conséquences :

Voilà, si nous ne nous trompons, les procédés à suivre pour arriver à ces deux résultats : être compris, être utile !

En un mot, tout réformateur de la jurisprudence trouve, dans son dévouement et dans sa loyauté, l'obligation préalable d'exposer son système particulier :

1° De philosophie du droit ;
2° D'encyclopédie du droit.

N'est-ce pas uniquement de sa pensée intime sur ces deux points, que peuvent sortir les amendements qu'il propose?

Et cette pensée, chacun a le droit de la connaître pleine et entière !

Qu'il commence donc, au gré d'une inspiration puissante, ou, plus modestement, au nom de vingt ans de labeurs, par demander à sa raison indépendante ce que c'est que *le droit?* — Un système d'organisation de l'enseignement sortira tout créé de sa réponse !

Mais tant qu'il n'aura pas défini lui-même les dénominations vagues et ambiguës des chaires à établir, je ne saurai pas ce qu'il désire ! combien en effet n'ai-je pas vu apparaître de sens différents de ces dénominations, soit dans mes entretiens avec les jurisconsultes contemporains, soit dans la lecture des bons livres, « *conversation choisie*, comme disait Descartes, *avec les plus honnêtes gens des siècles passés!* »

Et quand même ces intitulés de cours de droit rempliraient les programmes d'une nation voisine de la nôtre, je ne verrais pas davantage un système d'organisation de l'enseignement dans leur traduction périlleuse, dont un sage proverbe italien me conseille de me défier, comme d'une trahison!

Plein de déférence pour notre sœur intellectuelle, l'Allemagne, admirateur passionné de son génie patient, mais non sans quelque défiance de sa religion rêveuse, trop fidèle aux traditions du passé, je craindrais qu'elle ne fût la première à me désavouer, si j'abdiquais ma raison dans la sympathie qu'elle m'inspire, ou dans le respect de son droit d'aînesse!

Eh bien! le soin que je regrette de voir trop oublié par les réformateurs, c'est celui dont je m'acquitte d'abord, dans les trois premières parties de ce volume.

La première contient l'analyse d'un cours abrégé de philosophie du droit.

La seconde contient l'analyse d'un cours abrégé d'encyclopédie du droit français (1).

La troisième exprime des plaintes sur la constitution actuelle de l'enseignement du Code civil en

---

(1) Ces deux parties sont la reproduction de quatre leçons de mon cours. On sait que ce cours dure trois ans. Au commencement de la première année, j'ai l'habitude de donner d'abord, à la philosophie et à l'encyclopédie du droit, tout le temps que peut me laisser la destination spéciale de ma chaire. Je consacre à ce soin environ quarante-cinq leçons. — Je m'applaudis d'être d'accord avec M. Laboulaye (*De l'enseignement du droit en France*, 1839, p. 15), en affirmant que, sans ces prolégomènes, nulle étude spéciale n'est possible.

Quand j'arrive à la seconde année, je crois utile, avant d'aborder le second tiers de mon enseignement, de rappeler encore à mes élèves ces prolégomènes, en leur donnant un résumé rapide des quarante-cinq leçons, déjà par elles-mêmes très-sommaires, faites sur ces matières dans les premiers mois de l'année précédente.

C'est ce résumé, tel qu'il a été présenté à mes auditeurs, en quatre leçons, au mois de novembre dernier, que je publie aujourd'hui.

Ainsi, ce livre ne contient qu'une esquisse : mais elle est fidèle et tracée avec soin. — Nous voulions avant tout être bref, pour nous hâter vers notre conclusion. — Sans doute nous avons évité de nous réduire aux proportions d'un programme sec et énigmatique; mais nous nous sommes fermement imposé la loi de nous resserrer dans un petit nombre de pages, où tout développement a dû être rigoureusement sacrifié au désir de l'enchaînement rapide des propositions.

Nous espérons que, malgré sa brièveté, ce résumé suffira pour indiquer l'ensemble de nos idées générales, et aussi la direction de nos travaux, tournée tout entière vers le problème difficile de la classification des notions du droit. — Ce ne serait, certes, pas avoir perdu notre vie, si bientôt, dans un ouvrage plus étendu, nous pouvions aspirer à l'éloge que demandait Pascal, en ces termes : « *Qu'on ne dise pas que je n'ai rien dit de nouveau! La disposition des matières est nouvelle. — Quand on joue à la paume, c'est une même balle dont joue l'un et l'autre. Mais l'un la place mieux.* »

France, constitution entièrement en désaccord avec les idées formulées dans les deux premières parties de ce volume.

C'est par cette route, longue peut-être, mais la seule qui nous paraisse possible et légitime, que nous arrivons à notre quatrième partie, où, dans quelques lettres adressées à l'honorable M. Giraud, inspecteur général de l'ordre du droit, nous tirons, des trois parties précédentes, notre conclusion, sur les projets de réforme des études juridiques.

On le voit : plus grande est notre franchise que notre prudence.

A nos risques et périls, nous faisons remonter notre synthèse jusqu'au point le plus élevé, pour qu'elle redescende ensuite, de subdivisions en subdivisions, jusqu'aux derniers détails de ses applications.

Aussi, nous avons une grâce à demander au lecteur; c'est qu'il veuille bien admettre qu'il n'y a, dans cette manière de procéder, ni orgueil, ni témérité.

En la suivant, nous nous sommes soumis à l'accomplissement d'un devoir.

Pour essayer d'ajouter le moindre anneau à la chaîne du progrès, il faut se hasarder à mesurer péniblement toute la chaîne.

Si l'on veut s'efforcer d'arriver aux horizons élevés, il faut courir la chance des lourdes chutes.

Nous avons donc accepté les conséquences de cette publication. C'est une confession tout entière.

On connaîtra nos théories, notre pratique même (puisque ce sont des leçons que nous publions), avant de lire notre conclusion.

Pour faire tomber les corollaires énoncés dans cette dernière partie, il suffira de renverser tel ou tel principe énoncé dans les trois premières.

Qu'on nous permette une comparaison. Nous découvrons notre poitrine, en prenant notre rang sur la ligne de bataille.

Nous croyons connaître la bonne et sainte cause.

Nous nous y dévouons.

Dieu donnera le succès au meilleur drapeau.

Quoi qu'il arrive, les blessures que nous recevrons seront au front et au cœur.

Et, au surplus, ne savons-nous pas que souvent, lorsque le soldat tombe, son arme, qui ne l'a pas suffisamment servi, peut être relevée, et contribuer, le lendemain, à la victoire, dans des mains plus habiles?

PREMIÈRE PARTIE.

PHILOSOPHIE DU DROIT.

« Il faut consentir à sa condition, et puisque notre condition est d'être homme, nous devons agiter les problèmes humains. — La science des devoirs et des droits suppose que l'on connaît la destinée de l'homme, sa nature, son principe, et ses rapports avec le monde. — Nulle science particulière n'est possible qu'au sein de la science générale. »

M. Cousin, *Cours de* 1816 *et* 1819.

« La morale est à la métaphysique, ce que la pratique est à la théorie. »

Leibnitz, *Nouveaux essais sur l'entendement humain*, liv. iv, ch. 17.

PREMIERS ESSAIS

DE

PHILOSOPHIE DU DROIT

ET

D'ENSEIGNEMENT MÉTHODIQUE

DES LOIS FRANÇAISES.

PREMIÈRE LEÇON.

(14 NOVEMBRE 1845).

Mes chers Élèves,

En remontant dans cette chaire, je retrouve les deux pensées qui donnent seules le contentement pur et vrai : l'une est celle d'un devoir à remplir, l'autre est celle d'une affection à mériter. La première est le but de la vie; la seconde en est l'ornement et la consolation : je viens ici tendre au but de toutes mes forces, espérer la consolation de toute mon âme.

Ces forces et cet espoir, une première année d'enseignement vous en a donné la mesure. Tous, ou presque tous, vous êtes habitués à ma parole. Que de fois j'ai signalé, comme le plus beau privilége du professeur de Code civil, l'avantage de conserver pendant trois ans les mêmes élèves, de suivre la série de leurs progrès depuis le premier jusqu'au dernier moment de leur vie d'étudiant, de rendre chaque jour plus intimes les communications de la science à leur intelligence qui s'éclaire!

Soyez donc les bienvenus, vous qui retrouvez aujourd'hui votre professeur! Son unique ambition vous est connue : c'est de consacrer toutes ses heures à la préparation de ses leçons, et, s'il lui reste quelques loisirs, de rechercher les entretiens avec les élèves qui lui demandent des compléments d'explication. Si l'inexpérience des uns se trompe, il la dirige par quelques conseils; si le zèle des autres s'endort, il le réveille par quelques reproches. Pendant la troisième année, il réunit dans quelques conférences les plus fidèles d'entre eux; amis que la science lui prépare, et qu'elle lui conservera hors des murs de l'école, en confiant à leur vie entière quelques religieux souvenirs!

C'est ainsi que sa mission est précieuse à son cœur, comme elle est sacrée pour sa conscience.

Aussi ne lui paraît-elle pas se borner, au commencement de cette seconde année, à reprendre brusquement et sans transition l'explication du Code civil au point où elle a été interrompue à la fin de la première. Il convient à l'unité de ce cours triennal de faire d'abord la revue rétrospective de tout ce que nous avons enseigné jusqu'ici.

Pour bien apercevoir la direction du chemin à suivre, il est bon de faire halte quelquefois, en reportant les yeux en arrière sur l'étendue qu'on a déjà parcourue : c'est un moyen de prendre courage, et de mesurer mieux la distance qu'il reste à franchir.

Tel est le résultat que nous allons rechercher dans l'analyse qui va suivre, utile pour réveiller les souvenirs de la plupart d'entre vous, et d'ailleurs indispensable pour quelques élèves (aspirant au diplôme de capacité ou au doctorat, ou venus des autres Facultés), qui entrent pour la première fois dans ce cours, et n'en connaissent point la méthode.

Quelques conseils.

I. — Et d'abord, l'an passé, une leçon d'introduction vous a signalé les préjugés à éviter en commençant l'étude de la jurisprudence, ou science du juste et de l'injuste. Nous avons rangé ces préjugés en trois classes :

1re *Classe.* — Préjugés sur le but que l'étudiant doit avoir principalement en vue.

2e *Classe.* — Préjugés sur les moyens que l'étudiant doit employer pour arriver à ce but.

3e *Classe.* — Préjugés sur la nature même de la science du droit.

II. — La première classe de préjugés met à la place du but véritable de l'étudiant, qui doit être d'acquérir la science en elle-même, un autre but accessoire et subordonné, qui est d'acquérir des grades constatés par des diplômes.

L'étudiant tombe-t-il dans cette confusion? n'a-t-il devant les yeux que l'image d'un parchemin à obtenir? alors il se contente de charger sa mémoire de mots, appris à la hâte pour être récités au jour de l'examen, et oubliés le lendemain. Tout ce qu'il s'est proposé, c'est de paraître, un seul instant, savoir assez pour éviter un échec.

Veut-il, au contraire, acquérir la science en elle-même? d'abord pour satisfaire aux nobles aspirations de son intelligence, ensuite pour mettre sa conscience en mesure de disposer, comme avocat ou magistrat, de la fortune et de l'honneur des familles? alors il ne s'adresse à sa mémoire que pour exercer son jugement; il amasse patiemment une instruction solide, bien digérée; et ne se présente pas à l'examen sans être sûr de garder fidèlement le profit des leçons de ses maîtres, converties en connaissances qui désormais lui resteront propres.

Imitez ce dernier, et repoussez de toutes vos forces l'erreur du premier.

III. — La deuxième classe de préjugés présente à l'étudiant le stage dans les études d'avoués et de notaires, ou la lecture des livres dans le cabinet, comme préférables à l'assiduité aux cours.

Gardez-vous de l'opinion, malheureusement trop répandue, qui vous conseillera de vous jeter tout d'abord dans la pratique! Cet empressement inopportun répandrait dans vos esprits une irrémédiable confusion. Vouloir appliquer avant de connaître, ce n'est pas seulement prendre un chemin plus long et moins sûr; c'est littéralement tourner le dos au terme du voyage. « Mépriser la théorie, a-t-on dit avec raison, c'est avoir la prétention excessivement orgueilleuse d'agir sans savoir ce qu'on fait, et de parler sans savoir ce qu'on dit (1). »

Gardez-vous aussi de l'erreur qui vous ferait tout d'abord chercher les premiers éléments de la science dans des lectures faites au hasard, sans choix ni méthode! Attendez une époque ultérieure! laissez le professeur analyser les principes fondamentaux : il vous indiquera ensuite les ouvrages à consulter pour en développer les conséquences!

Routine inintelligente, voilà tout ce que peut donner la pratique à votre inexpérience ; fatigue sans résultat, voilà tout ce que produiront les efforts de vos lectures solitaires! Les cours vous apprendront et à pratiquer avec sagacité, et à lire avec utilité. — Or, suivre les cours, ce n'est pas apporter dans une salle une présence matérielle, et se fier mal à propos à sa mémoire, quelque riche qu'elle puisse être, pour retenir d'innombrables détails; c'est préparer, avant de venir à la leçon, les matières qu'elle doit comprendre, pendant le cours prendre des notes, et après le cours les rédiger sans retard. Sans cette habitude fermement contractée et suivie, n'espérez pas de vos études le moindre résultat!

(1) M. Royer-Collard. — Voir la préface du *Traité de Droit pénal*, par M. Rossi.

IV. — Vient enfin la troisième classe de préjugés. Elle comprend ceux qui, portant sur la nature même de la science du droit, proclament la prétendue facilité ou la prétendue aridité de cette étude.

Le préjugé qui porte sur la facilité prétendue de la jurisprudence a deux sortes de partisans, poussés par des mobiles bien différents. Les uns sont les hommes de sentiment et d'imagination, qui croient l'inspiration morale suffisante, sans connaissances acquises, pour révéler à toute heure le juste et l'injuste ; les autres sont, au contraire, les hommes d'un jugement froid, qui regardent comme arbitraire la distinction du bien et du mal, et ne voient dans les lois que des textes à apprendre par cœur, sans les rattacher à aucune idée de justice primitive.

Les premiers s'endorment trop complaisamment dans les rêveries d'une philosophie contemplative, oublieuse des faits ; les seconds ont tort de railler, comme une chimère, la philosophie pratique. Aux uns il faudrait plus d'observation analytique, aux autres il faudrait plus de foi. — Tous s'arrêtent à moitié chemin du but. Car on ne peut pas plus deviner le droit par la seule imagination, qu'on ne le sait véritablement par la seule mémoire des textes. Il n'y a de science complète qu'à la condition de réunir l'érudition qui classe les faits à la critique rationnelle qui en approfondit les raisons : œuvre de patience et de méditation qui n'a rien de facile!

Quant à l'autre préjugé, celui qui reproche à la jurisprudence sa prétendue aridité, il est le partage d'une seule des deux classes d'hommes que nous signalions tout à l'heure, de celle qui ne voit dans les lois qu'un pur acte arbitraire de la puissance sociale. Ceux qui ont bien compris, au contraire, que le législateur n'est que l'instrument de l'humanité poursuivant le but mystérieux de sa création, et que la science du droit est la recherche des causes finales de toutes choses, ceux-là n'accuseront pas cette science d'aridité. Loin de là ! Ils seront bien plutôt tentés de lui reprocher l'excès de richesse et d'étendue ; et si leur découragement survient, ce sera en vue, non pas de l'exiguïté, mais de la sublimité du problème !

Qu'il nous suffise d'avoir résumé ainsi en peu de mots ces idées, développées avec bien plus de détails, il y a un an, à pareil jour.

———

Après cette introduction préliminaire, nous avons annoncé la division du cours triennal dont nous sommes chargé.

Division du Cours.

V. — L'enseignement attribué au cours de Code civil doit se fractionner, suivant nous, en cinq cours différents, savoir : deux cours généraux et trois cours spéciaux.

Les cours généraux sont :

1° Un cours abrégé de philosophie du droit (1);
2° Un cours abrégé d'encyclopédie du droit français (2).

Les cours spéciaux sont :

1° Un cours sur le droit de la famille (3);
2° Un cours sur le droit privé proprement dit, ou droit de la richesse individuelle (4);
3° Un cours sur quelques principes de droit politique, de droit public et de droit des gens, contenus

---

(1) Leçons du mois de novembre 1844.
(2) Leçons des mois de décembre 1844, janvier et février 1845.
(3) Leçons des mois de mars, avril, mai et d'une partie du mois de juin 1845.
(4) Ce cours, commencé au milieu du mois de juin 1845, durera jusqu'au mois de juillet 1847.

dans le titre préliminaire du Code civil, où le législateur les a placés mal à propos (1).

Les deux cours généraux ont été complétement achevés dans la première année de notre enseignement triennal.

Il en a été de même du premier cours spécial (sur le droit de famille).

Le second cours spécial (sur le droit privé proprement dit) a été commencé.

Nous allons consacrer six leçons, au commencement de cette seconde année, à vous donner l'analyse de ces quatre objets de l'enseignement de notre première année (2).

---

(1) Ce sera l'objet de nos dernières leçons, au mois de juillet 1847.
(2) Nous livrons seulement ici à l'impression l'analyse substantielle du cours abrégé de philosophie du droit, et une autre analyse très-rapide du cours abrégé d'encyclopédie du droit français.

ANALYSE DU COURS ABRÉGÉ

DE

PHILOSOPHIE DU DROIT.

VII. — La jurisprudence, ou science du droit, est la science de la direction des actions humaines, au point de vue du juste ou de l'injuste.

De même que le cercle existait et que les rayons en étaient égaux avant que le premier compas eût tracé une circonférence, de même les principes dirigeants des actions existent indépendamment des tentatives faites pour les formuler par les législateurs.

Le but de notre cours abrégé de philosophie du droit a été de rechercher ces principes dirigeants, en d'autres termes, les idées les plus fondamentales de la distinction du juste et de l'injuste.

VIII. — Nous avons divisé ce cours en dix parties.

Partie 1re. — Position de la question du juste et de l'injuste.

Partie 2e. — Désir d'une réponse à la question du juste et de l'injuste.

Partie 3e. — Réponses spontanées, ou hypothèses.

Partie 4e. — Besoin de la certitude, ou du choix entre les réponses.

Partie 5e. — Doute ou scepticisme.

Partie 6e. — Conditions générales de l'étude de la distinction du juste et de l'injuste.

Partie 7e. — Conditions spéciales de l'étude de la distinction du juste et de l'injuste.

Partie 8e. — Recherche de la distinction dans un principe fondamental.

Partie 9e — Divisions de la science du juste et de l'injuste.

Partie 10e. — Classification méthodique des matières de la science.

PARTIE PREMIÈRE.

Position de la question du juste et de l'injuste.

IX. — Dans le premier titre de cette première partie, nous avons d'abord déterminé l'objet en lui-même de la question du juste et de l'injuste. Procédant par l'observation, moyen de découvrir les vérités physiques, et occasion de reconnaître les faits de conscience, nous avons pris au hasard une action quelconque de la vie d'un homme, par exemple celle qui nous réunit en ce moment dans ce cours. — L'analyse de cette action, comme de toute autre, nous a signalé trois vérités primitives, savoir : 1° que le sujet, auteur de cette action, se sent exister ; 2° qu'il se sent agir ; 3° qu'il se sent chercher un but, donc un moyen d'arriver à ce but. Ainsi, à chaque mouvement de nos organes, voici trois actes de foi nécessaires : foi à notre existence, foi aux modifications successives de notre existence, foi à un but et à un moyen.

On ne peut nier les deux premiers sans se nier soi-même, c'est-à-dire sans nier le sujet qui montre, en niant, qu'il vit et agit : cercle vicieux impossible. — Quant au troisième acte de foi, celui qui croit à un but et à un moyen, une démonstration de sa présence est plus nécessaire. Nous l'avons fournie en constatant que les actions possibles étant innombrables, l'homme qui choisit parmi elles telle action plutôt que telle autre, se pose nécessairement cette question préliminaire : Pourquoi choisir cette action ? Or, la réponse qu'il se fait contient la double idée du but qu'il se propose et du moyen qu'il regarde comme approprié au but.

X. — Mais voici venir une autre question bien plus grave : quel est le critérium qui lui fera préférer tel but et tels moyens à tels autres ? C'est la jurisprudence, ou science du droit ou du juste et de l'injuste, qui se chargera de répondre ; c'est elle qui cherchera la direction convenable des actions humaines, comme l'indique le mot droit, traduit de *directum, dirigere.* — Aussi de grands esprits, dans un langage énergique et bref, l'ont appelée *science de la vie* : et cette définition est véritablement paraphrasée dans ces paroles d'un homme peu suspect d'idéologie, de Napoléon : « *Nul homme ne saurait passer pour vertueux et juste, s'il ne sait d'où il vient et où il va.* »

En résumé, recherche du but de notre vie et des moyens appropriés à ce but, tel est l'objet de la question du juste et de l'injuste.

XI. — Un titre second de notre première partie

nous a montré cet objet dans ses relations avec ceux des autres questions que l'homme se pose. Pour chercher la direction de ses actions, il a préalablement besoin de savoir qui il est, et quel est ce monde extérieur sur lequel il agit. La nature des choses lui paraît le chemin pour tendre à la raison des choses. Les questions à résoudre sur l'une sont autant d'échelons pour arriver à l'autre, dernier mot de toute connaissance humaine.

Nous avons mis en image cette corrélation, en empruntant à un auteur moderne cette comparaison si bien exprimée :

« Lorsque, par un beau jour d'été, vous suivez dans une forêt un sentier couvert de branches qui se courbent en berceau, vous voyez le long du sentier, au milieu de larges ombres, une lumière tremblotante produite par les rayons qui pénètrent à travers le feuillage. Ce sentier, c'est notre vie, et cette lumière vacillante et faible, c'est notre science (1). »

Et nous avons ajouté : cette lumière, c'est le problème pratique, le problème du juste et de l'injuste ; et tous les autres problèmes, ce sont toutes les autres branches qu'il faut élaguer ou abattre, pour élargir successivement le point lumineux.

XII. — Enfin, dans un titre troisième de notre

(1) Lamennais, *Discussions critiques.*

première partie, confirmant les résultats des deux premiers, nous avons vu les penseurs de l'humanité, dans tous les temps, échelonner comme nous la hiérarchie des problèmes : témoin toute l'antiquité : témoins les plus grands esprits parmi les modernes, Descartes, Leibnitz, Wolff, Newton, etc., répétant tous, en termes variés, l'ingénieuse métaphore des stoïciens : « Si l'ensemble des sciences est un jardin, la logique est l'enclos, la physiologie la terre et les arbres, et la morale *le fruit.* »

Telle est l'esquisse de ce que nous avons dit, dans notre première partie, sur la position de la question du juste et de l'injuste.

PARTIE DEUXIÈME.

Désir d'une réponse à la question du juste et de l'injuste.

XIII. — La question du but et des moyens de la vie excite l'ardeur de la résoudre. L'homme se met à l'œuvre, et explore les problèmes de tous les ordres, pour s'acheminer à ce problème final.

Or, résultat instantané bien notable! par cela seul qu'il cherche, il a déjà trouvé sa route. — Ne peut-on pas dire que le désert était pour les Hébreux le commencement de la terre promise, par cela seul qu'il y conduisait? — De même, dès que l'intelligence humaine se met au travail des découvertes, c'est qu'elle a découvert avant tout que l'étude est sa loi première. Elle ne peut chercher sa destination définitive, sans avoir conscience d'une destination provisoire qui consiste à chercher : en un mot, pour aspirer à savoir le juste et l'injuste, il lui faut la pensée préconçue qu'il est juste qu'elle y aspire.

Voici donc un quatrième acte de foi, qui s'ajoute aux trois autres signalés plus haut, pour révéler à l'homme sa mission au moins médiate; voici une vérité conquise par lui, c'est que son devoir est de tendre à son perfectionnement.

Et cette vérité est capitale : toute la science du

juste et de l'injuste pourra, comme nous le verrons, s'en déduire logiquement.

PARTIE TROISIÈME.

Réponses spontanées, ou hypothèses.

XIV. — Au désir de savoir toutes choses, pour arriver à savoir le juste et l'injuste, il advient d'abord par la bonté de Dieu un commencement de satisfaction. Je veux parler du don merveilleux d'apercevoir comme possibles diverses réponses multipliées aux questions qui nous tourmentent. Ces solutions spontanées et confuses sont les hypothèses.

Ainsi, notre curiosité n'est pas condamnée au supplice d'une impuissante agitation dans le vide; elle peut du moins imaginer des présomptions de vérités.

Faculté brillante et gracieuse! Mais qui en attend une autre, pour éprouver si les hypothèses, préconçues par une sorte d'inspiration, sont des éclairs trompeurs destinés à ne briller que pour s'éteindre, ou des clartés lumineuses propres à diriger nos voies.

PARTIE QUATRIÈME.

Besoin de la certitude, ou du choix entre les réponses.

XV. — La richesse stérile des hypothèses fatigue bientôt l'esprit qui les perçoit; un désir de plus apparaît, bien distinct de celui de la connaissance. C'est le désir de la certitude.

Il aspire à vérifier les hypothèses, à discerner, dans leur nombre, les illusions à repousser, les réalités à garder.

La raison, pour satisfaire à cette tendance, réunit les éléments d'une science auxiliaire, appelée logique, qui, sous le nom de logique générale, cherche les moyens de certitude, et, sous le nom de logique spéciale, détermine les formes du raisonnement, qui sont un de ces moyens.

Cette science ne découvre rien par elle-même; mais elle fournit aux observations et aux inspirations, nées en dehors d'elle, un contrôle, un appui, un classement.

XVI. — Sous son patronage, l'esprit procède avec plus de confiance à l'étude des phénomènes ou lois, c'est-à-dire, suivant l'expression de Montesquieu, des rapports nécessaires dérivant de la nature des choses.

Il groupe ces lois suivant les diverses séries auxquelles elles appartiennent, et décore chaque groupe du nom pompeux de science.

Du reste, quelle que soit la nature, physique ou philosophique, des faits qu'il observe et décrit, le but ou du moins le résultat de ses travaux n'est-il que la satisfaction d'une vaine curiosité? Non. Tout ce qu'il découvre, en lui montrant mieux ses relations avec ce qui l'entoure, éclaircit la formule des règles de ses actions; et c'est par tous les degrés de ses études qu'il monte à la science des lois par excellence, de celles qu'il désigne par le seul mot *lois*, sans ajouter aucune qualification, c'est-à-dire des lois du juste et l'injuste, dont la compréhension est sa fin dernière.

PARTIE CINQUIÈME.

Du doute ou scepticisme.

XVII. — La lassitude de la raison, se débattant au milieu des hypothèses tour à tour élevées et abattues, encensées et méprisées, engendre le découragement.

Alors un fantôme vient placer son ombre entre le regard de l'homme et l'horizon. Ce fantôme, c'est l'adversaire du désir de la certitude; le doute ou scepticisme, qui, armé surtout contre les sciences philosophiques, pose cette triste question préalable : l'homme est-il fait pour trouver la vérité, ou du moins certaines vérités?

XVIII. — Souvent ce scepticisme n'est qu'apparent : c'est la forme exagérée de la colère d'un esprit généreux, brisant violemment des erreurs antérieures, sans avoir le temps d'édifier à leur place des vérités nouvelles.

Est-il réel, au contraire? alors il faut distinguer s'il a la prétention d'être total, ou s'il ne se présente que comme partiel.

XIX. — La première prétention n'est qu'une abstraction impossible. En effet, celui qui allègue un doute total, d'une part, affirme au moins son existence, en tant que sujet doutant; d'autre part, il agit, malgré tout, à chaque heure de sa vie; or nulle action n'est possible sans l'idée d'un but, donc sans une croyance. Qu'il s'écrie, tant qu'il voudra : οὐδὲν μᾶλλον (1)! J'entends seulement glisser sur ses lèvres un mot contredit par tous ses autres organes. Car, chaque fois qu'il les exercera pour atteindre un ré-

---

(1) *Nulle action n'est préférable à une autre.*

sultat, il aura d'abord fait un choix, et il aura eu une raison de choisir.

XX. — Mais le scepticisme qui se présente comme partiel, recommande, sous l'apparence du bon sens, la séduisante modestie de ses objections embarrassantes.

Il demande à l'homme, dont il nie le perfectionnement successif, si sa certitude peut être infinie, quand son être est fini.

Et alors, faisant petite la part des connaissances auxquelles il lui permet d'aspirer, il la restreint de plus en plus chaque jour : jusqu'à ce que, par une pente irrésistible, il retourne au cercle vicieux du scepticisme total, et, comme lui, « *ne trouvant plus rien à détruire, se détruise lui-même.* » (M. Cousin.)

XXI. — Quoi qu'il en soit, rencontrant ici sur notre route cet adversaire, nous avons fait halte pour le combattre. C'est-à-dire qu'avant d'aller plus loin, et pour établir fermement nos premières bases, nous avons tâché de faire voir qu'elles ne peuvent être atteintes par le scepticisme partiel.

En effet, nous le répétons, 1° le sujet qui s'observe ne peut, sans arriver à la contradiction d'un suicide logique impossible, nier en lui le fait d'une existence quelconque. — Passive aussi bien qu'active, cette existence ne peut lui apparaître que limitée, et en conséquence il ne peut, sans jouer sur les mots ou se perdre dans des abstractions insaisissables, nier l'existence quelconque d'un monde extérieur. — Allons plus loin. Par une loi toute primitive de contradiction, coexistant ici avec le sentiment même de son être, il conçoit la notion de la contre-partie de cet être, c'est-à-dire de l'infini. — Il n'est qu'à la condition de croire à lui, au monde, à Dieu; il ne peut dire *je*, sans exprimer implicitement tout cela. — Ainsi, c'est par une première suggestion naturelle que l'être lui est révélé sous toutes ses faces (1).

2° Une seconde, qu'on appelle conscience, éclaire pour lui les modifications successives de son être dans chaque action.

3° Puis une troisième lumière, subordonnée aux deux autres, et qu'on nommera, si l'on veut, le sens commun, lui montre certaines vérités plus secondaires, subdivisions et modalités de l'idée de l'être; vérités toutes trouvées, formes inhérentes à son intelligence, qu'il faut qu'il accepte, ne pouvant les répudier. Parmi elles est l'idée d'un but, et d'un moyen d'arriver à ce but.

Ces trois degrés de foi sont les conditions indis-

---

(1) Et le rapport du fini et de l'infini deviendra ensuite le dernier mot, le désespoir peut être, jusqu'à présent du moins, de ses méditations.

pensables de toute action. Le scepticisme partiel n'en peut contester la présence, sans abîmer sous son pied le terrain même sur lequel il voudrait appuyer le levier de la contestation : et il ne peut davantage, sans nier l'évidence, méconnaître ni le désir de l'homme de trouver les réponses aux questions qu'il se pose, ni la faculté de former des hypothèses, ou réponses préconçues, ni enfin l'aspiration à la certitude, que le doute peut blesser, mais qu'il ne peut tuer.

XXII. — C'est donc parce que ces faits primordiaux sont en dehors de toute négation raisonnable, que nous les avons choisis pour point de départ de notre enseignement.

Aussi le scepticisme ne commence véritablement à prendre une assiette, que lorsqu'il en reconnaît l'existence, mais alors défie l'homme de pouvoir, au delà de leur sentiment confus, en approfondir la nature.

Mais bien que, sur ce nouveau terrain, il devienne un adversaire saisissable, ses arguments, résumés avec soin, nous paraissent, en définitive, aboutir seulement à deux hypothèses non justifiées. L'une est tirée de l'imperfection des résultats obtenus jusqu'à ce jour dans le champ de la connaissance : l'autre est tirée de l'imperfection de l'agent qui cherche à connaître.

XXIII. — La première peut se formuler ainsi : nos connaissances sont incomplètes et variables, donc elles n'acquerront ni complément ni fixité.

Poser en principe que ce qui n'est pas aujourd'hui ne sera pas demain, c'est conclure du non-être à la non-possibilité : conclusion que rien n'appuie, que tout dément au contraire, puisque chaque jour découvre quelque loi, inconnue la veille ; et que d'ailleurs l'erreur d'hier, qu'aujourd'hui redresse, était non pas la négation absolue de la connaissance, mais seulement un degré diminué ou exagéré, *un rayon brisé*, comme on l'a dit, de la vérité.

XXIV. — La seconde hypothèse du scepticisme procède en cette forme : l'imperfection de nos organes physiques, comme aussi la subjectivité de notre raison, peuvent nous empêcher de percevoir l'objectivité telle qu'elle est.

Il est vrai, cela se peut. Dieu, s'il l'a voulu, a pu se jouer de nous, en n'accommodant que pour des illusions le mécanisme de nos sens. Mais entre la confiance en sa bonté et la défiance en son mépris pour son œuvre, pourquoi choisir cette dernière ? pourquoi conclure de la possibilité qu'il nous trompe à l'affirmation qu'il nous a trompés ?

Après mûr examen, voilà tout ce que nous avons trouvé dans le pyrrhonisme : deux conclusions fautives, l'une *à non esse ad non posse*, l'autre *à posse ad esse*.

XXV. — Les écartant donc, et nous rassurant, avant de passer outre, tant sur l'exactitude des bases adoptées par nous, que sur la possibilité pour l'homme d'étudier la nature des choses et d'arriver à la science du juste et de l'injuste, nous nous sommes remis avec confiance à la recherche de celle-ci, dans les cinq parties suivantes de ce cours.

Pour cela, nous avons d'abord, dans les parties sixième et septième, analysé préliminairement les conditions générales et les conditions spéciales de l'étude de la science du juste et de l'injuste.

PARTIE SIXIÈME.

Conditions générales de l'étude de la science du juste et de l'injuste.

XXVI. — Nous désignons sous ce nom les deux nécessités suivantes imposées au législateur, au prêtre, au philosophe, au jurisconsulte :

1° De commencer par se tracer un cadre, le plus exact que faire se peut, des divers ordres des connaissances humaines, pour bien mesurer la place occupée, au couronnement du tableau, par la science du juste et de l'injuste, qui suit leurs progrès, et sent le contre-coup de toutes leurs révolutions ;

2° De s'instruire, du moins dans les limites de la faiblesse humaine inhabile à tout embrasser, des principes généraux de toutes ces sciences, dont la jurisprudence est la conclusion.

XXVII. — Loin de nous l'orgueil d'essayer de satisfaire à la première nécessité que nous venons de signaler ! Que d'autres entreprennent un tableau méthodique détaillé des connaissances humaines, autrefois confondues sous le nom générique de philosophie, et démembrées depuis dans leur étude, mais non dans leur subordination toujours la même et leur nécessaire indivisibilité ! Toutefois nous devons au moins indiquer les lignes principales que présenterait ce tableau, si nous le faisions d'après la méthode qui nous est propre.

On devine à l'avance qu'il rangerait les sciences en trois classes, sous les trois idées d'être, de modification et de but.

XXVIII. — 1re Classe de sciences. — *Sciences de l'être.* — Elles s'attaquent aux mystères de l'existence et de la cause, par opposition aux modifications et aux effets. — Réunies sous le nom d'ontologie ou métaphysique, elles prennent les dénominations spéciales de théologie, psychologie rationnelle et cosmologie, selon qu'elles s'occupent de Dieu, de l'homme ou du monde.

XXIX. — 2ᵉ Classe de sciences. — *Sciences des modifications de l'être.* — Elles se divisent en naturelles et philosophiques, selon qu'elles observent les phénomènes du corps ou ceux de l'esprit : les premières sont la physique, la chimie, la physiologie, la mécanique, etc. ; les secondes sont la psychologie expérimentale qui dénombre les facultés de l'âme, et la logique qui tire de ce dénombrement les moyens de certitude.

XXX. — 3ᵉ Classe de sciences. — *Sciences du but et par conséquent des moyens.* — Ici se présente enfin la distinction du juste et de l'injuste. Elle se subdivise en religion, éthique ou morale, législation ou politique, et jurisprudence, suivant divers points de vue qui tournent autour du même centre, et ne varient que par l'étendue.

XXXI. — Quant à la seconde nécessité que nous avons signalée, celle de s'instruire, le plus qu'on le peut, des principes des sciences dont celle du juste et de l'injuste résume les résultats, nous n'avons pu que vous renvoyer, pour y satisfaire, à vos études antérieures et aux cours des autres facultés.

Et pourtant nous vous avons avertis qu'il y a certains points saillants à signaler, certaines controverses graves à rappeler, sur lesquelles nous devons nécessairement, vous et moi, faire profession de foi et prendre parti, avant d'aborder l'étude du droit.

Pourquoi? parce que, de la solution différente de ces controverses dépend la possibilité même ou l'impossibilité de cette science; et subsidiairement, si elle est possible, le choix entre plusieurs principes fondamentaux sur lesquels on peut l'appuyer, principes fort opposés entre eux, dont les conséquences varient du tout au tout.

L'examen sommaire de ces controverses a été l'objet de notre partie suivante, trop courte si l'on considère l'importance de la matière, suffisante si elle a dû se borner à recueillir les souvenirs de l'enseignement de vos autres maîtres.

PARTIE SEPTIÈME.

Conditions spéciales de l'étude de la science du juste et de l'injuste.

XXXII. — Nous ne demandons pas sans doute à celui qui commence l'étude du juste et de l'injuste, de ne rien ignorer de ce qui a été dit sur la métaphysique.

Que Cujas résume d'abord en lui Platon et Descartes, Leibnitz, Kant, Schelling et Hegel ! rien de mieux, si c'est possible : mais la brièveté de la vie humaine ne comporte guère dans un seul homme cette universalité d'efforts.

Bornons-nous donc à conseiller à celui qui veut être jurisconsulte de vivre quelque temps dans l'intimité des grands philosophes, et de leur demander le pour et le contre sur quelques questions, dont l'indifférence ou l'oubli seraient un obstacle infranchissable au début même de la carrière.

XXXIII. — Nous en signalerons deux tout à fait fondamentales.

La première est celle de la liberté de l'homme, problème essentiel de l'ontologie.

Peut-on aspirer à une science, sans croire à sa possibilité? non évidemment. Or il n'y a d'existence possible de la science du juste et de l'injuste, qu'à la condition de la croyance à une certaine liberté de l'homme.

Que cette liberté trouve des limites prochaines dans les obstacles extérieurs contre lesquels sa puissance expire; qu'elle ne se montre guère dans la spontanéité de nos instincts, de nos désirs, de nos pensées.... la jurisprudence peut faire ces concessions, sans se rendre impossible. Mais elle disparaît entièrement, si l'on ne réserve pas du moins à l'homme une certaine liberté dans les actions; si l'on ne lui reconnaît pas le pouvoir de choisir à son gré, par une impulsion dont la source n'est qu'en lui.

XXXIV. — L'opinion nommée fatalisme ou prédestination, qui ne voit en lui que l'instrument passif d'une force supérieure, soit aveugle, soit intelligente, sape dans sa base toute notion du droit.

A ce point de vue, il n'y a plus un bien et un mal; tout est bien ou tout est mal, selon que la cause irrésistible, seule responsable, qui nous pousse, est supposée elle-même bienveillante ou malfaisante. En un mot, ils n'ont rien à faire dans cette école, ceux qui prendraient pour réalité ontologique la fiction du destin écrivant sur son livre de fer!

XXXV. — Supposition superflue! le fatalisme total n'existe pas plus que le scepticisme total. —

Le sophiste dont l'imagination combine ce système en apparence, le dément instinctivement à toutes les minutes, par ses délibérations méditées avant d'agir, par ses remords ou sa joie après l'action commise, par ses affections ou ses colères contre ceux qui lui apportent du plaisir ou de la douleur.

Voyez d'ailleurs l'humanité entière, même aux temps où régnaient le mysticisme indien et la mythologie grecque, et aujourd'hui chez les sectateurs eux-mêmes de Mahomet, protester en masse contre la prédestination, en établissant des lois pour promulguer des peines et des récompenses!

XXXVI. — Ainsi, l'on voit distinctement par quel point le péristyle de la jurisprudence avance sur le champ de l'ontologie.

La science du droit doit s'inquiéter de tous les systèmes philosophiques, puisqu'elle est la mise en action de tous les systèmes.

Or le fatalisme, qui est la négation du droit, loin de s'annoncer toujours avec une franchise brutale, peut se trouver souvent, contre le gré des plus grands penseurs que l'humanité honore, caché comme conclusion dans des prémisses dont ils n'ont pas aperçu l'irrésistible tendance.

Force est donc au disciple de la science du juste et de l'injuste de choisir, à bon escient, entre les routes que ces grands esprits lui ouvrent vers les régions ardues de la métaphysique.

XXXVII. — Ces routes nous semblent avoir quatre directions. — L'école écossaise et une partie de l'école allemande marchent dans la première.

En bornant les études philosophiques à la psychologie expérimentale, en ne s'occupant que des modifications de l'être, en présentant enfin l'ontologie comme à peu près inaccessible à nos efforts, leur découragement arrive, sans s'en apercevoir, à l'impossibilité d'affirmer la liberté. En effet la liberté est une question d'essence, et non de modification. Un sujet intelligent non libre ne serait pas. Il ne serait qu'une partie d'un autre être.

Ainsi, ces deux écoles, quelles que soient la modestie de leur bon sens, et la profondeur de leurs observations sur la subjectivité, me paraissent, en renonçant aux révélations d'une foi instinctive sur l'objectivité, ramener l'esprit humain à l'entrée de la route du fatalisme. — Impossible au jurisconsulte de s'en tenir à la négation que produit leur système, poussé à ses conséquences logiques. « *Sans un système complet comprenant à la fois Dieu, l'homme et la nature, l'esprit de l'homme est dans le vide; il n'existe pas* » (Leroux, *Réfutation de l'éclectisme*.)

Aussi l'activité de l'intelligence, incapable de s'endormir longtemps dans cette indifférence, ne tarde pas à se reporter vers l'une des trois autres directions dont nous avons annoncé l'existence, savoir : celle du spiritualisme exagéré, ou celle du matérialisme exagéré, ou celle qui cherche un système intermédiaire.

XXXVIII. — Le spiritualisme exagéré, se consumant dans les extases mystiques du panthéisme, ne fait plus de l'homme qu'une partie intégrante de l'être unique. Lui ôtant ainsi toute individualité distincte, il arrive à la négation de la liberté, et, par cela même, de la distinction du juste et de l'injuste.

XXXIX. — Le matérialisme exagéré, se contentant de je ne sais quel assemblage fortuit d'atomes éternels, regarde l'univers, suivant l'expression de Cicéron, comme une Iliade résultant de caractères d'alphabet jetés à terre au hasard. Aussi il ne peut logiquement faire sortir des êtres libres, de la force aveugle et inintelligente qu'il donne pour principe à toutes choses.

Et toutefois il tombe à chaque instant dans cette contradiction.

XL. — Entre ces deux exagérations, la direction intermédiaire se présente, empruntant le conseil d'Icare à son fils : *inter utrumque tene !*

Évitant d'une part l'orgueil démesuré qui fait de l'homme un dieu, et l'humilité trop découragée qui n'en fait qu'un atome de poussière, elle croit à l'existence d'un point d'intersection, où le Créateur et la créature se distinguent sans rompre cependant tous liens, sans devenir, l'un un Dieu inutile qui dort, l'autre un vassal révolté ne relevant que de soi.

Point difficile à préciser sans doute! Et dont la recherche a fait trop souvent trébucher les plus fermes investigateurs, à gauche dans un abîme de ténèbres, à droite dans un abîme de lumières! mais qu'il faut indispensablement trouver, ou au moins entrevoir, parce qu'il est le seul abri possible d'une liberté suffisante, sans laquelle il n'y a point de juste et d'injuste! Qui pourrait en effet comprendre l'idée d'un devoir, pour celui qui n'aurait pas un pouvoir?

XLI. — De la science de l'être, dont il faut ainsi tout d'abord résoudre le problème capital, descendons maintenant à la science des modifications, à la psychologie expérimentale. — Nous y trouvons un second problème, contre-coup du premier, qui demande encore au jurisconsulte un examen préalable nécessaire. C'est celui de l'origine des idées.

Les idées n'ont-elles qu'une source, la sensation? ou peuvent-elles en avoir deux autres? L'une, la conscience, qui nous fait percevoir le mécanisme intérieur de nos facultés intellectuelles, et l'autre, le sens commun, qui nous révèle, à l'occasion de la sensation, mais non par elle, des vérités dont notre seul garant est une foi nécessaire, semblable à la foi, d'un degré supérieur, qui nous a dit que nous sommes? — Il faut opter entre ces deux opinions.

En effet, si l'on adopte la première, si la sensation est l'unique source des idées, on arrive à confondre le juste et l'injuste avec le plaisir et la douleur. — Si l'on adopte la seconde, et qu'on place dans le sens commun la notion du juste et de l'injuste, on y trouve toute autre chose que le plaisir et la douleur.

XLII. — Notre foi est dans ce dernier sens. Nous reconnaissons avec Platon les deux ailes que l'homme a pour s'élever à Dieu : l'amour et la raison. — Nous répétons avec Pascal, que les principes *se sentent*, comme les propositions *se concluent*. — A la célèbre maxime *nihil est in intellectu quod non fuerit prius in sensu*, nous retenons fidèlement la restriction apportée par le génie de Leibnitz, *nisi ipse intellectus* : restriction profonde si attentivement analysée en Angleterre par Reid et l'école écossaise, en Allemagne par Kant, en France par l'homme illustre qui vient de s'éteindre, M. Royer-Collard.

En un mot, l'esprit nous apparaît, non pas comme la *tabula rasa*, qui attend de la sensation tous les caractères qui s'y tracent, mais comme le clavier organisé, d'où sortent directement en accord des notes faisant harmonie avec celles que tire la sensation.

XLIII. — Le dénombrement perfectionné des touches de ce clavier fera, c'est notre conviction, conquérir à l'homme toutes les vérités du monde intérieur ; et le convaincra de plus en plus que la base de ses connaissances est une foi intérieure abondamment fournie, dont il faut seulement bien mesurer et distribuer les lumières.

Mais il nous suffit aujourd'hui, pour asseoir la science que nous avons à enseigner, de répéter, après tant d'autres, que dans le moule de l'intelligence se trouvent, comme formes propres, les idées de substance, de cause, d'espace, de durée, et de leurs corrélatifs, mode, effet, corps et temps ; puis les distinctions de l'universalité et de la particularité, de la nécessité et de la contingence.

XLIV. — Or l'idée de cause se subdivise. — La cause est matérielle, quand elle pousse fatalement un sujet obéissant vers un effet inévitable. — Elle est finale, quand elle détermine, par la perspective d'un but à atteindre, un être intelligent et libre.

Eh bien ! La science du juste et de l'injuste, c'est pour l'homme la science de sa cause finale et des moyens d'y tendre.

Ainsi la notion (je ne dis pas encore la distinction), du juste et de l'injuste, est une des idées du sens commun, une des formes nécessaires de l'intelligence, toujours présentes à l'occasion de toute sensation. — De même qu'on ne peut concevoir un fait sans l'idée de substance et de mode, sans placer ce fait dans un point de l'espace, ou dans un degré de la durée; on ne peut le concevoir sans le placer sur une des routes du monde moral, sans avoir à se demander : ce fait était-il juste ou injuste? tendait-il ou non comme moyen au but que la liberté doit choisir?

XLV. — Mais savoir qu'il a un but et des moyens d'arriver à ce but, c'est peu pour l'homme. Il faut qu'il connaisse ce but, qu'il discerne ces moyens. — A l'idée du juste et de l'injuste, ajoutons-en donc le critérium.

C'est lui que nous allons chercher dans la partie suivante, où nous entrons enfin directement dans le domaine spécial de notre science.

DEUXIÈME LEÇON.

(17 novembre 1845.)

PARTIE HUITIÈME.

Recherche de la distinction du juste et de l'injuste dans un principe fondamental.

XLVI. — Toute direction suppose deux termes, savoir : un but et un moyen de tendre à ce but.

Rechercher la direction de l'homme, sous le point de vue du juste et de l'injuste, c'est donc lui signaler un but et lui montrer des moyens.

Quel est le but de l'homme ? Il est double, au gré des deux natures qui s'unissent en lui.

Comme être matériel, il a pour but sa conservation et son bien-être matériels. Mais, comme être intelligent et libre, il doit avoir un autre but. Sinon à quoi bon l'avoir fait intelligent et libre ?

Ce second but modifie le premier, par cela seul qu'il le complète ; et nous avons du moins tout d'abord cette vérité négative, que l'assouvissement des désirs physiques n'est pas toute notre fin.

XLVII. — Quel est le but spécial de l'être intelligent et libre ? Il se révèle par le quatrième acte instinctif de foi, signalé par nous au début de cette analyse. Il consiste à connaître, c'est-à-dire à se perfectionner.

Ici je parle, non pas seulement de l'être intelligent individuel, mais de l'être intelligent collectif. Car le caractère le plus distinctif qui nous sépare des autres parties connues de la création, c'est la contribution commune de tous les hommes d'une même génération, et de toutes les générations successives, à l'œuvre générale de l'acquisition des connaissances. De là l'existence pour l'espèce humaine seulement, parce que seule elle en a besoin, d'une histoire transmettant de siècle en siècle, par la tradition, les monuments, l'écriture, le bagage incessamment augmenté des conquêtes intellectuelles ?

XLVIII. — Ne prenons pas ici le soin superflu de discuter sur le degré possible de cette perfectibilité, ni sur le choix, pour la caractériser, de l'adjectif *infinie* ou de l'adjectif *indéfinie*.

Que les uns, Vico à leur tête, comparant la civilisation au Sisyphe ou à l'Ixion de la mythologie grecque, lui attribuent, dans chaque nation successive, des retours identiques de jeunesse, de maturité, de décadence! — Que les autres, notamment Pythagore, Leibnitz, Wolff, Herder, Pascal, saint Thomas, Condorcet, substituent aux cercles innombrables de Vico une ligne droite, sur laquelle se range toute nation qui commence, pour reprendre l'œuvre au point où l'a laissée la nation qui s'éteint! Peu importe, en ce moment, le choix entre ces deux systèmes, dont le second a toutes nos préférences. C'est assez pour nous de constater dans l'un une aspiration fractionnée, dans l'autre une aspiration universelle de l'humanité à la science, à l'unité, à Dieu !

Ainsi, en résumé, [recherche d'un bien-être matériel et d'un bien-être intellectuel, voilà le but de l'homme.]

XLIX. — Parlons maintenant du moyen. — Pour le trouver, prenons pour point de départ un fait bien simple, la pluralité des hommes répandus sur la terre (1). Chacun d'eux, en cherchant son but, ne

---

(1) On peut prendre un fait plus général, la pluralité des êtres créés. — L'homme a des devoirs envers tous, et non pas seulement envers ses semblables. Mais ne parlons en ce moment que de ces derniers. Le principe que nous trouverons à leur égard servira jusqu'à un certain point pour connaître, par une sorte de proportion, la mesure des autres.

peut oublier que tous ses semblables ont droit de chercher le même but que lui. — De là résultent tout d'abord deux conséquences :

1re *Conséquence*. — La règle du juste et de l'injuste ne peut être la devise de Brennus *væ victis*, ou l'affirmation de Hobbes, *homo homini lupus*. Nul ne peut avoir le droit de satisfaire à toute heure le désir matériel ou intellectuel que cette heure lui apporte, quelque souffrance qui résulte, pour le plus faible, de cette volonté du plus fort.

Comment la règle de l'appétit serait-elle l'appétit lui-même? singulière règle, qui serait celle de l'anéantissement de l'espèce, par les guerres mutuelles des individus sans pitié!

L. — 2e *Conséquence*. — La règle du juste et de l'injuste ne peut non plus consister dans le sacrifice complet de l'appétit.

Rien de plus beau sans doute que l'amour d'autrui, si bien désigné par le mot *charité*! Nous le verrons bientôt apparaître comme un auxiliaire précieux de l'application du juste. Mais, n'en déplaise à Adam Smith, il n'est pas le principe lui-même de cette application. L'évidence mathématique en démontre l'impossibilité.

En effet, faire venir toute aspiration à la justice du seul plaisir de rendre heureux autrui, c'est mener logiquement à voir la plus haute justice dans la volupté suprême de s'immoler au bien-être d'autrui. Or ce sacrifice ne peut être qu'un dévouement exceptionnel. S'il constituait la règle universelle, cette règle serait inapplicable en pratique : car où trouverait-on des sacrificateurs, si, pour être parfaitement justes, tous les hommes devaient se disputer le rôle de victimes, devenu par cela même impossible?

LI. — C'est ainsi que le seul fait de la pluralité des hommes place nécessairement la règle du juste et de l'injuste dans une voie mitoyenne entre deux tendances extrêmes, savoir, entre l'égoïsme individuel qui voudrait tout s'attribuer, et l'abnégation excessive qui voudrait tout se refuser. Cette règle commence à s'entrevoir comme une certaine limitation des désirs de chacun de nous, dans l'intérêt des coassociés appelés comme nous aux bienfaits de la création.

LII. — Comment trouver cette limitation? — Signalons ici d'abord, nous ne dirons pas trois systèmes, mais trois fins de non-recevoir, qui en écartent la recherche.

La première de ces fins de non-recevoir consiste

à croire aux oracles incessamment promulgués d'un sens moral intérieur, d'une puissance particulière de perception qui, avant chaque action, révèlerait à l'agent si cette action est bonne ou mauvaise.

Que n'est-il vrai! Combien douce et commode serait la vie, si un Dieu caché parlait ainsi dans le temple de notre cœur un langage infaillible! Mais, hélas! il faut laisser à l'Écossais Hutcheson l'illusion poétique qui, écoutant ce prétendu langage, le mène tout doucement à l'abîme du fatalisme!

Moins facile est la tâche de l'homme. Sa raison a pour loi l'activité, non pas la simple audition d'une inspiration complaisante. Il faut que, de déduction en déduction, elle découvre le monde moral, comme, d'expérience en expérience, elle classe les lois du monde physique!

LIII. — Une seconde fin de non-recevoir est le refuge de ceux qui suivent pour toute direction la tradition. — Étrange insouciance! qui conclut de ce qui a été à ce qui doit être, et nomme vérité l'erreur qui a fait le plus long chemin! — Écoutons ici la puissante ironie de Pascal : « *Si l'antiquité, dit-il, était la règle de la créance, les anciens étaient donc sans règle!* » — Pourquoi nous endormirions-nous sur la foi de nos pères? la durée d'une croyance est sans doute une grave considération en sa faveur;

mais comment dispenserait-elle d'en remonter le cours, pour examiner à sa source la valeur du principe dont elle a été l'expression ?

LIV. — L'honneur du nom de système n'appartient pas davantage à une troisième fin de non-recevoir, c'est-à-dire à l'obéissance passive qui, ne voyant dans la loi que l'œuvre de la puissance, s'arrête encore à moitié chemin d'un principe.

En effet, quand les sujets soumis à la loi remonteraient, pour en trouver l'auteur, à la puissance de l'être supérieur par excellence, ce ne serait pas le fait de la volonté de cet être qui constituerait le droit par sa seule existence : ce serait la nature, l'objet et le but du précepte promulgué. La logique sublime de Bossuet adorait et ne blasphémait pas, en disant ce mot profondément vrai : « *Dieu lui-même doit avoir raison!* »

LV. — Inspiration ! tradition ! autorité ! Ces mots expriment le pressentiment, ou la mémoire ou la sanction d'un principe. Mais le principe lui-même où est-il ? Ces mots n'en disent rien.

Cherchons-le donc ailleurs. Il faut le trouver !—La science du droit veut, comme toute autre, un point de départ unique et ferme, dont les corollaires déduits successivement donneront le détail des vérités du monde moral.

LVI. — Or, ne l'oublions pas ! Le principe à trouver, c'est la mesure à imposer aux désirs de chaque homme, dans l'intérêt de ses semblables. Eh bien ! dans la recherche de cette mesure, constatons l'importance du choix entre les quatre systèmes philosophiques indiqués par nous ci-dessus.

1° Le système qui nie la possibilité de l'ontologie ne permet pas d'affirmer résolument la liberté.

2° Le panthéisme complet arrive au même résultat.

Tous deux dispensent donc de la recherche elle-même de la mesure.

LVII. — 3° Le matérialisme, s'il procède avec fermeté, ne peut arriver qu'à une conclusion semblable. Mais, nous l'avons dit, souvent illogique, il ferme les yeux pour éviter le vertige qui le pousse au fatalisme.

Alors, sans voir dans l'homme un but, celui du perfectionnement, tracé à l'avance par un créateur intelligent, il lui reconnaît cependant une certaine liberté contradictoire, et rattache à cette liberté des devoirs, dont apparaît *à posteriori* la notion, originaire alors d'une seule source possible, la sensation.

En effet, voici comment argumentent les disciples de ce système, qui font à tort ou à raison descendre d'Aristote leur généalogie. — Le mobile direct des actions humaines, c'est l'instinct, que la sensation instruit à fuir la douleur et à rechercher le plaisir. Toutefois ce mobile, suivi comme loi exclusive par chaque individu, l'exposerait de la part de ses semblables à de terribles réactions, au nom de la même logique. L'extermination deviendrait la loi du monde. Chacun s'en trouverait mal.

Il faut donc entrer en composition, et créer un ordre quelconque. Je dis quelconque, car le propre des systèmes matérialistes a été longtemps l'indifférence dans le choix de cet ordre, qui leur paraissait entièrement arbitraire.

LVIII. — Suivant Hobbes, une convention entre la nation et un despote charge ce dernier de régler cet ordre, au gré de son caprice individuel.

Suivant Locke, la nation sera mieux avisée. Elle prendra un souverain constitutionnel, qui devra respecter certaines conditions imposées à son élection.

Rousseau, spiritualiste inconséquent, entre ici dans l'ordre des idées du matérialisme. Mais remontant plus haut que Hobbes et Locke, il place la convention qui doit limiter le bien et le mal, entre les membres eux-mêmes de la nation, souverains individuels qui n'ont consenti à s'associer que sous le bénéfice de clauses préalablement déterminées.

LIX. — Mais ces trois suppositions, et toutes autres analogues, laissent dans l'ombre le véritable problème, en donnant le change par la solution d'un problème extérieur apparent. — Elles nous montrent bien une puissance qui décrète l'ordre. Mais quelle est la raison qui conseillera à la puissance de décréter tel ordre et non tel autre? Quelle est la direction supérieure qui guidera le despote, inspirera la charte, dictera le contrat social?

Sur ce point pas un mot. Or c'est celui qu'il faut éclaircir. Ou, sinon, il faut adopter cette formule, que personne pourtant ne signera : *Les lois doivent être tirées au sort, et les meilleures seront celles qui sortiront, par cela seul qu'elles seront sorties!*

LX. — Aussi l'on a fini par sentir le vide d'une théorie qui ne donne pour origine, à la distinction du juste et de l'injuste, que la détermination faite au hasard par la force qui l'impose.

Une rare intelligence, celle de Bentham, a essayé de nos jours d'indiquer du moins à cette force le principe dirigeant dont elle doit rechercher la réalisation. Disons mieux, Bentham a constitué véritablement la théorie matérialiste de la philosophie du droit, sous le nom de système utilitaire. Il lui a suffi pour cela de confondre le juste et l'injuste avec les degrés du plaisir et de la douleur, aux termes de cette formule :

« *Un acte est juste, s'il fait plus de plaisir à celui qui le commet que de peine aux autres qui en souffrent; il est injuste, s'il fait moins de plaisir à celui qui le commet que de peine à ceux qui en souffrent.* »

LXI. — Décomposons cette règle. Nous y trouvons les trois axiomes partiels suivants :

1° Le degré d'intensité du désir de celui qui commet l'action, rend l'action juste ou injuste. Ainsi, le mal moral est un certain minimum, et le bien moral un certain maximum de la convoitise.

2° Le degré de souffrance de celui à qui l'action nuit, rend l'action juste ou injuste. Ainsi, le bien moral est un certain minimum, et le mal moral un certain maximum, de douleur physique ou intellectuelle imposée à autrui.

3° Le minimum ou le maximum de la convoitise dans l'un, le minimum ou le maximum de la souffrance dans l'autre, ont une mesure relative, résultant de leur comparaison. Cette mesure est variable, suivant la convoitise de tel ou tel être plus ou moins passionné, mise en présence de la sensibilité de tel ou tel être plus ou moins délicatement organisé pour souffrir.

LXII. — Le premier de ces trois axiomes surprend par son étrangeté.

« *Il conclut*, comme l'a dit M. Rossi (1), *de la force* » *de la poudre à la justice du coup de canon.* »

Il recherche la nature licite ou illicite de la convoitise, non dans l'objet qu'elle a en vue, mais dans le degré de son ardeur. Or, comment concevoir qu'un degré de plus puisse rendre juste le même désir, injuste dans un degré moindre?

Le second axiome ne surprend pas moins.

Il recherche la nature licite ou illicite de la souffrance, non dans la cause ou l'objet de cette souffrance, mais dans le degré de la sensation éprouvée. Or, comment concevoir qu'un degré de moins puisse rendre juste le même mal matériel, injuste dans un degré supérieur?

Enfin, le troisième axiome n'inquiète pas moins l'esprit, avide de règles fixes.

Il lui montre l'oscillation inévitable de la distinc-

---

(1) *Traité de droit pénal*, t. 1er.

tion du juste et de l'injuste, s'il faut la fonder sur la comparaison de la jouissance d'un individu avec la souffrance d'un autre. — En effet, les éléments de cette comparaison varieront sans cesse; non-seulement dans les sujets différents, dont les facultés pour sentir le bonheur ou la souffrance sont essentiellement inégales; mais encore dans un même sujet, qui n'éprouve pas dans sa vie deux fois peut-être, avec la même intensité, la sensation produite par une même cause de douleur et de joie.

Tous trois, ces axiomes contiennent une erreur semblable à celle d'un métaphysicien qui confondrait la substance, la durée et l'espace : idées cependant bien distinctes dans les formes vives de l'intelligence !

Sans doute le degré de la convoitise dans l'auteur, et celui du déplaisir dans la victime d'un fait malveillant, introduiront des degrés dans la *nature* du mal. Sans doute aussi le degré du sacrifice dans l'auteur d'un fait bienveillant, et celui du bien-être correspondant dans le sujet qui en profite, introduiront des degrés dans la *nature* du bien. — Mais on aura beau monter ou descendre les degrés de la mesure, on n'y trouvera pas le changement de la *nature*.

Amoindri, le mal ne devient pas le bien. Amoindri, le bien ne devient pas le mal. L'échelle de l'un et celle de l'autre appuient leur base sur deux points qu'il faut préciser. Ces points, le système utilitaire ne peut les trouver.

LXIII. — Comment se persuader que l'homicide devient louable, s'il fait périr un homme dégoûté de la vie? Et qu'il reste seulement blâmable, quand il éteint un être qui voudrait vivre encore? Quelle subtilité de logique fera donner des éloges ou infliger des peines au voleur, selon qu'il dévalise le riche prodigue, ou l'avare nécessiteux?

Aussi ce cri de la conscience, *fais ce que dois, advienne que pourra*, est la réclamation énergique du sentiment général, contre la confusion du juste et de l'injuste avec le plaisir et la douleur. — Qui n'entend pas la voix de tous les hommes et de tous les siècles, flétrir unanimement, comme honteuses, une foule d'actions que le système utilitaire justifierait, si sa logique était hardiment inflexible?
— Il tombe surtout, ce système, aux applaudissements de l'univers (comme l'observe M. Rossi(1)), dans ces moments d'exaltation où les Décius, les D'Assas, les Charles Borromée, sacrifient leur vie, c'est-à-dire tout (dans ce système matérialiste) au bien-être d'autrui, plus faible que leur souffrance! L'humanité reconnaissante divinise ces martyrs; elle

---

(1) *Traité de droit pénal*, t. 1er.

ne verra jamais en eux, malgré le Benthamisme, des calculateurs mal instruits, dont il faut prendre en pitié la maladroite ignorance dans la supputation du bonheur!

LXIV. — En présence des objections de la raison et des répugnances du cœur, le système utilitaire a cru parfois purifier son principe, en déclarant qu'il le pose, non pas dans l'utilité *individuelle*, mais dans l'utilité *générale*.

Mais les mêmes arguments, que nous avons présentés ci-dessus, le suivent sur ce terrain. Si le juste ne doit pas se confondre avec le plaisir matériel considéré dans un homme, pourquoi se confondrait-il davantage avec le plaisir matériel considéré dans deux hommes, dans dix, dans vingt?

D'ailleurs, ici se présentera en fait l'impossibilité de connaître tous les intérêts privés, dont la somme doit produire l'intérêt général. Il faudra recourir à des présomptions. Or, ces présomptions, où les chercher, sinon dans l'appréciation de ce qui *doit* être utile? Réduit à cette nécessité, le système utilitaire va disparaître et se confondre dans un autre. C'est ce qu'il est facile de démontrer.

LXV. — En effet, il faut qu'il qualifie l'utilité en

ajoutant l'épithète *bien entendue ;* et alors il arrive à compter la paix de la conscience au nombre des éléments de cette utilité.

Dès qu'il prend cette troisième forme, il y trouve, au lieu d'une modification, une complète cessation d'existence. La concession qu'il fait est la désertion du système. Comment l'utilité peut-elle prétendre à garder le nom de principe, si un principe supérieur plane au-dessus d'elle, pour fixer le sens du mot?

Dans cette position, ce n'est plus l'utile qui est le juste. C'est le juste qui redevient l'utile.

Or, qu'est-ce que le juste? Cette question, abandonnée alors par le Benthamisme impuissant à y répondre, retourne ainsi précisément au point de départ où nous l'avons trouvée.

LXVI. — Voyons si le quatrième système philosophique, celui que nous avons préféré, réussira mieux à l'éclaircir.

Ce système n'a pas besoin d'être inconséquent, comme le matérialisme, pour admettre dans l'homme une certaine liberté. Cette croyance est l'article essentiel de sa foi ontologique. Or si l'homme est libre, il a des devoirs.

LXVII. — Quels sont ces devoirs? un mot les annonce. C'est le mot *équité*, bien compris, bien traduit.

Non pas celui que, chaque jour, mille bouches prononcent, en y rattachant avec complaisance tout ce qui justifie leurs fantaisies :

Mais celui dont le sens tout entier est dans son étymologie ; le mot *équité* signifiant *égalité*.

Droit et devoir de se conserver : droit et devoir de s'améliorer : tel est, nous l'avons vu, le but de chaque homme.

Or ce qui est vrai de l'individu est vrai de l'espèce. Elle agit collectivement par les efforts des êtres qui la composent.

Ainsi donc, tous, en tendant à leur but, doivent, non-seulement ne pas se faire obstacle, mais se prêter des secours réciproques.

Égalité dans les droits que donne la création, égalité dans les moyens de remplir les devoirs qu'elle impose, voilà la règle très-simple qui fait à chacun sa part. Et la borne de la position de chacun se place là où la similitude parfaite de la position de tous fait rencontrer le point d'intersection.

Aussi, avant de commettre une action, voulez-vous en apprécier la légitimité ? Suivez cette formule proposée par Kant : « *Voyez si, en généralisant l'action que vous allez faire, vous pouvez la considérer comme une loi de l'ordre général dont vous faites partie.* »

LXVIII. — L'égalité ! tel est le principe cher au

cœur et sanctionné par la raison, qu'il faut opposer au calcul d'égoïsme et de passion que représente le mot *utilité*.

Il nous donne l'idée fondamentale dont toute la science du droit ne sera que la déduction. Montaigne parle un langage incomplet en disant : « *L'égalité est la première pierre de l'équité* » (*Essais*, liv. I, ch. 19); il n'a pas vu que cette pierre est tout l'édifice. J'aime mieux Cicéron proclamant qu'il n'y a pas de droit sans équité : « *jus enim semper quæsitum est æquum, neque aliter jus esset.* »

Tout est dans ce mot. — Il résume les trois devoirs que les moralistes imposent à l'homme, devoir envers Dieu, envers ses semblables, envers lui-même. — L'idée d'équilibre qu'il contient est la combinaison des deux derniers de ces devoirs; et le cœur pur qui a bien trouvé le point milieu entre l'amour d'autrui et l'amour de soi remplit le premier, en faisant nécessairement hommage de ses bonnes œuvres au Dieu qui demande des actions, et non pas des paroles.

LXIX. — A l'appui du principe d'égalité, voici venir maintenant le sentiment de charité, pour en favoriser l'application, et la rendre douce.

Principe et sentiment se distinguent. — Mais quand le principe se fondrait dans le sentiment lui-même, quand les intelligences paresseuses ou inattentives se laisseraient guider par la seule douceur d'aimer, la distinction du juste et de l'injuste serait peu en péril. — Que craindrait-elle? serait-ce l'excès d'ardeur, malheureusement bien rare, de quelques âmes généreuses, dont l'illogique sublimité s'oublie entièrement pour ne penser qu'au prochain? — Ce n'est, hélas! qu'un contre-poids utile à l'égoïsme de tant d'autres!

Aussi quand Cicéron écrit, dans son traité *De legibus*, cette phrase trop peu remarquée avant l'Évangile, *naturâ propensi sumus ad diligendos homines, quod fundamentum juris est;* quand, plus tard, la gravité du jurisconsulte Papinien ne trouve pas de synthèse juridique plus fondamentale que celle-ci : *Nihil tàm naturale est quàm hominem homini benefacere;* ils rendent seulement plus saisissable, sous la forme du sentiment, le principe dont ils dépassent un peu le cercle.

Au surplus, l'un est le précurseur incomplet, l'autre est l'écho affaibli d'une voix bien plus puissante que la leur, qui a bien mieux résumé, en le mettant à la portée de toutes les intelligences, le code universel du juste et de l'injuste! — A elle il appartenait de concilier l'expression du principe et celle du sentiment, la loi d'égalité et le conseil de charité, dans ces simples phrases : « *Aime ton prochain comme toi-même; aime, et tu accompliras parfaitement la loi; ne fais pas à autrui ce que tu ne veux pas qu'on te fasse; fais à autrui ce que tu veux qu'il te soit fait!* »

LXX. — Le principe est trouvé. Suivons-en les déductions, nous avons *le bien moral;* évitons-les, nous avons *le mal moral.*

A la lumière de cette formule, vont s'éclairer toutes les expressions de la langue du droit, qui représentent des idées fondamentales.

En effet, quel va être tout d'abord le moyen d'arriver à l'égalité? C'est le *sacrifice*, que la *passion* s'impose, pour rendre à autrui *des services*, en action ou en abstention.

Qu'est-ce qu'un *droit?* la puissance morale de réclamer un service. Qu'est-ce qu'*un devoir?* la nécessité morale de l'acquitter.

Dans l'accomplissement des devoirs, dans la soumission aux droits, se trouve la véritable *liberté*, la *liberté morale*, bien distincte du pouvoir de fait appelé liberté physique.

L'usage de cette liberté morale donne seul *le bonheur moral*, bien différent de l'appaisement momentané des passions assouvies.

Enfin l'habitude de rendre *les services* dus à autrui, en subissant *les sacrifices* légitimes, et de n'aspirer que par l'emploi de *la liberté morale*, au *bonheur* approuvé par la raison ; s'appelle *la vertu*, ou plus spécialement *la justice*, définie par Herder : « *La mesure des actions et réactions d'êtres semblables entre eux, et limités l'un par l'autre pour la stabilité de tous.* »

LXXI. — Que chacun règle ses actions d'après ces vérités ! celui qui les suit mérite récompense : celui qui les oublie mérite punition. La liberté éclairée par l'intelligence produit l'imputabilité. — Mais sachons bien que la mesure de cette imputabilité est dans l'inégalité des facultés. Nous ne pouvons méconnaître que le Créateur n'a pas départi à tous les hommes la même intelligence. C'est donc dans la limite relative de la raison de chaque être que se trouve la limite relative de son obligation envers ses semblables.

Paix à l'homme de bonne volonté ! l'éternelle justice prendra pour vérités les erreurs involontaires d'une conscience peu éclairée. Avez-vous au contraire double part de forces et de lumières ? elle vous demandera double contingent au tribut de l'exemple et du culte du bien.

LXXII. — L'imputabilité, raisonnablement entendue dans ces limites, entraînant la nécessité morale de punir les violations volontaires du principe d'égalité, on voit que celui qui sera puni souffrira la perte d'une part de bien-être. — Sorte de talion contre celui qui a voulu faire souffrir cette perte à autrui !

Alors appuyée *à priori* sur cette idée, et se présentant comme la rétribution proportionnée des efforts moraux plus ou moins soutenus de la conscience de chaque homme, apparaît l'inégalité des conditions.

Elle devient, non pas la contradiction, mais la sanction idéale indispensable du principe d'égalité des droits.

A la société appartient d'abord la mission d'établir cette inégalité, sur cette base profondément juste.

Mais si elle est impuissante à résoudre ce problème avec une exactitude mathématique, alors élevons nos yeux vers celui dont le nom se retrouve au commencement et à la fin de toute étude de l'homme !

Attendons de sa souveraine providence, qui nous appelle à lui, la compensation des résultats incomplets obtenus jusqu'à présent, dans cette vie, par la faiblesse humaine !

PARTIE NEUVIÈME.

Divisions de la science du droit.

LXXIII. — Nous avons lu bien des théories sur la classification des diverses branches de la science du juste et de l'injuste.

Elles nous ont satisfait à quelques égards. Sous beaucoup d'autres rapports, elles ne nous ont point paru contenir un partage bien net du domaine de la jurisprudence.

Nous voulons cependant nous écarter le moins possible des dénominations que l'usage a consacrées. Nous ne réformerons que ce qu'il nous paraîtra absolument impossible de conserver.

Nous reconnaissons deux grandes divisions et deux grandes subdivisions du droit.

Deux grandes divisions :

1° Sous le point de vue de la source du droit;

2° Sous le point de vue de la nature des rapports qu'il règle.

Deux grandes subdivisions :

1° Sous le point de vue du but qu'il se propose ;

2° Sous le point de vue des personnes qu'il régit.

Nous avons, l'an passé, pour expliquer ces quatre divisions, partagé cette neuvième partie en quatre titres, dont nous allons présenter une courte analyse.

TITRE PREMIER.

Première division du droit, prise du point de vue de sa source.

LXXIV. — Selon que la source du droit est l'autorité du législateur, ou au contraire le sens intime de chacun, le droit s'appelle *positif* ou *naturel* ; ou, si l'on préfère d'autres expressions synonymes, il est *arbitraire* ou *immuable* ; *humain* ou *divin*.

LXXV. — Le *droit positif* est le droit que le pouvoir social établit dans chaque nation séparée, c'est-à-dire dans chacune des agrégations différentes que les hommes ont formées sur la terre.

La destination primitive de l'homme à l'état durable de famille, la réunion des familles dans la tribu, et des tribus dans la peuplade ; l'établissement des peuplades sur un territoire qu'elles s'approprient, la transmission de ce territoire par la génération qui s'éteint à la génération qui succède, enfin les additions résultant de la conquête ou de la naturalisation individuelle, forment successivement les nations.

L'état de société qui en résulte est d'abord pour nous la réalisation d'un désir, puisque toutes nos facultés aspirent aux communications étroites avec nos semblables. — Mais c'est plus : c'est la satisfaction d'un besoin, puisqu'il multiplie les sources de notre bien-être. — Enfin c'est mieux encore : c'est l'accomplissement d'un devoir, puisque c'est le meilleur, disons mieux, le seul moyen de tendre à notre but, au perfectionnement, en faisant prévaloir le principe d'égalité et le sentiment de charité sur les tendances égoïstes de la passion individuelle.

La société étant donc, sous tous les rapports, le milieu où l'homme doit être, *le droit positif*, qui est *le droit de la société*, est donc *le droit conforme à la nature de l'homme*.

LXXVI. — Cela posé, qu'est-ce que *le droit naturel*, que les traités scientifiques et le langage journalier de la pratique opposent au *droit positif?* — Si celui-ci est *le droit conforme à la nature de l'homme*, *le droit naturel* sera-t-il donc, par une antithèse forcée, *le droit contraire à la nature de l'homme?*

Nous ne raillons pas : ce n'est en effet rien autre chose, si l'on en croit les logomachies banales, malheureusement admises par Montesquieu lui-même, qui représentent *le droit naturel* comme le prétendu droit de l'homme avant l'établissement des sociétés, c'est-à-dire comme le droit chimérique d'un état contre nature, qui n'a jamais existé?

Laissons ces rêves insaisissables. Tâchons de donner un sens raisonnable au mot *droit naturel*, par opposition au mot *droit positif*.

Disons que ce ne peut être que le droit de l'homme en société, mais considéré sous le point de vue de son plus grand perfectionnement possible.

Toute législation positive n'est qu'un essai progressif de la distinction du juste et de l'injuste, par les efforts des gouvernants.

Les gouvernés trouvent-ils cet essai imparfait? Ils placent alors, non pas derrière eux, dans l'âge d'or imaginé par les poëtes, mais devant eux, dans l'avenir, l'image d'un droit plus épuré, et invitent le législateur à le formuler.

Ce droit, c'est *le droit naturel*. C'est le type de la justice suprême, immuable, universelle, auquel l'homme aspire, comme il aspire à celui de la souveraine beauté dans les arts et la littérature.

Liberté pour tous de le concevoir à leur manière! pour nous, si nous appliquons ici les idées philosophiques que nous avons préférées, nous trouvons dans le *droit naturel* l'idéal d'un droit social, tendant, plus complétement que celui de nos jours, à la réalisation de l'égalité, au développement de la charité, au perfectionnement incessant des connaissances.

LXXVII. — Cet antagonisme entre la raison des gouvernés et celle du législateur est-il un fait désirable? La première remplit-elle une mission utile, en critiquant l'œuvre de la seconde? — Oui : pourvu que la pensée qui se met au-dessus de la loi positive n'oublie pas la modestie qui convient à sa périlleuse prétention.

Mesurez bien vos forces, vous qui proposez de nouvelles règles du juste et de l'injuste! mais, après que vous les avez mesurées, honneur à vous, si vous les mettez en action! — Le législateur a besoin de vos conseils éclairés. Il est homme, et ne peut prétendre à l'infaillibilité. Soyez d'ailleurs plus hardis que lui, en présence des causes nombreuses qui le rendent nécessairement timide!

Voyez comme il a besoin d'être aidé par l'opinion! Mandataire responsable, chargé de maintenir avant tout l'ordre et la paix dans la société, il est, le plus souvent, tenté de sacrifier trop le désir d'améliorer au profit d'un besoin exagéré de sécurité sociale ; et de négliger les applications de détail, pour obtenir des résultats généraux.

En conséquence il croit souvent devoir, dans les siècles peu éclairés, adopter des expédients provisoires, plus utiles dans leurs effets que rationnels dans leur nature. — Ainsi le précepteur dirige l'enfant par les sensations, quand le raisonnement n'est pas encore arrivé.

Souvent même, malgré le progrès des lumières, il conserve, au delà du besoin, des institutions surannées, se défiant de tout projet d'innovation, comme d'une atteinte à la tranquillité du pays.

Alors, quand il hésite trop longtemps à entrer dans les voies du progrès, l'invocation du droit naturel est le drapeau sous lequel se rangent les réclamations de l'opinion contre ses erreurs, ses exigences, ou ses lenteurs.

LXXVIII. — Le droit positif se subdivise en *droit écrit* et *droit non écrit*, selon qu'il résulte de la promulgation expresse du législateur, ou de sa volonté tacite, manifestée par la tolérance qu'il accorde aux usages constants et généraux.

LXXIX. — Quant au droit naturel, l'idée, qu'il représente, du perfectionnement de la distinction du juste et de l'injuste, offre deux applications différentes.

Aussi nous le subdiviserons en deux branches, savoir : *le droit naturel proprement dit : la morale ou éthique.*

Le *droit naturel proprement dit* est la collection des règles du juste et de l'injuste qu'il est souhaitable de voir immédiatement transformer en lois positives.

Tantôt cette transformation est demandée par les hommes d'État, découvrant quelque grand principe nouveau d'utilité sociale. — Tantôt elle est réclamée par des penseurs plus modestes, analysant le cœur humain, et dégageant quelque application de détail du principe d'égalité, et du sentiment de charité.

Dans l'un et l'autre cas, on se sert également du mot *science de la législation*, comme d'un synonyme spécial du mot *droit naturel proprement dit.*

Quant à *la morale* ou *éthique*, elle appelle les méditations plus approfondies de ceux qui ne pensent pas qu'on doive rédiger en lois positives tous les préceptes du juste et de l'injuste.

Ils laissent, en dehors des Codes, un certain nombre de ces préceptes à l'appréciation de la conscience. Puis ils consacrent, à éclairer celles-ci, les efforts d'une dialectique délicate et scrupuleuse, susceptible encore de degrés, selon qu'elle s'inspire de la tolérance mondaine, de la pureté philosophique, ou de l'austérité religieuse.

Ainsi, autour de l'idée du juste et de l'injuste, comme autour d'un point milieu, rayonnent les cercles concentriques, de plus en plus vastes ; du *droit positif*, du *droit naturel* et de la *morale*.

LXXX. — A la division du droit en *positif* et *naturel*, se rattache la distinction de l'*obligation* et du *devoir*.

L'*obligation* est la nécessité morale reconnue et sanctionnée par le législateur. Pour la faire respecter, la force publique met des moyens matériels coercitifs à la disposition de celui qui la réclame.

Le nom de *devoir* reste, pour désigner la nécessité morale dont la sanction est abandonnée aux avertissements de la conscience.

Pothier, jurisconsulte, fait un traité des obligations. Cicéron, moraliste, disserte sur les devoirs (1).

Les deux mots *obligation* et *devoir* sont parfois mal

---

(1) On voit que nous prenons le mot *obligation* dans un sens général, exprimant aussi bien la relation de possesseur à propriétaire, que celle de débiteur à créancier.—Nous nous écartons du langage généralement adopté, qui ne lui donne, bien à tort suivant nous, que la seconde de ces deux significations.

à propos remplacés, dans la doctrine, par les expressions illogiques, *obligation parfaite* et *imparfaite*.

LXXXI. — L'homme de bonne volonté, qui n'aspire qu'à bien faire, n'est pas embarrassé pour concilier les devoirs enseignés par le droit naturel avec les obligations formulées dans la loi positive ; toutes les fois du moins que le premier se borne à défendre ce que la seconde tolère, ou ordonne ce dont elle dispense, ou dispense de ce qu'elle défend, ou ne défend pas ce qu'elle ordonne.

Dans deux de ces quatre suppositions, il ajoute, pour régler sa conduite, le supplément de charité que le droit naturel demande, sans que la loi positive y mette obstacle.

Dans les deux autres, il ajoute aux prescriptions de sa conscience le supplément de gêne que la loi positive impose, sans que le droit naturel le repousse.

Mais voici venir un grand embarras ! — Supposons, ce qui malheureusement est possible, dans des circonstances rares et transitoires, que la loi promulguée ordonne ce que la raison défend, ou défende ce que la raison ordonne.... Que pourra faire alors l'homme de bien ? si ce n'est abdiquer la patrie coupable, où le juste est momentanément méconnu ?

TITRE II.

Deuxième division du droit, prise du point de vue de la nature des rapports qu'il règle.

LXXXII. — Le droit, considéré quant à la nature des rapports qu'il règle, comprend quatre branches : le droit *constitutionnel* ou *politique ;* le droit *de famille ;* le droit *privé proprement dit ;* le droit *public.*

Le droit *constitutionnel* ou *politique* trace la ligne de démarcation entre les gouvernants et les gouvernés, et détermine entre eux le rapport d'autorité et d'obéissance.

Le droit *de famille*, magistrature auxiliaire déléguée par le droit constitutionnel, établit le rapport d'autorité et d'obéissance entre les membres de la famille.

Le droit *privé proprement dit* règle les rapports mutuels de sacrifice entre les intérêts individuels; c'est-à-dire les services qu'au nom du principe d'égalité les hommes doivent se rendre, pour s'assurer réciproquement la jouissance de tous les éléments de leur bien-être, autres que celui qu'ils trouvent dans les affections de la famille.

Le droit *public* vient limiter, sous un autre point de vue, ce bien être, tels que l'ont constitué le droit de famille et le droit privé.—Il s'occupe spécialement des services que chacun de nous doit rendre plutôt à la masse de ses semblables, pour la protection des intérêts généraux, qu'à l'individu considéré isolément, pour la garantie de ses intérêts particuliers.

Contentons-nous de rappeler aujourd'hui, par ces définitions, l'objet de ces quatre branches du droit, que nous avons, l'an passé, expliqué d'une manière plus étendue.

TITRE III.

Première subdivision du droit, prise du point de vue du but qu'il se propose.

LXXXIII. — De quelque source que le droit émane, c'est-à-dire qu'il soit naturel ou positif, et quel que soit le rapport qu'il règle, c'est-à-dire qu'il soit politique, de famille, privé, ou public, il se divise en deux branches, selon le but qu'il se propose.

L'une comprend le droit *déterminateur*, l'autre, le droit *sanctionnateur*.

Le droit *déterminateur* est celui qui a pour but d'instruire ceux qu'il régit, en leur apprenant la distinction du bien et du mal.

Le droit *sanctionnateur* est celui qui a pour but de faire observer le droit *déterminateur*.

Le premier indique le juste par les lois impératives, l'injuste par les lois prohibitives.

Le second recherche tous les moyens qui peuvent inviter ou contraindre les hommes à respecter ces lois.

On invite par l'espérance d'un plaisir ou par la crainte d'une douleur. On contraint par la force. Ces trois moyens sont employés par le droit *sanctionnateur*.

Il promet à l'homme, s'il veut être honnête, l'estime et la bienveillance d'autrui, la paix avec lui-même et avec Dieu, et parfois certaines récompenses matérielles.

Il le menace, s'il veut être malhonnête, tantôt d'obstacles préventifs qui gêneront sa liberté, tantôt de conséquences répressives qui consisteront dans le mépris et la haine d'autrui, les remords de la conscience et la crainte du Très-Haut, comme aussi dans la réparation du tort causé, la nullité des actes illégaux, et enfin des punitions effectives plus ou moins sévères.

Pour arriver à ces derniers résultats, il établit un système de preuves, à l'usage de ceux qui réclament leurs droits méconnus (1) :

Et enfin il formule, en dernière analyse, les lois sur la procédure, qui deviennent la sanction de la sanction elle-même.

TITRE IV.

Deuxième subdivision du droit, prise du point de vue des personnes qu'il régit.

LXXXIV. — Les nations sont des personnes collectives. Entre elles, comme entre les individus, des règles d'actions sont nécessaires.

D'autres règles sont également nécessaires entre les individus d'une nation et ceux d'une autre. En effet, le pouvoir social, dans chacune d'elles, s'est posé la question de savoir s'il faut appliquer aux étrangers les mêmes distinctions du bien et du mal,

---

(1) Nous faisons ainsi rentrer *la preuve* dans les matières du droit sanctionnateur. Nous sommes heureux de nous rencontrer, à cet égard, avec notre savant collègue et ami, M. Bonnier.—Voir son excellent traité sur *les preuves*.

qu'il applique aux nationaux. — A tort ou à raison, il s'est fait souvent une réponse négative. — Constatons heureusement qu'au souffle de la civilisation, cette distinction va s'effaçant tous les jours. La France donne l'exemple de la détruire. Ses législateurs écoutent ses grands poëtes, qui lui disent :

> Les murs des nations s'écroulent en poussière ;
> Les langues de Babel retrouvent l'unité.
> LAMARTINE.

Quoi qu'il en soit, le fait de la séparation des hommes en nations distinctes a produit une nouvelle division du droit.

On appelle *droit national* celui qu'une société fait pour ses membres ; *droit des gens*, celui qu'elle applique aux étrangers.

Nous emploierons, pour subdiviser ce dernier, les mots *droit international*, et *droit des gens proprement dit*. — Le *droit international* règle les rapports d'une nation avec les autres nations, considérées comme personnes collectives. — Le *droit des gens proprement dit* règle les rapports des individus d'une nation avec ceux des autres nations.

LXXXV. — C'est ainsi que, dans les neuf premières parties de notre cours de philosophie du droit, nous avons analysé la notion du juste et de l'injuste.

Nous l'avons rencontrée dans les formes mêmes de la raison, comme moyen pour l'homme d'arriver à son but.

Recherchant quel est ce but, quel est ce moyen, nous avons trouvé, pour but, la conservation et le perfectionnement ; pour moyen, l'équilibre de l'égalité, et la charité, sentiment qui fait rechercher cet équilibre. — Ainsi tombent, suivant nous, les bases fausses qu'on a souvent données au droit, savoir, la force, le hasard, la convention, l'intérêt.

Puis il fallait détruire l'antagonisme fantastique du droit positif et du droit naturel. Pour cela, il nous a suffi de montrer que l'homme n'existe complétement que dans l'état social. Le droit positif est donc le droit conforme à la nature de l'homme. Ainsi on ne peut lui opposer un autre droit, sous le nom de droit naturel, que comme la supposition d'un droit social graduellement perfectionné.

Enfin nous avons énuméré les autres divisions du droit sous les divers points de vue qu'il présente.

TROISIÈME LEÇON.

(19 novembre 1845).

PARTIE DIXIÈME.

Classification des matières de l'enseignement du droit.

LXXXVI. — Nous avons distribué cette dernière partie en six titres, ainsi qu'il suit :

Titre premier. — Dans quel ordre convient-il d'enseigner les divisions du droit tirées du point de vue de sa source? c'est-à-dire le droit positif et le droit naturel ?

Titre deuxième. — Dans quel ordre convient-il d'enseigner les divisions du droit tirées du point de vue de l'objet des rapports qu'il règle? c'est-à-dire le droit constitutionnel, le droit de famille, le droit privé, le droit public ?

Titre troisième. — Dans quel ordre convient-il d'enseigner les divisions du droit tirées du point de vue de son but? c'est-à-dire, le droit déterminateur et le droit sanctionnateur?

Titre quatrième.—Dans quel ordre convient-il d'enseigner les divisions du droit tirées du point de vue des personnes qu'il régit? c'est-à-dire le droit national et le droit des gens?

Titre cinquième. — Diverses méthodes pour étudier le droit.

Titre sixième. — Classement méthodique des matières dans l'étude de chaque branche du droit.

TITRE PREMIER.

Dans quel ordre convient-il d'enseigner les divisions du droit tirées du point de vue de sa source? c'est-à-dire le droit positif et le droit naturel?

LXXXVII. — Le croirait-on? Avant de traiter la question, nous avons une tâche préliminaire à remplir. C'est de nous justifier de la poser.

En effet, trois systèmes peuvent exister, sur l'objet et les limites de l'enseignement dans les facultés de droit.

Le premier réduit cet enseignement à l'étude du texte des lois positives.

Le second ajoute, à cette étude, celle de l'histoire des lois, et des traditions du droit.

Le troisième complète ces éléments par la comparaison de la loi positive avec les principes philosophiques.

Les deux premiers systèmes nient la possibilité ou l'opportunité, le troisième seul admet la nécessité de la recherche du droit naturel, c'est-à-dire du droit tel que le conçoit la raison individuelle du jurisconsulte.

C'est à nous de montrer que ce troisième système, qui est le nôtre, conduit seul à des résultats complets.

LXXXVIII. — Réduire l'enseignement à l'étude du texte des lois positives, tel est, avons-nous dit, le premier système.

Il convient d'abord à ceux qui ne reconnaissent d'autre source de la distinction du juste et de l'injuste que la volonté arbitraire du souverain. Pour eux, le droit est la conséquence, et non la source de la loi. Le commentaire grammatical de celle-ci leur suffit.

Il convient, en second lieu, à des esprits qui ont

le sentiment vague de certains devoirs existant en dehors de la loi positive, mais sans avoir cherché à s'en faire une idée précise : soit qu'ils s'en rapportent à je ne sais quelle inspiration ; soit qu'ils se soumettent, sans examen, à l'autorité des croyances répandues autour d'eux ; soit que leur foi pieuse ne cherche pas au delà des traditions que la famille a transmises à leur enfance.

Loin d'eux, en conséquence, la prétention de chercher de nouveaux principes !

La science de la législation, et celle du droit, l'une qui fait les lois, l'autre qui interprète les lois faites, sont, pour eux, des choses qui doivent rester entièrement séparées.

Aux hommes d'état la première ! aux jurisconsultes la seconde !

LXXXIX. — Avant de combattre ce premier système, exposons le second. — Les mêmes arguments nous suffiront ensuite, pour réfuter en même temps l'un et l'autre.

Le second système n'est que le perfectionnement du premier. — Il ne cherche pas plus que lui, il est vrai, une base philosophique, sur laquelle il puisse solidement édifier. Mais il prend du moins plus au sérieux l'enseignement du juste et de l'injuste, en ajoutant, à l'étude des textes, deux éléments de plus, l'*histoire des lois*, et *les traditions du droit*.

L'histoire des lois. — C'est-à-dire non-seulement la nomenclature chronologique des dispositions successives qui ont créé, modifié, réformé les institutions d'un peuple; mais encore la recherche des circonstances et des motifs qui ont présidé à leur naissance : recherche qui, suivant l'expression bizarre de Cujas, donne un hameçon d'or, pour saisir leur esprit.

XC. — *Les traditions du droit.* — Nous entendons par là certaines formules, que les jurisconsultes composent, et présentent comme le résumé des lois.

Le Digeste, au titre *de Regulis juris*, Domat, dans son *Legum delectus*, nous fournissent des recueils de ces traditions, qu'un grand nombre de personnes appellent des principes. Nom pompeux qui ne leur convient guère!

Ce nom en effet ne peut être appliqué logiquement qu'au principe par excellence, qui nous a paru être l'égalité.

Ce serait déjà abusivement qu'on désignerait par

lui les corollaires les plus généraux et immédiats, engendrés par l'idée fondamentale ; et, à plus forte raison, la succession inférieure des déductions subordonnées à ces corollaires.

En d'autres termes, un esprit logique, pour étayer solidement la solution de la plus mince question du droit, aurait besoin de remonter tous les échelons qui séparent cette question de l'idée première de la justice. — A ce prix seulement il trouverait un principe.

XCI. — Mais ce travail serait long et monotone. Le magistrat, l'avocat, le professeur, ont besoin d'abréger. — Que font-ils ? Ils s'arrêtent à moitié ou au quart du chemin, quand ils rencontrent quelque apparence d'une idée générale, sous laquelle ils ont vu souvent se grouper les solutions qu'ils cherchent.

De l'utilité assez fréquente de cette idée, ils concluent son utilité universelle. Ils lui donnent une forme concise, pittoresque s'il se peut, et saisissante, pour la communiquer comme axiome à ceux qui s'occupent comme eux de jurisprudence. — Puis l'habitude s'en empare, comme d'un moyen d'économiser, entre gens du métier, le temps et les paroles.

De cette manière se forment les traditions du

droit. — Leur origine, ainsi révélée, fait bien voir qu'elles ne constituent pas des principes.

Que sont-elles donc? des ressources dangereuses de mnémotechnie : et rien de plus.

Et pourtant! combien de fois ne voyons-nous pas les jurisconsultes les donner, comme raisons dernières de leurs décisions? Non-seulement la pratique s'en contente; mais la théorie la plus intelligente se laisse, à tout instant, prendre à l'illusion de ces pauvres arguments!

XCII. — Bien pauvres, croyez-le bien! car ils ne peuvent guère échapper au reproche, ou d'être inexacts au fond, ou d'être inexacts dans la forme, ou de constituer de purs cercles vicieux.

Inexacts au fond. — Les uns, créés un jour par un jurisconsulte, pour le besoin de la démonstration du moment, n'ont quelque valeur que *secundùm subjectam materiam;* ils souffrent mille distinctions, qui leur ôtent toute infaillibilité. — Les autres, conformes peut-être aux lois existantes le jour où l'usage les a formulés, sont devenus faux en présence de lois ultérieures, et n'en ont pas moins continué à être employés comme monnaie courante.

Inexacts dans la forme. — Plusieurs, énergiquement exprimés, dans l'origine, sous les termes d'une fiction ou d'une hyperbole, ont si bien fait illusion à ceux qui les ont répétés, qu'on a fini par prendre la figure oratoire pour vérité mathématique.

Ainsi la pensée première, qu'on avait voulu systématiser par une image, a disparu avec le temps, doublement métamorphosée ; et l'expression fausse destinée, par son exagération même, à soulager la mémoire en dispensant de raisonner, a cessé d'être un symbole. Elle est devenue la majeure d'un syllogisme, qui s'est étonné de produire des conclusions bien inattendues !

De purs cercles vicieux. — Tel est le dernier reproche que ne peuvent éviter ces prétendus principes, quand, par un rare bonheur, ils échappent à celui d'inexactitude.

Regardez-les de près : vous verrez qu'ils donnent, pour raison, la généralisation du fait en question.

Voulez-vous avoir l'image fidèle de leur valeur ? rappelez-vous la célèbre réponse d'Argan à la question *cur opium facit dormire ?*

XCIII. — On va, je le sais, m'accuser d'exagération. Aussi mon devoir est de donner des preuves. — Prenons donc sur le fait, dans les plus célèbres de ces traditions du droit, les défauts que je viens de signaler.

Empruntons d'abord nos exemples à celles qui ont revêtu les formes du style simple et positif. Nous parlerons ensuite de celles qui s'expriment par hyperboles et par fictions.

XCIV. — Premier exemple. Maxime, *res perit domino.*

Je vous prête un livre. Il est détruit chez vous par un cas fortuit, que nulle sagesse humaine ne pouvait prévoir ni empêcher. M'en devrez-vous l'estimation? non. Pourquoi? parce que, répondra-t-on, *res perit domino !*

Passons rapidement sur la forme doublement vicieuse de cette énigme. En prenant l'expression dans son sens apparent, on y trouve grande naïveté et grande obscurité. — Naïveté; car elle semble dire qu'on est privé d'une chose, quand elle n'existe plus : vérité que contesterait seul Roland le Furieux, s'obstinant à vendre sa jument morte. — Obscurité; car elle présente l'idée insaisissable d'une destruction relative; or la destruction est absolue. Une chose qui disparaît de la nature périt pour tous les hommes, et non pas pour son seul propriétaire.

Ainsi d'abord l'axiome a, dans la forme, besoin de traduction. Il faut se rappeler que *perire domino* équivaut ici à cette expression de notre langue, *appauvrir le propriétaire*.

Et il faut paraphraser ainsi : *Un propriétaire n'a pas droit à la valeur en argent de sa chose, quand elle a péri par cas fortuit.*

XCV. — Ainsi réformé, l'adage est-il exact au fond ? Les jurisconsultes peuvent-ils désormais, avec une confiance légitime, le caser dans leur mémoire, pour l'appliquer dans tous les cas où un propriétaire perdra sa chose par accident ? nullement.

Deux Français (supposition très-licite et possible) font entre eux un contrat, un peu différent de celui qu'on appelle vente : l'un d'eux s'engage à transférer à l'autre, mais au jour de la tradition seulement, la propriété d'une chose déterminée.

Celle-ci périt avant le jour fixé pour cette tradition, dans les mains du *venditor*, encore propriétaire. — Celui-ci aura-t-il droit au prix, promis par *l'emptor* ? Oui, du moins d'après l'avis presque unanime des auteurs.

Ainsi, voilà le prétendu principe *res perit domino* démenti. Donc il ne donne à l'esprit aucune sécurité.

S'il n'est pas infaillible pour interpréter l'obligation de transférer la propriété, dira-t-on qu'il l'est du moins pour interpréter l'obligation de restituer la possession? Pour régler la relation d'un propriétaire avec un commodataire, un dépositaire, un créancier gagiste, un voleur? — Ce serait se tromper.

L'axiome sera encore ici en défaut, au gré de plusieurs distinctions. — Non-seulement le commodataire, le dépositaire, le créancier gagiste répondront du cas fortuit, s'ils s'en sont chargés ; mais, en l'absence de cette convention, il en sera de même si la chose périt dans leurs mains, après leur mise en demeure, par un événement qui n'eût pu l'atteindre chez le propriétaire : enfin, sans convention comme sans mise en demeure, le voleur devra le prix de la chose, quand même la cause qui l'a détruite l'eût fait également périr chez le propriétaire, sauf à disdinguer toutefois, peut-être, si cette cause est un accident extérieur ou le vice intérieur de la chose.

Ainsi pour réformer, au fond, les erreurs de la maxime, *Un propriétaire n'a pas droit à la valeur de sa chose, quand elle a péri par cas fortuit,* voyez quelle longue paraphrase va devenir nécessaire!

Il faudra dire, dans une série de propositions : *Un propriétaire n'a pas droit à la valeur de sa chose, quand elle a péri, par cas fortuit, dans les mains d'un détenteur qui ne s'est pas chargé des cas fortuits, et qui n'est pas non plus en demeure; ou même lorsqu'il est en demeure, si le cas fortuit est de telle nature qu'il fût éga-*

lement arrivé chez le propriétaire : à moins toutefois que ce détenteur ne soit un voleur ; auquel cas une sous-distinction est peut-être nécessaire, selon que la perte résulte du vice propre de la chose, ou d'une force majeure extrinsèque !.....

XCVI. — Mais enfin, si la mémoire trouve un soulagement à retenir cette phrase, le jugement s'en contentera-t-il ?

Épuré ainsi par ce commentaire, l'adage *res perit domino* deviendra-t-il un principe ?

Nullement. Ici se présente le troisième défaut des adages. Celui-ci, comme tous les autres, n'est qu'un cercle vicieux.

Dans l'espèce posée en effet, la question est précisément celle-ci : *la chose périt-elle pour son propriétaire ?*

Or si l'on répond : *oui; parce que toute chose périt pour son propriétaire* : je demande ce que l'on a démontré ?

On a seulement généralisé le cas supposé, et mis en principe ce qui est en question ! O Papinien ! que diriez-vous d'une telle raison, qui demande une raison d'elle-même ?

XCVII. — En ce moment nous renversons. Nous n'édifions pas. — C'est dans le cours de droit privé que nous déduirons les principes, seuls dignes de ce nom, qui doivent remplacer ici l'insignifiant assemblage de syllabes, *res perit domino*.

C'est là que nous verrons la loi d'égalité mettre raisonnablement la perte au compte de celui qui a la chance du profit ; ou l'interprétation charitable présumer, dans le doute, en faveur de celui qui souffre le plus ; ou la justice de la punition exposer le coupable à des conséquences, même inattendues, de sa faute.

Ces raisons, nous l'espérons, satisferont le cœur et l'esprit ; elles vous feront sentir le vide des brocards, qui ne sont, encore une fois, que des artifices de mémoire.

XCVIII. — Deuxième exemple. Maxime, *debitor rei certæ interitu rei liberatur*.

Cette maxime a été proposée, en remplacement de la précédente, par des esprits qui avaient reconnu le mensonge de celle-ci.

Elle est, il est vrai, préférable, en ce qu'elle évite une des critiques qui renversent l'autre. On ne la voit pas en effet contredite, comme elle, par l'exemple de l'acheteur, supportant la perte de la chose dont le vendeur a voulu rester propriétaire jusqu'à la tradition.

Mais tous les autres reproches, que nous avons faits

à la règle *res perit domino*, se reproduisent contre sa rivale. Elle ne tient pas compte des distinctions tirées de la convention, de la demeure, de la position particulière du voleur, et de la nature du cas fortuit.

Elle aurait également besoin de traduction, d'amplification. Et malgré tout, bien que paraphrasée, elle ne pourrait pas davantage aspirer à l'honneur d'être autre chose qu'une pétition de principe, attendant une raison supérieure, à puiser dans la notion fondamentale du droit.

XCIX. — Troisième exemple. — Maxime, *accessorium sequitur naturam rei principalis*.

Pierre, tailleur d'habits, emploie la violence, au besoin commet un meurtre, pour prendre à Paul du galon; il en garnit un habit de livrée, qu'il met en vente dans son magasin. Ou bien Pierre, maçon, construisant un bâtiment, y incorpore des tuiles, enlevées frauduleusement par lui à son voisin.

Le tailleur, le maçon, seront-ils propriétaires du galon, des tuiles? Oui. Pourquoi? C'est encore en latin qu'on répondra gravement : *quia accessorium sequitur naturam rei principalis*.

Mais d'abord il est bon de savoir que cet axiome est un faussaire, qui s'est introduit dans la science sous un passe-port supposé.

On l'a construit, en traduisant mal des propositions des Institutes de Justinien et du Digeste, telles que celles-ci, *œdificium solo cedit, purpura cedit vestimento.*

Or ces phrases n'expriment que des vérités de fait, sur la conservation de la substance, malgré la survenance d'une modalité. Elles n'ont nullement la destination d'exprimer ni de justifier une acquisition de propriété. Le système formulaire des Romains en tirait seulement quelques conséquences, en ce qui concernait la procédure à suivre, pour rendre précisément la chose accessoire au propriétaire dépouillé, si l'intérêt public ne s'y opposait pas.

C. — Pardonnons toutefois à l'axiome la fraude de sa naturalisation, bien plus, donnons-lui droit de cité, s'il a importé une vérité utile! bannissons-le honteusement, dans le cas contraire!

C'est ce dernier parti qu'il faut prendre, sans hésiter.

En effet, rien de moins exact au fond que cet axiome, qui comporte de nombreuses distinctions.

N'en déplaise à son assertion, le possesseur de bonne foi d'un terrain ne transfère pas nécessairement au maître de ce terrain la propriété des constructions qu'il y incorpore. Nul doute, à notre avis, qu'il ne puisse les enlever, et refuser l'indemnité, fût-elle dix fois au-dessus de leur valeur, qu'on lui offrirait pour les conserver.

Nul doute non plus pour nous que l'amateur d'horticulture, auquel on volerait une tulipe rare, pour la planter dans un autre sol, ou l'amateur d'œuvres d'art, à qui l'on prendrait des cariatides ou des colonnes antiques, pour les ajouter à un balcon ou à un vestibule, ne puisse les revendiquer !

Ainsi l'adage proposé ne peut être utile, qu'en y rattachant bien des distinctions, qu'il ne fait pas soupçonner, sur la bonne ou la mauvaise foi de celui qui unit la chose d'autrui à la sienne, et sur la nature de la chose accessoire incorporée.

L'esprit n'en retire donc nulle lumière, nulle dispense de chercher mieux.

CI. — Mais supposons que les partisans des traditions juridiques ajoutent, à la formule de celle-ci, les subdivisions qui lui manquent; et qu'ils lui donnent ainsi l'exactitude qu'elle n'a pas dans sa brièveté. Quel sera le résultat de leurs soins ? — L'étrange prétention d'un phénomène physique, se présentant comme vérité morale.

Newton se fût-il jamais douté que l'attraction moléculaire expliquerait la propriété ? L'axiome que nous attaquons a cette folle ambition. Aussi nous ne croyons pas que jamais plus éclatant exemple ait montré le pouvoir de la routine, pour paralyser l'intelligence !

Analysons le fait énoncé. — Qu'y voyons-nous ? le vol, l'assassinat, récompensés, au nom de la loi, par la concession de la propriété de la chose enlevée : concession faite au voleur, à l'assassin, par cela seul qu'il a incorporé cette chose à une autre.

Nul ne s'en étonne. Dès qu'on a dit : il en est ainsi parce que *l'accessoire suit le sort du principal....* chacun est satisfait ?

Excepté pourtant la victime du crime ! — sera-t-elle ruinée ?... Non : dit-on. Elle aura une action en indemnité, contre celui qui a incorporé la chose.

Cette compensation commence à me rassurer. Toutefois je crains que les voleurs et assassins ne soient gens peu solvables. Je verrais avec regret leurs créanciers ne laisser qu'un dividende au propriétaire de la chose enlevée, sur le prix de la vente judiciaire de cette chose elle-même. En sera-t-il ainsi ?

Il le faut bien, diront encore les partisans de l'axiome. Toute trace de sa propriété a été détruite, par la *prævalentia* de la chose principale sur l'accessoire. Celui à qui on a enlevé celle-ci n'est plus qu'un créancier ordinaire. Qu'il vienne au marc le franc! Acceptons ces conséquences du principe de l'accession!

Et moi je leur dirai : ce sont ces conséquences, qui montrent que votre prétendu principe n'est qu'une chimère!

Comment l'absorption, en fait, de l'individualité d'une chose dans l'individualité d'une autre, peut-elle être un motif moral, adopté par le bon sens, de sanctionner l'enrichissement par des voies illicites?

Ne voit-on pas que, si cet enrichissement a lieu, il faut au moins le rattacher à un motif supérieur de bien public, et tâcher de le concilier avec la justice?

CII. — Ce double but est rempli, si l'on remplace l'inintelligible accession, par une cause saisissable d'acquisition, savoir : une expropriation pour utilité publique.

Alors le motif d'intérêt général apparaît. Un capital a été créé, même par des mains impures : la loi ne veut pas qu'on le détruise. Elle laisse à l'industrie la chose accessoire, enlevée par elle à la propriété.

Alors apparaît aussi la conciliation que demande la justice. Le propriétaire exproprié est un vendeur;

et, en cette qualité, il aura le privilége du vendeur, pour garantie de son indemnité!

On entrevoit que nous ne disputons pas sur les mots; nos critiques des axiomes arrivent à des résultats pratiques (1).

CIII. — Quatrième exemple. Maxime, *donner et retenir ne vaut.*

A cette question : pourquoi une donation ne peut-elle être faite sous une condition dont l'exécution dépend de la volonté du donateur? Que de voix se contentent de répondre : parce que *donner et retenir ne vaut!*

C'est se contenter de répéter la question dans la réponse. — La traiter sera tout autre chose. Ce sera rechercher par quelles raisons tirées, soit de l'intérêt des familles, soit de l'intérêt du donateur lui-même, soit enfin de l'intérêt des tiers, le législateur a prohibé, dans les donations, les conditions potestatives, qu'il admet dans les ventes?

CIV. — Cinquième exemple. Maxime, *nul ne doit s'enrichir aux dépens d'autrui.*

---

(1) Beaucoup de personnes trouveront bien hardie la concession d'un privilége au propriétaire de la chose accessoire. — A notre avis cette solution est trop simple et trop nécessaire, pour mériter cet éloge ou cette critique.

Cette proposition contient une erreur de fait ; elle ne contient aucune règle de droit.

Elle contient une erreur de fait : je laisse à Montaigne le soin de le démontrer, au chapitre 21 du livre I*er* de ses *Essais*.

« Il ne se fait, dit-il, aucun profit qu'au dommage d'autrui ; et à ce compte, il faudrait condamner toute sorte de gains. Le marchand ne fait bien ses affaires qu'à la débauche de la jeunesse ; le laboureur à la cherté du blé, l'architecte à la ruine des maisons, les officiers de la justice aux procès et querelles des hommes. L'honneur même et pratique des ministres de la religion se tire de notre mort et de nos vices. Nul médecin ne prend plaisir à la santé de ses amis même, dit l'ancien comique grec ; ni soldat à la paix de sa ville : ainsi du reste.....

Nam quodcunque suis mutatum finibus exit,
Continuò hoc mors est illius quod fuit antè. »

CV. — Maintenant comment une telle erreur de fait a-t-elle pris, dans la science, l'apparence d'une règle de droit ?

Sans doute parce qu'il a plu à Pomponius d'écrire un jour cette phrase (l. 206, *Dig. de reg. juris*) « *Jure naturæ æquum est, neminem cum alterius detrimento*, ET INJURIA, *fieri locupletiorem* ; » et parce que ceux qui l'ont répétée ont préféré le texte de la loi

14, *de cond. indeb.*, où se trouve retranché le seul mot qui eût un sens, le mot *injuriâ !*

Tout homme qui s'enrichit en appauvrit un autre. Mais il y a des moyens licites, et d'autres illicites, de s'enrichir aux dépens d'autrui. — Pomponius repousse seulement ces derniers. Rien de plus simple. — Mais aussi rien de moins semblable à une règle. Car quelle lumière résulte-t-il de l'énoncé de ces deux classes de moyens, pour en éclairer la distinction ? Aucune.

Ainsi, même en rétablissant le mot omis dans la tradition venue de Pomponius, on n'obtient qu'une proposition innocente, dont il ne sort aucune vérité.

Celui qui la prononce, pour repousser tel ou tel moyen de s'enrichir qu'on invoque contre lui, n'a rien fait encore qu'une pétition de principe. Sa démonstration n'est pas même commencée. Il lui reste tout à prouver, savoir que la loi défend le moyen de s'enrichir, sur lequel s'élève le litige !

CVI. — Nous craindrions de tomber dans la monotonie, en multipliant des attaques, toujours les mêmes, contre tant d'autres traditions, exposées à de semblables reproches.

Obscurité, inexactitude, inutilité : ces trois inconvénients se retrouvent :

Et dans l'axiome, soumis à tant de distinctions, *nemo plus juris transferre potest quàm ipse habet;*

Et dans ce calcul, excellent pour mesurer la force des organes, mais fort suspect pour comparer des droits divers, *si vinco vincentem te, à fortiori te vincam;*

Et dans cette phrase législative, *en fait de meubles, possession vaut titre*, phrase insignifiante, tant qu'on n'en extrait pas le principe réel qu'elle contient, savoir : *chacun est responsable de son imprudence;*

Et dans cette prohibition, vraie pour le tuteur, fausse pour le mari, *nemo potest auctor esse in re suâ;*

Et dans cette définition, aussi souvent contraire que conforme à la vérité, *bona non dicuntur, nisi deducto ære alieno;*

Et dans mille aphorismes de ce genre, que cette courte analyse n'a ni le temps, ni l'intention de dépouiller de l'inexplicable crédit usurpé par eux !

CVII. — Mais nous avons du moins une promesse à tenir. Nous devons signaler spécialement, parmi cette foule de raisons prétendues, qui ne sont pas des raisons, celles qui ont un vice considérable de plus. Je veux parler des *raisons fictions,* et des *raisons hyperboles.*

Ouvrons la loi. Elle nous donne elle-même l'exemple le plus notable d'une prétendue règle formulée en fiction.

La vocation de plusieurs héritiers à une même succession produit pour eux la propriété indivise des biens héréditaires. Plus tard survient entre eux le partage, c'est-à-dire une opération qui contient échange ou vente, et remplace le droit fractionné de chacun d'eux sur tous les objets de la masse, par un droit déterminé sur quelques objets. — Telle est la vérité des choses.

Mais une conséquence fâcheuse apparaît au législateur. Après le partage, les tiers invoqueront, sur les biens tombés au lot d'un des héritiers, les droits réels constitués par un autre. De là, recours du cohéritier évincé contre ce dernier : et la paix des familles, que le partage devait assurer, est menacée.

Eh bien! que le législateur, désireux de la maintenir, use de son droit! qu'il suspende, au moins d'une manière relative, pendant l'indivision, la faculté d'aliéner! et son but sera atteint!

Il préfère le manquer, en le dépassant. — Il choisit, comme à plaisir, le détour d'une supposition contraire à la réalité. — Alors la fraude législative s'écrit dans l'art. 883 du Code civil, en ces termes :
« *Chaque cohéritier est censé avoir succédé seul et immédiatement à tous les effets compris dans son lot, ou à lui*

échus sur licitation, et n'avoir jamais eu la propriété des autres effets de la succession. »

CVIII. — Le pouvoir social a semé la confusion; qu'il récolte l'erreur ! Pour exprimer une exception spéciale, restreinte, isolée, il a pris une forme indirecte, ambitieuse : aussitôt cette forme emporte le fond. Elle apparaît aux imaginations subtiles comme un mystère fécond à creuser. C'est à qui se disputera le soin d'en tirer des conséquences à perte de vue! Les arrêts, les auteurs arrivent ainsi à des décisions peu justifiables, en prenant pour considérant *une tournure de phrase*, qui s'est transformée en raison.

Pour tout dire en un mot, *le mensonge est devenu un principe.*

Bornons-nous à cet exemple, quelle que soit notre tentation d'en signaler, à côté de lui, deux autres, en énumérant toutes les fausses déductions qu'on a tirées de deux fictions, qui se trouvent, l'une dans l'emploi du mot *mort civile*, l'autre dans celui du mot *représentation* en matière de succession *ab intestat*.

CIX. — Quant aux *raisons hyperboles*, nous n'en chercherons pas un exemple trop facile dans la fausseté reconnue, mais inoffensive, du brocard de palais, *qui a terme ne doit rien*.

Nous nous attaquerons de préférence à un plus sérieux adversaire, à l'adage, *le mari est seigneur et maître de la communauté.* Il faut que le prestige en soit bien puissant, puisqu'il a égaré un jurisconsulte des plus distingués, M. Toullier, et a produit, sous sa plume, un demi-volume d'erreurs.

On ferait difficilement admettre à un mathématicien ce théorème : *six, qui est la moitié de douze, égale douze.*

Mais bien qu'une masse commune, appartenant à deux personnes, ne donne à chacune d'elles qu'une moitié indivise, les jurisconsultes n'ont pas toujours fait résistance attentive à la contradiction qu'implique cette proposition, *le mari est seul propriétaire de la communauté,* c'est-à-dire *seul propriétaire de ce qui appartient à deux.*

Et l'auteur que nous venons de nommer a si peu défendu sa logique contre cette impossibilité, que, suivant lui, la femme, tant que dure le régime de mariage, *non socia est, sed speratur fore.* Elle entre en société seulement, quand la société finit.

CX. — Comprenne qui pourra ces non-sens ! Pour nous, sans faire pour cela un effort inutile, contentons-nous de remarquer qu'une hyperbole est la cause de toutes ces aberrations.

La qualité d'administrateur de la chose d'autrui est précisément le contraire de celle de propriétaire. C'est celle qui appartient au mari sur la communauté.

Mais il y a des administrateurs dont le pouvoir est fort large : le mari est de ce nombre. Aussi les actes qu'il peut faire en cette qualité, au nom de la société formée entre lui et sa femme, sont presque les mêmes que ceux qu'il pourrait faire, en son nom, sur ses propres biens. — L'assimilation toutefois n'est pas complète, et ne l'était même pas dans l'ancien droit.

L'hyperbole a comblé la différence. Elle a retranché l'adverbe *presque*, ou tout autre mot qui distingue la grande similitude de la complète identité.

Puis l'ellipse est survenue, disant, *le mari est maître de la communauté*, pour éviter la lenteur de cette autre phrase, *le mari, comme administrateur de la communauté, fait ce qu'il ferait s'il en était le maître*. C'est ainsi que le langage oratoire appelle foudre de guerre, un capitaine qui produit des ravages comparables à ceux de la foudre.

Puis enfin l'empirisme, n'apercevant plus ellipse ni hyperbole, a pris la maxime au sérieux, et en a tiré des conséquences qu'elle n'était pas appelée à produire.

CXI. Que la science redresse ces erreurs! Qu'elle restitue au mari la qualité, tout opposée à celle de propriétaire, qui seule lui appartient! Et pour mesurer l'étendue grande, mais non illimitée, des pouvoirs qui lui sont conférés, que l'interprétation étudie l'esprit et le but de la convention faite, au moment du mariage, par deux êtres qui confondent leurs intérêts, en unissant leur vie!

CXII. — Que cet aperçu des vices des axiomes nous suffise! — C'est dans notre cours tout entier sur le Code civil que nous nous efforcerons sans cesse de combattre ces traditions juridiques, qu'on presse vainement, sans en faire sortir une idée.

Eh bien! il faut le reconnaître avec regret! L'emploi de ces formes de convention est encore la grande ressource de l'argumentation, au barreau et dans la chaire.

C'est dans les limites de ces démonstrations trompeuses de seconde main que s'arrête le deuxième système sur l'enseignement du droit. — Il voit, dans les maximes adoptées par les prudents, une science faite. Il s'en contente provisoirement; sauf à épurer, toutefois, de temps en temps, la liste des adages, en écartant les erreurs les plus évidentes que découvre en eux l'analyse.

Rien de plus funeste aux progrès de la science que cette foi trop timide, qui ne peut nous suffire!

CXIII. — Tels sont les deux premiers systèmes qu'on propose, sur l'enseignement du droit dans les écoles. — Tous deux n'aspirent qu'à présenter le tableau du droit positif, en l'éclairant, l'un par la philologie seule, l'autre par la philologie et l'histoire.

Tous deux rejettent comme effort inutile, peut-être même blâmable, la prétention qu'aurait le jurisconsulte d'appeler des décisions de la loi au tribunal de sa raison individuelle, et de comparer les textes, expliqués par l'histoire, avec les systèmes philosophiques.

Un troisième système voit, au contraire, dans cette comparaison, le seul moyen de donner à l'étude des lois son complément nécessaire, sa grandeur et son utilité. — C'est celui qu'il nous reste à justifier.

CXIV. — Pour cela, nous demanderons d'abord à nos adversaires comment, en l'absence d'un point de vue général sur la source et la destination des lois, ils pourront satisfaire au besoin de l'unité et des classifications, conditions premières de toute science.

Je pourrais remplir bien des pages avec les citations empruntées à de savants auteurs, qui font cette question. Je pourrais répéter la leçon touchante que Toullier a fait graver sur son tombeau : « *Penitùsque ex intimâ philosophiâ hauriendam esse juris disciplinam cum Tullio putavit.* » — Mais chose étrange ! Je ne connais rien qui ne le cède, en éloquence et en énergie, à quelques admirables phrases du plus charmant apôtre du scepticisme. Tant il est vrai que l'homme ne saurait vivre, sans croire au moins un jour !

Toute la philosophie des essais de Montaigne n'est-elle pas confisquée au profit de la foi, dans ces lignes échappées à l'auteur, s'oubliant lui-même ?

« Il est impossible de ranger les pièces, à qui n'a une forme du total en sa tête. A quoi faire la provision des couleurs, à qui ne sait ce qu'il a à peindre ? Aucun ne fait certain dessein de sa vie ; et n'en délibérons qu'à parcelles. L'archer doit premièrement savoir où il vise, et puis y accommoder sa main, l'arc, la corde, la flèche et les mouvements ; nos conseils fourvoient, parce qu'ils n'ont pas d'adresse et de but. Nul vent ne fait pour celui qui n'a point de port destiné (Montaigne, liv. 2, ch. 2). »

La *forme à peindre*, le *but à viser*, le *port à cher-*

cher, où seront-ils, pour le commentateur des lois, sinon dans la vue d'un principe fondamental, qu'il faut que d'abord il se pose, d'un esprit résolu !

Comment pourrait-il seulement définir ces lois, qu'il veut interpréter, sans chercher dans son sens intime quelques notions premières ? « *His enim explicatis fons legum et juris inveniri potest!* » (*Cic. de legibus*, lib. 1, n° 5.)

C'est à la nécessité de cette direction d'études que fait allusion le timide, mais judicieux Domat, quand il demande : « s'il n'y a pas quelque compagnie, où l'on examine sur le bon sens comme sur la loi ? »

C'est aussi celle que recommande Pantagruel, très-sérieux quant il veut l'être : « de droit civil je veux que tu saches par cœur les beaux textes, et me les confères avec philosophie ! »

CXV. — Nous demanderons, en second lieu, à ceux qui rejettent l'enseignement du droit naturel, quel sera, en dehors des brocards de droit dont nous avons montré le vide, leur moyen d'interpréter les points obscurs de la loi écrite? et de combler les lacunes innombrables que laisse à tout instant sa rédaction?

Pour remplir ces deux devoirs, des principes dirigeants bien arrêtés ne sont-ils pas indispensables?

Peut-on rester à la merci de l'inspiration vague et mobile de chaque moment ?

Quisquis ubique habitat, Maxime, nusquam habitat!
(MARTIAL.)

Le jurisconsulte, vraiment digne de ce nom, doit choisir entre Aristote et Platon, entre Vico et Herder, entre Domat qui déduit le juste de l'amour d'autrui, et Bentham qui le déduit de l'amour de soi-même. — Selon qu'il aura pris l'un ou l'autre point de départ, il verra varier à l'infini les conséquences. Un code ne serait pas plus interprété, qu'il ne serait rédigé, par Volney comme il le serait par De Maistre !

CXVI. — Enfin, en troisième lieu, comment, sans un *criterium* établi *à priori*, le jurisconsulte pourra-t-il donner son approbation ou son blâme aux essais de législation qu'il explique, et, s'il y a lieu, en provoquer l'amélioration ?

Or, c'est le point le plus important de sa mission. Qui donc en effet signalera les défauts des institutions, sinon celui qui passe sa vie à en étudier le mécanisme ? Et quel est l'homme dévoué à l'étude, qui ne sait que le culte sincère de la science demande moins d'amour pour ce qu'elle a trouvé aujourd'hui, que pour ce qu'elle doit trouver demain ?

Sans la prévision de ses progrès, elle n'a pas plus une vie complète que ne l'aurait un homme qui ne joindrait pas, à la sensation des impressions actuelles, le souvenir des impressions passées, et l'imagination qui pressent les futures.

Ajoutons ici quelques pensées que nous avons exprimées ailleurs sur ce sujet (1):

CXVII. — « Placé au point d'intersection où les faits, incessamment observés par toutes les autres sciences, viennent converger pour qu'il les coordonne, le jurisconsulte est semblable au père de famille Romain, acquérant, par les travaux de ses fils, la propriété dont il leur rendait les bienfaits distribués.

Chargé de *diriger* (suivant l'étymologie du mot *droit*), et précepteur, pour ainsi dire, des précepteurs des nations, s'il ne consacre, à se préparer à sa tâche, bien des années d'études de toute sorte, c'est l'étourdi qui s'embarque sans provision pour faire le tour du monde. Sans les enseignements de la religion comme de la physiologie, de l'histoire comme de l'économie politique, il sentira les éléments lui manquer, quand il essayera de tracer des

---

(1) Séance publique du 4 avril 1842, pour la distribution des prix obtenus par les Élèves de l'École de Paris.

règles aux plus minces détails des actions des hommes : et ce n'est pas, suivant nous, une image ambitieuse, c'est une vérité mathématique que présentait cette définition romaine : *Jurisprudentia est divinarum atque humanarum rerum notitia !* »

CXVIII. — « Hyperbole ! dira la voix du monde. Comparer les textes écrits par le législateur, en mettre en saillie les déductions obscures, à l'aide de la logique et de la grammaire : voilà tout l'objet de la science du droit !... »

« Qu'ils me disent, ceux qui tiennent ce langage, si, lorsqu'une de ces puissantes machines, qu'on voit dans nos ateliers, a saisi la barre de fer dans ses irrésistibles engrenages, il dépend de l'ouvrier de la retirer, pour l'empêcher de parcourir tous les degrés du laminoir ? »

« Ne voient-ils pas que cette logique, qu'ils veulent bien accorder au jurisconsulte, une fois en mouvement, ne peut plus s'arrêter ? »

« Que recherchera-t-elle en effet pour éclaircir les textes ? la pensée du législateur. Mais cette pensée, qu'est-ce donc, sinon le produit de l'histoire comparée du droit antérieur ? Et cette histoire, quelle est-elle, sinon celle des efforts des siècles, poursuivant la fin de l'homme dans les investigations des sciences, résumées dans celle du droit ? »

« Ainsi, s'il veut comprendre son époque, le jurisconsulte doit se mettre d'abord en présence de tout le passé.

S'arrêtera-t-il là du moins ? Oh ! la raison l'en défie ! Demandez-lui plutôt de s'abdiquer lui-même ! Tous ces travaux ne sont que des moyens, pour lui permettre de poser à son tour sa prévision des progrès de la justice. Les œuvres de la tradition le ramènent invinciblement aux inspirations du sens intime : et n'est pas pontife de la science celui qui, ne soumettant pas au contrôle de sa pensée les lois qu'il commente, n'indique pas au législateur les améliorations que doit réaliser l'avenir ! »

CXIX. — C'est ainsi qu'en établissant la vérité du troisième système sur l'enseignement du droit, nous avons dû d'abord justifier la question posée dans notre titre Ier, savoir : Dans quel ordre convient-il d'enseigner les divisions du droit tirées du point de vue de sa source, c'est-à-dire le droit positif et le droit naturel?

Deux mots suffiront pour la résoudre. — Il faut distinguer, dans l'étude du droit naturel, deux parties, l'une générale, l'autre spéciale.

La partie générale, qui comprend la recherche des idées fondamentales du juste et de l'injuste, et la classification des parties de la science, constitue ce qu'on nomme la *philosophie du droit*, dont nous donnons en ce moment un rapide abrégé.

Il est évident que cette partie générale est une introduction préliminaire, destinée à initier l'étudiant. Elle doit lui être offerte tout d'abord.

CXX. — Quant à la partie spéciale, elle compare successivement les déductions tirées de la philosophie du droit, avec les détails de la loi positive. C'est dire qu'elle se fond dans l'étude de cette loi, comme un des points de vue de cette étude.

Expliquons-nous. — Toute institution humaine doit être présentée, par le professeur, aux élèves :

1° Dans son histoire ;

2° Dans son état actuel ;

3° Dans les perfectionnements qu'elle attend de l'avenir.

Ce qui fut, ce qui est, ce qui doit être : voilà les trois parties d'un enseignement qui aspire à être complet.

Ajouter la troisième aux deux premières, c'est précisément mettre, en regard du droit positif, ce que nous avons appelé le droit naturel. — Ainsi, dans l'explication successive des parties de la loi, la division du droit en naturel et positif disparaît comme division principale. — Elle s'absorbe dans les autres.

TITRE II.

Dans quel ordre convient-il d'enseigner les divisions du droit tirées du point de vue de l'objet des rapports qu'il règle? c'est-à-dire le droit constitutionnel, le droit de famille, le droit privé, le droit public?

CXXI. — Il est raisonnable de se rendre compte, au moins par aperçu, du mécanisme du pouvoir social, avant de suivre son action dans les lois qu'il a produites. L'ordre méthodique demande donc, avant tout, des notions abrégées de droit constitutionnel.

L'étude plus complète du droit de famille, délégation du droit constitutionnel, se présente ensuite comme conséquence logique. D'ailleurs, elle a l'avantage d'appeler d'abord l'attention de l'élève sur des dispositions faciles à comprendre, éclaircies, le plus souvent, par le souvenir des faits qui se sont passés, autour de lui, dans la maison paternelle. Sur ce terrain, où il est à l'aise, il apprend sans fatigue le langage et les divisions de la science. Ainsi la méthode sera déjà pour lui chose familière, quand il passera à des branches du droit plus importantes, qui abonderont en détails compliqués.

Celle de ces branches qui, en troisième lieu, appellera longtemps tous ses efforts, sera le droit privé.

Le droit public est l'ensemble des limitations que l'intérêt général apporte aux intérêts garantis par le droit de famille et le droit privé. L'étude en conséquence n'en peut venir qu'en quatrième ordre ; puisque l'explication de la limitation ne se conçoit pas avant la connaissance de l'objet limité.

TITRE III.

Dans quel ordre convient-il d'enseigner les divisions du droit tirées du point de vue de son but, c'est-à-dire le droit déterminateur et le droit sanctionnateur ?

CXXII. — Il est de toute évidence qu'il faut faire connaître les lois principales, qui distinguent le juste et l'injuste, avant les lois accessoires qui cherchent seulement les moyens d'assurer l'exécution des premières.

Mais trois moyens différents se présentent d'observer cet ordre rationnel.

Le premier consisterait à fractionner le droit sanctionnateur, de manière à placer divisément, à la suite de chaque disposition du droit déterminateur, toutes les sanctions correspondantes qui s'y rattachent.

Cette manière de procéder aurait son avantage.

Mais, outre l'inconvénient d'une grande monotonie, et de nombreuses répétitions, elle aurait celui d'ôter à l'enseignement du droit sanctionnateur sa spécialité. — Or, pourquoi n'aurait-il pas la nature et la dignité d'un enseignement *sui generis*, réclamant une place pour exposer ses vues d'ensemble, et classer ses déductions suivant des exigences à lui propres?

Cette spécialité serait, au contraire, parfaitement respectée par l'emploi du second moyen. Celui-ci renverrait, après l'explication du droit déterminateur, le développement des sanctions préventives et suppressives, des nullités, de l'indemnité civile, du droit pénal, et du système entier des preuves; puis, enfin, il compléterait le cadre de l'enseignement par la procédure, soit civile, soit criminelle, soit administrative, sanction, comme nous l'avons dit, de la sanction elle-même. — Notre désir serait que l'enseignement fût ainsi distribué.

Mais en présence de la division préférée par les rédacteurs de nos codes, et pour céder au désir de scinder le moins possible l'unité de leur œuvre, il est difficile de ne pas adopter un troisième procédé, terme milieu qui touche aux deux autres.

Il distingue les diverses espèces de sanctions. Il réunit, à l'enseignement du droit de famille et du droit privé, les règles sur les preuves, en tant qu'elles s'appliquent à ces deux branches du droit; de plus, les règles sur les autres sanctions que la sanction pénale, notamment sur l'indemnité civile, due par ceux qui ne remplissent pas leurs obligations.

Cela fait, on procède de même pour le droit constitutionnel, et pour le droit public.

Puis on réserve, pour trois cours particuliers, d'une part, la procédure civile; d'autre part, le droit administratif; et enfin le droit pénal, avec sa procédure et son système de preuves.

TITRE IV.

Dans quel ordre convient-il d'enseigner les divisions du droit tirées du point de vue des personnes qu'il régit? c'est-à-dire le droit national et le droit des gens?

CXXIII. — Est-il besoin de répondre que le droit des gens proprement dit, c'est-à-dire la restriction de l'application du droit national aux individus étrangers, n'offrant qu'une série d'exceptions à ce droit national, ne peut être un objet utile d'enseignement, que pour ceux qui ont d'abord étudié celui-ci?

Et n'est-il pas aussi évident que le jurisconsulte, avant d'aspirer à régler les rapports des autres nations avec son pays, doit d'abord chercher l'appréciation exacte des intérêts de celui-ci, dans ses institutions, qui en sont le reflet fidèle? et qu'ainsi le droit international ne peut être bien compris et sainement appliqué, qu'après l'étude préalable nécessaire du droit national?

TITRE V.

Diverses méthodes pour étudier le droit.

CXXIV. — Une méthode est un moyen d'étudier.

Ne confondons pas l'objet et le moyen d'une étude; la notion à obtenir, et la manière de l'obtenir.

Cette confusion se trouve dans des mots fort à la mode aujourd'hui, savoir : *méthode historique*, *méthode philosophique* dans l'enseignement du droit.

Ceux qui s'en servent sont semblables à l'archer, qui dirait que le but à viser est son coup d'œil; au voyageur qui dirait que le terme de sa course est le chemin.

L'histoire des lois, et la philosophie, qui compare les lois positives avec les révélations du sens intime, sont bien plus que des méthodes. Ce sont, comme nous l'avons vu, deux des trois aspects de l'objet même du droit.

CXXV. — Quel est le moyen d'étudier ces trois aspects? — Ici seulement réclame sa place l'idée de méthode, essentiellement modeste, ennemie de toute prétention vague et ambitieuse.

Elle se subdivise en deux éléments, savoir : le procédé pour étudier, le classement des faits à étudier.

1° Le procédé, pour étudier le droit, est le même que pour étudier toute autre science. — C'est l'analyse, usant du syllogisme, pour déduire, d'une vérité connue, tout ce qu'elle contient d'applications et de conséquences : — puis la synthèse, espèce particulière d'analyse, qui, de l'observation des faits, tire des règles générales, à l'aide de l'induction. — Or, qu'est-ce que l'induction? ce n'est encore, à notre avis, qu'un syllogisme; mais un syllogisme particulier, dont la majeure, cachée dans les formes vives de l'intelligence, n'est rien autre chose que la foi à la constance des lois de la nature.

Le jurisconsulte emprunte nécessairement ces deux procédés, ou plutôt ces deux applications du même procédé. Pour le placer dans une impossibilité, on n'aurait qu'à le mettre au défi de n'employer que l'une d'elles.

Et cependant une terminologie consacrée distingue deux formes d'enseignement. L'une est désignée sous le nom de forme *synthétique;* l'autre sous le nom de forme *exégétique.*

Les esprits inattentifs se hâtent de confondre ce dernier mot avec le mot *analytique* :

Et chacun de répéter à l'envi, qu'il y a des professeurs qui enseignent seulement par la synthèse; et d'autres qui enseignent seulement par l'analyse !

C'est tomber dans une confusion au moins aussi forte que celle que nous avons signalée, un peu plus haut, entre les objets et la méthode de l'enseignement.

C'est oublier que la méthode elle-même a deux éléments, le procédé et le classement. — C'est prendre le procédé, c'est-à-dire l'analyse et la synthèse, pour le classement des faits soumis à l'analyse et à la synthèse.

Tous ceux qui enseignent sont d'accord sur le procédé : tous emploient la synthèse et l'analyse.

Ils se divisent seulement sur le classement.

Parlons de ce dernier point.

CXXVI. — 2° Tel classement, plutôt que tel autre, des faits à observer, n'est pas une condition indispensable pour apprendre.

Une intelligence est-elle saine et active ? tout classement pourra la guider vers la vérité.

Le choix d'un ordre didactique n'est pourtant pas

chose indifférente. Selon que vous adopterez l'un ou l'autre, le chemin de la science sera plus ou moins long.

Ainsi, réussissez d'abord, s'il se peut, à trouver, entre les notions que vous voulez approfondir, une chaîne continue, sans brisure, dont chaque anneau appelle à lui tous les autres : et vous aurez sagement économisé les heures de la vie, trop courtes pour l'étude! Et vous aurez doublé, en les ménageant, les forces, fragiles comme toutes forces humaines, du jugement et de la mémoire!

Or, c'est sur le problème de ce classement, appelé par certains esprits la métaphysique de la jurisprudence, qu'apparaît, dans l'enseignement du droit, la distinction des deux méthodes.

L'une est désignée exactement par le mot *exégétique* (pourvu qu'on ne le confonde pas avec le mot *analytique*).

L'autre, si mal nommée *synthétique* (par confusion d'idées et de langage), sera opposée par nous à la méthode *exégétique*, sous le nom, qui lui convient mieux, de méthode *indépendante*.

CXXVII. — La méthode *exégétique* commente les dispositions de la loi écrite, dans l'ordre où le législateur lui-même les a rangées. — La méthode *indépendante* permet au professeur de suivre, dans ce commentaire, les inspirations de sa raison individuelle, quand elle lui révèle un ordre meilleur.

L'une est asservie à la pensée d'autrui. L'autre réclame toute la franchise de la sienne.

Posons une hypothèse. — Si un code était un monument merveilleux de logique, devant exercer sur l'intelligence l'irrésistible ascendant d'une classification qui défierait toute critique, la première méthode serait seule bonne et possible.

Mais rentrons dans la réalité. — Un code n'est, comme toute œuvre de l'intelligence humaine, que la conquête d'aujourd'hui sur l'erreur de la veille, attendant du travail des penseurs le perfectionnement du lendemain. — Les deux méthodes restent donc en présence.

CXXVIII. — N'exagérons pas toutefois leur dissidence. Nul homme sérieux, dévouant sa vie à l'étude des lois, ne renonce à combiner, dans son esprit, les résultats de son analyse, pour en faire un ensemble, rangé dans un certain ordre, à son usage.

Mais les partisans des deux méthodes se divisent sur la question de l'opportunité de faire ce travail en chaire, sous les yeux de l'élève.

La méthode exégétique se refuse à l'essayer. Elle éclaircit pour l'élève chaque détail de la loi, considéré isolément. A lui le soin de constituer ensuite un système. — « J'apporte pour vous, lui dit-elle, des matériaux sur le chantier : élevez vous-même l'édifice ! » — Ses partisans s'honorent d'éviter ainsi l'orgueil du dogmatisme, et de respecter, dans chacun, l'inspiration dégagée de toute influence étrangère.

Mais l'autre méthode doute que ce soit assez faire pour l'intelligence inexpérimentée de l'étudiant. Elle craint que le résultat de l'exégèse ne soit pour celui-ci l'indifférence qui ne cherche aucun système, bien plutôt que l'ardeur de la liberté philosophique, qui trouve des forces dans sa spontanéité.

Au risque de mal réussir, elle tente du moins l'épreuve; persuadée qu'une classification imparfaite aura plus de puissance que la négation de toute classification, pour apprendre aux auditeurs à en trouver une meilleure !

CXXIX. — Nous avons défini les deux méthodes. Signalons maintenant leur point de départ, du moins le plus ordinaire.

Loin de nous la prétention de conclure rigoureusement, de la forme d'une pensée, à sa nature. Il y a, entre les divers esprits, tant de nuances variées, que telle ou telle méthode, rebelle, suivant nous, à l'exposition de telle ou telle croyance, peut être utilement employée par les partisans les plus déclarés de cette croyance. — Pourquoi la méthode exégétique ne placerait-elle pas la philosophie spiritualiste dans le commentaire? Rien ne s'y oppose. Et, d'autre part, une autre philosophie peut inspirer, dans le traité, la méthode indépendante.

Mais pourtant, il faut le dire, la première convient, le plus souvent, aux développements du scepticisme matérialiste, qui n'envisage le droit que comme une conséquence arbitraire de la volonté du législateur. — La seconde, au contraire, est l'instrument préféré par la foi spiritualiste, qui croit le droit naturel préexistant à la loi positive, et qui ne voit dans celle-ci qu'un essai de réalisation de ce droit, essai toujours soumis aux méditations de la science progressive.

CXXX. — Enfin discutons les effets des deux méthodes, en ce qui touche la facilité et la solidité de l'instruction qu'elles apportent.

L'exégèse semble destinée à donner la connaissance complète des détails de la loi, connaissance d'autant plus intime, qu'elle passe par la filière des vices comme des qualités de l'œuvre législative.

Elle fournit aussi des ressources apparentes pour aider la mémoire, en rattachant à chaque phrase du texte, à chaque mot, parfois même à une virgule, des lambeaux de commentaires.

CXXXI. — Mais y a-t-il grand avantage à favoriser la mémoire au préjudice du jugement, et à mieux retenir ce qu'il est moins utile de conserver?

Or tel est l'effet de l'exégèse : elle impose à la doctrine un classement qui n'est pas fait pour elle.

Rien de plus contraire en effet que l'ordre législatif à l'ordre didactique.

Chaque loi naît sous l'influence des besoins du moment. Les hommes d'État qui la proposent ou qui la votent, n'ont souci que du fond de l'idée qu'elle contient. Ils ne songent guère à en distribuer avec méthode les diverses parties; encore moins à les combiner, dans un rapport de symétrie et de proportion, avec les lois antérieurement promulguées

Ouvrez les codes de tous les peuples : vous y trouverez deux défauts, destructifs de toute classification, savoir : d'une part, d'immenses lacunes, qui laissent dans une obscurité complète les principes généraux les plus larges, les plus féconds; d'autre part, des développements outre mesure, dans une foule d'articles, sur quelques détails presque insignifiants.

L'esprit qui se contente d'étudier la loi dans ce désordre, court le risque de rendre la science stationnaire, en la fixant dans le moule défectueux des divisions, des expressions pratiques. Puis, sans s'en apercevoir, il donne à chaque ligne qu'il commente à peu près une égale importance. — Au contraire celui qui demande à sa raison un enchaînement logique d'idées et une langue bien faite, sait d'abord que tel article de la loi pèse à lui seul plus que cinq cents autres dans la balance de l'intelligence. Il rétablit la proportion; développe les principes fondamentaux; passe rapidement sur les détails. Enfin, par un chemin qui paraît d'abord plus rude, mais qui s'adoucit à mesure qu'il monte, il conduit l'intelligence du disciple à un sommet, d'où l'on découvre un large horizon.

CXXXII. — En résumant, avec certaines modifications, les souvenirs de notre ancien droit, nos codes, rédigés sous le Consulat et l'Empire, appelèrent d'abord les commentaires, plus que les traités. L'exégèse était en effet le moyen le plus efficace d'éclairer les textes nouveaux, de constater le choix que le conseil d'État avait fait entre les opinions variées des auteurs et les dissidences des parlements.

Mais quarante ans d'investigations grammaticales et historiques ont produit leurs résultats.

Il est temps, pour les jurisconsultes, de mettre en ordre ces trésors laborieusement amassés. A côté de l'enseignement exégétique, qui a jusqu'à présent obtenu les préférences des facultés de droit, les essais de classification doivent commencer à se produire.

CXXXIII. — Tous ceux de nos collègues dont l'enseignement porte sur des matières autres que le Code civil, n'ont pour cela qu'à vouloir. Tous sont maîtres de choisir la méthode qu'ils préfèrent.

Seuls, les professeurs de Code civil n'ont pas la liberté complète, sans laquelle le progrès de la science est impossible (1).

Nous avons fait ressortir l'injustice de cette position exceptionnelle, dans une dissertation insérée dans la *Revue de droit français et étranger* (2); nous

---

(1) Nous avons vu avec un vif regret, disons mieux, avec une affliction sincère, et sans pouvoir comprendre une inexplicable contradiction d'idées, un membre de l'Institut, M. Édouard Laboulaye, railler la Faculté de Paris sur la conquête qu'elle avait faite, pendant trois ans, de cette liberté; et féliciter presque le ministre de la lui avoir retirée! Comment, dans un article où il demande pour les facultés la liberté la plus illimitée (voyez *Revue de législation et de jurisprudence*, 1845, t. III, p. 289), l'auteur a-t-il pu arriver à un semblable résultat?

(2) Au moment où un ministre dévoué au progrès s'entoure d'une haute commission, pour s'occuper des réformes que peut demander l'étude du droit, nous reproduisons, plus loin, cette dissertation dans ce volume.

ne cesserons de réclamer contre un état de choses véritablement si étrange, que, du jour où il sera changé, aux applaudissements de la science, le souvenir en paraîtra certainement une fable, dont on révoquera en doute l'existence!

TITRE VI.

Classement méthodique des matières, dans l'étude de chaque branche du droit.

CXXXIV. — Il ne suffit pas de distinguer les diverses branches du droit, et de déclarer que, pour leur exposition, la méthode indépendante est préférable à l'exégèse : il faut se mettre à l'œuvre, et classer les matières que comprend chaque branche à étudier séparément.

Rien de plus utile que la recherche, malheureusement trop négligée, de cette classification.

Apportons à son éclaircissement notre contingent, quel qu'il soit. Vous qui ferez mieux un jour, que pouvez-vous nous demander de plus qu'un essai consciencieux?

CXXXV. — Or, à notre avis, c'est à l'unité qu'il faut aspirer. Il faut trouver un classement identique, qui convienne simultanément à toutes les branches du droit.

En vain on nous accusera d'une tendance trop exclusive, et l'on nous prédira, pour résultat, la monotonie! Nous croyons fermement être dans le vrai.

Rien ne nous paraît plus de nature à jeter la lumière sur l'ensemble des notions juridiques, que le retour, sur chaque partie, d'un procédé uniforme, dont l'exactitude est éprouvée précisément par ces applications comparées. La différence dans les détails, à grouper sous des divisions semblables, suffira pour éviter la monotonie.

CXXXVI. — Pour remonter à cette unité, nous avons à parcourir avec attention trois degrés successifs :

1er *degré pour remonter à l'unité.* — Nous avons reconnu deux grandes divisions du droit.

La première, tirée du point de vue de sa source, distingue le droit positif et le droit naturel.

La deuxième, tirée du point de vue de la nature des rapports qu'il règle, distingue le droit constitutionnel, le droit de famille, le droit privé, le droit public.

De ces deux divisions, celle qui est véritablement essentielle, c'est la seconde, puisqu'elle s'attache à la nature même des rapports qu'il s'agit de préciser.

La première n'est que l'expression des divers aspects sous lesquels se présente la seconde. — Elle nous apprend seulement que, quel que soit le rapport qu'il règle, le droit est positif, c'est-à-dire qu'il est l'œuvre de la raison du législateur : ou naturel, c'est-à-dire qu'il est découvert par la raison individuelle des jurisconsultes.

Ces derniers ne peuvent, comme nous l'avons démontré, expliquer complétement les lois existantes, sans y joindre leurs vues particulières d'amélioration, sous le nom de recherche du droit naturel. Leur pensée doit servir de contre-épreuve à la pensée du pouvoir social.

Eh bien ! c'est l'œil fixé sur cette contre-épreuve, qu'ils doivent marcher hardiment !

Pour user de leur liberté, qu'ils commencent par chercher, sur le terrain du droit naturel, c'est-à-dire dans leur sens intime, les classifications convenables à l'enseignement du droit constitutionnel, du droit de famille, du droit privé, du droit public.

Et qu'ensuite ils disposent et comparent les textes du droit positif, dans le moule rationnel nécessaire que l'analyse philosophique leur aura donné !

Par ce moyen, voilà déjà les deux grandes divisions du droit identifiées, dans l'uniformité d'une même méthode didactique.

Première simplification heureuse : mais insuffisante! — La logique a peu d'efforts à faire, pour marcher plus fermement dans la voie désirable que nous cherchons. C'est ce que nous allons voir.

CXXXVII. — *2ᵉ degré pour remonter à l'unité.* — Après les deux grandes divisions du droit, nous avons reconnu deux grandes subdivisions.

L'une tirée du point de vue du but du droit, distingue le droit déterminateur du droit sanctionnateur.

L'autre, tirée du point de vue des personnes que le droit régit, distingue le droit national du droit des gens.

Or, il est de toute évidence que l'ordre une fois choisi pour expliquer les deux grandes divisions, sera par cela même l'ordre indispensable pour expliquer les deux subdivisions ; puisqu'elles ne sont rien autre chose que ces divisions elles-mêmes, considérées sous des faces diverses.

Avez-vous bien résolu de développer, dans une certaine série de titres, chapitres et sections, toutes les parties du droit déterminateur (constitutionnel, de famille, privé ou public) d'un peuple ? — Il serait inconséquent de ne pas adopter, pour le mettre en regard, le parallélisme des parties correspondantes du droit sanctionnateur.

De même, avez-vous distribué, conformément à un plan préconçu, le droit, déterminateur ou sanctionnateur, dans son application aux nationaux? — Pouvez-vous logiquement le distribuer d'une autre manière, dans son application aux étrangers?

CXXXVIII. — Ainsi, en résumé, le jurisconsulte n'a besoin de poser la question du classement que sur la division quadripartite du droit, en droit constitutionnel, droit de famille, droit privé, droit public.

S'il a bien choisi, la solution trouvée lui donnera indispensablement la même méthode : soit qu'il étudie ces quatre branches sous le point de vue du droit positif, ou sous celui du droit naturel; soit qu'il subdivise chacune d'elles au point de vue du droit déterminateur et du droit sanctionnateur, ou au point de vue du droit national et du droit des gens.

CXXXIX. — *Troisième degré pour remonter à l'unité.* — On aperçoit le dernier pas qu'il reste à franchir. — Il faudrait plier à un même ordre les matières des quatre branches de la division quadripartite, pivot de toutes les autres.

Le jurisconsulte arrivera-t-il à cette uniformité? Non-seulement, à notre sentiment, il le peut et le doit, mais il ne peut faire autrement.

Honneur à celui qui démontrera cette vérité, par un modèle de classification dont la pureté philosophique apparaîtra à tous les esprits!

Quant à nous, suivant la mesure de nos forces, nous pensons que, dans tous les temps comme dans tous les pays, chacune des quatre branches désignées ci-dessus comporte une même disposition, logiquement satisfaisante, ainsi qu'il suit:

Un titre préliminaire doit être d'abord consacré à donner l'idée générale de la nature du rapport que cette branche du droit est destinée à régler:

Ce rapport une fois défini, les détails des droits et obligations qu'il engendre peuvent se grouper en cinq parties, sous les cinq dénominations suivantes:

1° Des sujets des droits et obligations;
2° Des objets des droits et obligations;
3° Des causes efficientes de leur acquisition;
4° De leurs modalités;
5° De leur extinction.

Si nous ne nous trompons, tout se range dans ce cadre simple, dont nous allons mettre en saillie les parties un peu plus distinctement, autant que le permet la brièveté de cette rapide analyse.

CXL. — La nécessité de l'exposition, dans un titre préliminaire, de la nature du rapport qu'il s'agit de développer, ne sera, je pense, contestée par personne.

Vient ensuite une succession de cinq parties :

1° La première partie s'occupe des sujets des droits et obligations.

Ces sujets, dans la langue de notre science, s'appellent les personnes.

L'étymologie du mot, on le sait, en contient le sens. La grande étendue des théâtres antiques exigeait, pour les acteurs, l'emploi d'un masque, disposé de manière à enfler le volume de la voix (*personare*). — Ce masque, appelé en conséquence *persona*, était une partie du costume du personnage, dont il exprimait l'âge, le sexe, la joie, la douleur, etc. — On appela bientôt *persona* le costume entier; puis le personnage lui-même, l'être idéal ou historique mis en scène.

Or, dans l'état social, l'individu devient aussi une *personne*, c'est-à-dire un personnage ayant son rôle, autrement dit son état.

L'état est un ensemble de qualités auxquelles se rattache une collection plus ou moins considérable de droits et d'obligations; des distinctions tirées de l'âge, du sexe, de la raison, de la moralité, etc., produisent la variété des divers états.

Cette variété se retrouve dans l'application de toutes les branches du droit. — Ainsi, prenons pour exemple les deux états de majeur et de mineur : Ces états produisent, dans chaque personne, des conquences, aussi bien sous le rapport du droit constitutionnel ou du droit de famille, que sous celui du droit privé ou du droit public.

Le premier soin d'un enseignement bien ordonné est d'énumérer les personnes.

Il ne s'agit pas, bien entendu (quoique ce renversement d'idées se trouve dans la rédaction des Institutes de Justinien et dans celle du Code civil français), d'expliquer en détail les résultats des divers états qui leur appartiennent, c'est-à-dire de rattacher à ces états des droits et des obligations, dont les objets mêmes ne sont pas encore expliqués aux élèves.

Il s'agit seulement de dresser une liste : comme, avant d'imprimer un drame, on dresse, sur la première page, la liste des personnages créés par l'imagination de l'auteur.

CXLI. — 2° *Continuons la métaphore.* — Après

qu'une première partie nous a fait connaître les acteurs qui vont figurer dans l'action, la seconde partie va nous apprendre ce qu'ils ont à faire.

Elle va traiter de l'objet des droits et obligations.

L'objet, c'est le *quod debetur;* le fait ou l'abstention qu'impose l'obligation, corrélative au droit.

Les objets d'obligations sont en nombre égal à celui des verbes que contient une langue. Très-grande en conséquence est la diversité de ces objets.

Le jurisconsulte, dans cette seconde partie, les passe en revue, les classe, signale leur nature, leurs attributs, leurs effets-utiles.

CXLII. — 3° Dénombrement des sujets, dénombrement des objets; il fallait épuiser d'abord ces deux nomenclatures.

C'est ainsi que, dans les grammaires, on commence par compter les parties du discours.

Mais le grammairien se hâte de passer à la syntaxe, c'est-à-dire à l'accord des parties du discours entre elles.

Le jurisconsulte fait de même. — Dans une troisième partie, il va parler de l'acquisition des droits, c'est-à-dire des circonstances qui commencent à mettre en rapport les sujets avec les objets des droits.

Titres, causes d'acquisition, manières d'acquérir, événements investitifs ou producteurs des droits, fondements juridiques des obligations : voilà autant d'expressions synonymes, pour désigner ces circonstances.

CXLIII. — Le souvenir de la première partie se retrouve dans la troisième.

En effet, les causes d'acquisition varient suivant les divers états des personnes.

Il y a convenance en conséquence à diviser cette troisième partie en deux livres.

L'un montre les causes d'acquisition à l'égard des capables, c'est-à-dire, des personnes ayant pleine jouissance et plein exercice de tous les droits reconnus par la loi.

L'autre montre les causes d'acquisition à l'égard des incapables, c'est-à-dire des personnes pour lesquelles la jouissance ou l'exercice des droits sont soumis à des restrictions.

CXLIV. — Le souvenir de la deuxième partie n'est pas moins présent dans la troisième.

Suivant qu'un droit a tel ou tel objet, il est dans le domaine de telles ou telles causes efficientes d'acquisition. L'occupation, la volonté directe de la loi, le contrat, la volonté dernière de l'homme, le quasi contrat, le quasi délit, le délit, ne s'appliquent pas cumulativement à tous les objets des droits sans distinction.

CXLV. — 4° Les droits peuvent s'acquérir avec certaines modalités, qui en font varier, en suspendent, ou en retardent les effets. Ces modalités sont l'objet de la quatrième partie de notre classement.

CXLVI. — 5° Enfin dans une cinquième, partagée comme la troisième, en deux livres, parce que la distinction de la capacité et de l'incapacité y joue aussi un grand rôle, on énumère les événements extinctifs des droits, et les modalités de l'extinction.

———

CXLVII. — Ici se termine l'analyse de nos prolégomènes sur la philosophie du droit.

Quelque rapide qu'elle ait été, elle aura suffi, je l'espère, pour rappeler et coordonner, dans votre esprit, les détails bien plus étendus que vous a donnés, sur cette matière, notre premier cours de l'an passé.

Je ne saurais trop souvent vous redire que nulle étude approfondie n'est possible, sans celle de ces premières notions, si difficiles à bien préciser.

Vous avez, à cet égard, le résumé de mes efforts. Que parmi vous, mes chers élèves, surgissent ceux qui apporteront à la philosophie du droit les progrès qu'elle attend.

Pour nous, nous nous appliquerons ces belles paroles d'un auteur moderne (Lamennais, *Discussions critiques*) :

« Tu ne verras que de loin la patrie désirée. Mais dans ce long voyage, où se succèdent les générations, près de t'endormir à la fin du jour, tu diras : Enfants, Dieu m'arrête ici. Le désert aride commence à verdir ; demain vous suivrez votre pèlerinage sous un ciel plus doux, à travers des contrées plus belles! »

DEUXIÈME PARTIE.

ANALYSE DU COURS ABRÉGÉ

D'ENCYCLOPÉDIE DU DROIT FRANÇAIS.

> Ex singulis quædam breviter delibando, ut ad corpus legum perlegendum accessuro nil se ostendat prorsus novùm, sed levi aliquâ notione præceptum.
>
> (Bacon, Aph. 180.)

QUATRIÈME LEÇON.

(21 novembre 1845.)

CXLVIII. — Jusqu'à présent, nous avons élevé nos regards vers les hauteurs de la métaphysique, pour y entrevoir la distinction du juste et de l'injuste, dans l'idéale sainteté de son principe.

Redescendons maintenant sur la terre. Il est temps de parcourir le domaine des faits, pour suivre les applications variées du principe dans les diverses parties du globe, et les diverses époques de l'histoire.

Mais d'abord il est rationnel que le jurisconsulte commence par chercher ces applications dans les institutions de son pays; sans perdre l'espérance, si la mort ne le surprend pas avant la fin de cette tâche, déjà bien longue, de comparer ensuite ces institutions avec celles des autres peuples.

C'est dans ce nouvel ordre d'idées, qu'après dix

leçons seulement sur la philosophie du droit, nous nous sommes hâtés d'entrer.

Nous y avons trouvé l'occasion d'un second cours préliminaire, celui d'encyclopédie du droit français.

CXLIX. — Il a été destiné à vous donner une idée générale de l'ensemble de nos lois, à résumer les prolégomènes les plus indispensables sur leur histoire, leurs dispositions actuelles, et leurs imperfections.

Notre mission était-elle de le faire? Sans nul doute. — Nous en avons trouvé l'obligation dans deux motifs décisifs :

CL. — Le premier est la nécessité, pour le professeur de Code civil qui ne se borne pas à l'exégèse, de faire mesurer exactement à ses auditeurs l'étendue et l'importance de la place particulière que ce Code occupe, dans le plan des lois françaises.

Ainsi le peintre ne peut mettre en saillie l'objet qu'il veut représenter, qu'en en détachant les contours sur un large fond qui les embrasse.

Le second motif est la nécessité de rapporter, aux branches du droit auxquelles ils appartiennent, un assez grand nombre d'articles, que le législateur a jetés au hasard, et pour ainsi dire égarés dans ce Code civil, bien que, tout à fait étrangers à sa destination, ils traitent des questions de droit constitutionnel, de droit public, et de droit des gens. (Voyez notamment les articles 1 à 21; — 537 à 542; — 545; — 556 en partie; 636; — 643 à 645; — 648 à 650; — 910; — 937; — 1712; — 2227; — 1156 à 1164).

CLI. — Dans cette double pensée, nous avons consacré à une revue, plus que rapide, de tout le droit français, trois mois d'enseignement.

Force a été pour nous d'avancer au pas de course, de supprimer tous les détails, pour ne vous présenter que la substance, les idées fondamentales d'un nombre considérable de dispositions législatives.

Aussi faire en ce moment, en une seule leçon, l'analyse de trente-cinq leçons, qui déjà ne contenaient elles-mêmes qu'une très-courte analyse, c'est, vous le concevez sans peine, n'avoir d'autre prétention que de coordonner vos souvenirs, par une sorte de table raisonnée des matières.

Division du cours d'Encyclopédie.

CLII. — Notre premier soin a été, bien entendu, de mettre à l'épreuve les classifications que nous avait fournies notre premier cours.

Sous leur bénéfice, nous avons distribué le second en trois séries de prolégomènes, ainsi qu'il suit :

1re série. — Aperçu du droit français, considéré sous le point de vue de la nature des rapports qu'il règle.

2e série. — Aperçu du droit français, considéré sous le point de vue du but qu'il se propose.

3e série. — Aperçu du droit français considéré sous le point de vue des personnes qu'il régit.

Et, sur chacune des trois séries, nous nous sommes proposé de considérer notre droit sous trois aspects nécessaires, savoir :

1° Dans son histoire ;

2° Dans son état actuel ;

3° Dans sa comparaison avec le droit naturel, c'est-à-dire avec le modèle que lui oppose le sens intime, cherchant le progrès de l'organisation sociale.

Iʳᵉ SÉRIE DE PROLÉGOMÈNES.

Aperçu du Droit français, considéré sous le point de vue de la nature des rapports qu'il règle.

CLIII. — Le droit constitutionnel a fait l'objet d'un premier livre.

Nous avons réuni, dans un second, nos explications sur le droit de famille et sur le droit privé.

Un troisième a été consacré au droit public.

LIVRE PREMIER.

DROIT CONSTITUTIONNEL.

CLIV. — Obéissance des gouvernés aux gouvernants, et devoirs corrélatifs de ceux-ci envers les gouvernés; tel est, nous le savons, le rapport qu'il règle.

Les droits et obligations qu'il engendre, doivent être envisagés, comme tous autres droits et obligations :

1° Dans leurs sujets;

2° Dans leurs objets;
3° Dans leurs causes d'acquisition;
4° Dans leurs modalités;
5° Dans leur extinction.

CLV. — Mais pour donner, avant tout, des renseignements historiques sur les matières contenues dans ces cinq parties, nous avons signalé les six époques, antérieures à nos jours, qu'il faut comparer dans l'étude rétrospective du droit constitutionnel, comme de toute autre branche du droit français.

1° Une première époque, celle de la nationalité gauloise, nous a fait voir, sur le sol que nous habitons, avant la conquête de César, la juxta-position de plusieurs états fédératifs, les uns monarchiques, les autres républicains.

2° La domination romaine embrasse une seconde époque. Devenue province du grand empire, la Gaule suit, pendant cinq siècles, les variations du gouvernement de la ville éternelle, qui voit d'abord expirer sa puissante aristocratie; puis la démocratie, quelque temps relevée, faire bientôt place au despotisme impérial, et enfin à l'anarchie militaire.

3° Par l'établissement des barbares, le pouvoir

social passe à une aristocratie militaire, territoriale et religieuse, dont les éléments sont réunis par le lien d'une monarchie tempérée. — C'est la troisième époque de notre droit constitutionnel.

4° Une quatrième, subdivisée en deux périodes, l'une d'anarchie, l'autre d'organisation, étend et consolide le pouvoir féodal de l'aristocratie militaire et territoriale, aux dépens de l'unité monarchique, presque entièrement brisée; mais sans porter atteinte au pouvoir du clergé, qui tend au contraire à l'agrandissement.

5° Pour reconstituer l'unité monarchique, l'effort des siècles est nécessaire.

Depuis le douzième jusqu'à la fin du dix-huitième, une cinquième époque poursuit ou défend cette œuvre, avec des fortunes diverses, qui présentent quatre phases.

Dans la première, le pouvoir royal, aidé par les communes, les parlements, et le clergé, reprend la suprématie sur la féodalité comprimée. — Dans la deuxième, il est à son tour limité par les auxiliaires qui l'ont servi : les communes appelées aux états-généraux, le clergé habile à étendre sa juridiction, les parlements, dans leurs remontrances, leurs arrêts de règlement, et par le refus d'enregistrer les édits royaux, lui disputent l'autorité. — Dans la troisième, il brise à peu près ces résistances. — Il retrouve, dans la quatrième, celle des parlements.

6° Dans les dernières années du dix-huitième siècle, et au commencement du dix-neuvième, nous trouvons une sixième époque, appelée intermédiaire, où les constitutions se succèdent en se renversant, pressées, pour ainsi dire, comme les vagues de la mer.

Tantôt elles essayent la conciliation de la démocratie et de la royauté ; tantôt elles donnent tout à la première ; ou bien retournent, au contraire, dans la voie de l'absolutisme : pour tendre enfin au repos, dans l'équilibre d'un gouvernement confié à trois pouvoirs, qui se contre-balancent.

CLVI. — Après ce coup d'œil sur le passé, nous sommes revenus à la réalité présente.

Nous avons esquissé le tableau du droit constitutionnel de nos jours.

Une première partie nous a montré les sujets du droit.

Notre législation constitutionnelle prend en grande considération l'âge plus ou moins avancé, la diversité des sexes, l'état normal ou troublé de la raison, les divers degrés de moralité, d'indépendance, de talent, de richesse, etc. — Nous avons énuméré les personnes, d'après le classement que produisent ces distinctions : sauf à expliquer plus loin l'importance des distinctions elles-mêmes, en ce qui touche l'aptitude ou l'inaptitude, totale ou partielle, aux fonctions publiques.

CLVII. — Dans notre seconde partie, sont apparus les objets du droit, c'est-à-dire les subdivisions du rapport d'obéissance des gouvernés aux gouvernants.

Nous avons conservé, malgré les attaques qui ont essayé de l'ébranler ou de la modifier, la première et la plus usuelle de ces subdivisions, celle qui distingue trois fonctions de l'autorité sociale, savoir :

Le pouvoir législatif, qui trace les règles d'action ;
Le pouvoir exécutif, qui fait observer ces règles ;
Le pouvoir judiciaire, qui décide les contestations élevées sur le sens de la loi, ou sur l'existence matérielle des faits qui donnent lieu de l'appliquer.

CLVIII. — Pour tracer les règles d'action, le pouvoir législatif procède encore en France de deux manières :

Ou par le droit non écrit, en confirmant, par son silence, les usages constants et généraux ;

Ou par le droit écrit, en formulant expressément des ordres ou des défenses.

CLIX. — A qui appartient ce pouvoir législatif?

En principe général, à un être collectif composé du roi, de la chambre des pairs et de celle des députés.

Par exception, le roi fait à lui seul, dans certaines limites du moins, les lois qu'on nomme traités, qui règlent les relations de la France avec les autres peuples.

Nous avons montré comment, dans le premier cas, l'être collectif remplit sa mission : par quelle initiative il est saisi d'une proposition, par combien de degrés de discussions il l'éclaire, jusqu'à ce qu'elle se change en loi par un dernier élément de création, qu'on nomme *sanction* (en détournant ce mot du sens ordinaire que lui réserverait seulement une langue bien faite).

CLX. — Pour faire observer les règles d'action, le pouvoir exécutif, dont l'unité se concentre dans les mains du roi, procède par des ordres ou des défenses, qu'on appelle ordonnances.

L'emploi de ces règles secondaires d'action consiste notamment :

A donner le signal de la mise en exercice des institutions constitutionnelles;

A requérir l'obéissance aux lois, par la promulgation et la publication de leur texte;

A combiner les dispositions réglementaires nécessaires pour l'application de ces lois;

A choisir, depuis les plus élevés jusqu'aux plus humbles, les fonctionnaires, qui, pour procurer cette application, doivent distribuer l'impulsion, venue de l'action centrale, dans les diverses hiérarchies de la diplomatie, de l'administration proprement dite, de l'armée de terre et de mer, des cultes, de l'instruction publique, etc.

CLXI. — Pour donner les interprétations qu'on lui demande sur les faits contestés, et sur le sens contesté des règles d'action, le pouvoir judiciaire emploie plusieurs sortes d'agents. — Les uns sont des jurés, qui statuent principalement sur des points de fait, mélangés toutefois de points de droit. — Les autres sont des juges et des conseillers, qui décident également ou sur le fait seul, ou sur le droit seul, ou sur tous deux cumulativement. — Au-dessus de ceux-ci s'élève un tribunal suprême, qui ne prononce que sur le droit.

A côté des magistrats qui rendent les décisions judiciaires, se placent les membres du ministère public, qui les requièrent, au nom de la société.

Viennent ensuite les officiers publics auxiliaires, tels que notaires, officiers de l'état civil, huissiers, avoués, greffiers, etc., qui préparent les éléments de ces décisions, éclairent la conscience de ceux qui doivent les rendre, ou conservent la preuve de leur émission.

Donnant sur tous ces points des notions nécessaires, nous en avons couronné l'exposition par un traité succinct de la logique judiciaire, c'est-à-dire des principes rationnels à suivre dans la constatation des faits, et dans l'interprétation des textes des lois.

CLXII. — C'est ainsi que nous avons commencé par procéder 1° au dénombrement des sujets; 2° au dénombrement des objets des droits politiques.

Est venue ensuite, dans une troisième partie, l'énumération des causes d'acquisition de ces droits.

L'hérédité de la royauté; la nomination des pairs par le roi, qui ne peut les choisir que dans certaines notabilités; la désignation des députés par les colléges électoraux; l'attribution des fonctions judiciaires tantôt par la volonté directe de la loi, tantôt par celle du roi, quelquefois au moyen du vote des électeurs, ou par l'accord des justiciables eux-mêmes; et généralement toutes les conditions de la vocation du citoyen aux fonctions publiques :

Telles ont été les matières du premier livre de cette troisième partie.

Un second a compris l'énumération des incapacités, qui empêchent cette vocation, ou la restreignent.

CLXIII. — L'application du droit politique suppose des besoins dont la satisfaction comporte rarement soit un retard, soit une incertitude. En conséquence, le terme et la condition, circonstances si usuelles dans le droit privé, ne se rencontrent guère dans la relation d'obéissance des gouvernés à l'autorité sociale. — Ainsi notre quatrième partie, destinée à traiter des modalités des droits, n'a dû comprendre que l'exposition d'une dissemblance, sous ce rapport, entre la branche du droit constitutionnel et les autres branches du droit.

CLXIV. — Les mêmes causes de défiance qui empêchent d'obtenir les prérogatives du citoyen, doivent en général en amener la perte.

Notre cinquième partie a recherché l'application de cette vérité, dans l'énumération des causes d'extinction des droits politiques.

CLXV. — L'exposition méthodique, dans cet ordre simple, mais complet, des cinq divisions de l'enseignement du droit constitutionnel, nous a fait voir, en passant, à côté des institutions existantes, les lacunes à combler, les modifications à espérer.

Nous n'avons pas évité de joindre ici, comme partout ailleurs, à l'étude de l'histoire et des textes, quelques pressentiments de l'amélioration ; mais en vous recommandant, avant tout, d'attendre des études plus étendues, et les enseignements de l'expérience, pour porter un jugement bien arrêté sur le mécanisme du pouvoir social dans notre pays.

LIVRE SECOND.

DROIT DE FAMILLE ET DROIT PRIVÉ.

CLXVI. — Le droit de famille et le droit privé sont deux branches très-distinctes de toute législation.

Toutes deux règlent des rapports directs entre des intérêts particuliers.

Mais ces intérêts sont d'une nature différente.

Magistrature domestique, déléguée par le droit constitutionnel, l'autorité que les lois sur la famille donnent au père, à la mère, au conjoint, au parent ascendant ou collatéral, à l'allié, quelquefois à l'ami, pour diriger la conduite d'une autre personne, apparaît bien sans doute, sous un point de vue, comme une obligation à remplir au profit du bon ordre, et par conséquent au profit de l'état tout entier.

Mais pourtant cette autorité constitue, avant tout, pour celui qui l'exerce, un intérêt particulier, d'une valeur inestimable. — Elle suppose son affection pour les personnes confiées à sa vigilance : elle devient pour son dévouement un moyen précieux de diriger des destinées plus chères, peut-être, à ses yeux, que sa propre existence.

Toutes les parties du bien-être, autres que ces affections de la famille, sont sous la sauvegarde du droit privé.

Pour les acquérir ou les conserver, chacun de nous, pendant le peu d'années que contient sa vie, se trouve en contact avec quelques-uns de ses semblables. Le contrat, le testament, le quasi-contrat, le délit, le quasi-délit, quelquefois la volonté directe de la loi, produisent ces rapprochements accidentels.

Le droit privé détermine les conséquences de ces événements.

Donnant à chacun ce qui lui est dû, il apporte, par contre-coup, son contingent à la paix générale.

Mais son action essentielle et directe ne porte que sur des intérêts particuliers, dont il concilie les prétentions.

Ainsi, direction des actions d'autrui, tel est l'objet du droit de famille. — Satisfaction exclusive de l'intérêt personnel, tel est l'objet du droit privé. — On voit combien ces deux objets diffèrent.

Si donc les rédacteurs de nos lois ont confondu le droit de famille et le droit privé dans les mêmes recueils, le devoir de la doctrine est d'éviter ce défaut d'ordre.

Aussi lorsque, nos deux cours généraux une fois achevés, nous devrons concentrer notre enseignement sur l'ouvrage appelé Code civil, nous aurons grand soin de dégager l'individualité distincte de deux Codes, effacée à tort sous la dénomination d'un seul.

On nous verra constamment mettre en opposition le droit de famille et le droit privé, dans deux cours spéciaux successifs, parfaitement étrangers l'un à l'autre.

Si notre abrégé encyclopédique réunit encore en ce moment, dans un même livre, ces deux matières, c'est précisément parce que, en vue de leur exposition ultérieure détaillée, qui sera bientôt l'objet exclusif de nos leçons, nous n'avons aujourd'hui à donner sur elles que quelques renseignements préliminaires. — Or ces renseignements sont à peu près les mêmes, pour préparer à la connaissance de toutes, deux.

Ils comprennent :

1° Quelques notions d'histoire externe des lois actuelles ;

2° L'indication de ces lois actuelles ;

3° Quelques critiques générales dont elles sont l'objet.

CLXVII. — 1° *Quelques notions d'histoire externe sur le droit de famille et le droit privé.* — Ces notions consistent dans la nomenclature des sources du droit de famille et du droit privé, pendant les six époques, ci-dessus indiquées, de l'histoire de notre législation.

Nous avons peu de renseignements sur la première, celle de la nationalité gauloise.

CLXVIII. — Ils existent au contraire en foule sur la seconde, celle de la domination romaine.

Il est vrai qu'aux premiers jours de la conquête, les vainqueurs, suivant les habitudes de leur saine politique, ou de leur dédain pour les barbares, avaient fait aux vaincus l'utile injure de leur laisser les lois de leurs pères, en leur refusant le titre de citoyen. Mais s'habituant au joug, bien des villes gauloises demandèrent ce titre et l'obtinrent; jusqu'à ce que, consommant la transformation du système des vainqueurs, la constitution de Caracalla imposa uniformément aux *peregrini* l'application des lois de Rome.

Ainsi, nous connaissons le droit de la Gaule, devenue toute romaine, par le droit romain du temps des empereurs; droit romain qui, chaque jour, au contact du droit des gens, élargissait le cercle rigoureux de ses formules primitives.

CLXIX. — A cette seconde source de nos institutions, une autre vient s'ajouter, dans la troisième époque.

Apporté par l'invasion, le droit des Francs coexista avec le droit romain, sans se fondre avec lui.

Nécessaire dans un temps où les populations n'avaient pas d'assiette fixe, le principe de la personnalité des lois permettait aux vaincus de vivre sous la loi romaine, à côté des vainqueurs soumis à la loi barbare.

L'une et l'autre fut séparément codifiée, à l'usage de ceux que chacune régissait.

Cependant, à partir de ce moment, quelques tentatives d'unité se font jour dans les capitulaires, dispositions législatives promulguées par le roi, dans les assemblées de la nation, le plus souvent sous l'inspiration des ecclésiastiques.

CLXX. — Dans la quatrième époque, la féodalité, bien loin de tendre à cette même unité, multiplie la diversité, en en déplaçant la base.

Ce n'est plus la distinction des personnes, c'est celle des fractions du sol, qui entraîne l'application d'un droit différent.

Autant la féodalité établit de souverainetés distinctes, autant elle produit de législations divergentes. La masse des Francs et celle des Gaulois se confondent : mais des groupes des uns et des autres s'isolent, sous le pouvoir de seigneurs différents.

Les vaincus, comme les vainqueurs qui ont cessé leurs migrations, oublient la personnalité des lois, pour reconnaître leur territorialité.

Le droit romain domine dans le midi, où les provinces prennent le nom de provinces de droit écrit. — Le droit des barbares, quelques souvenirs même du droit des anciens Gaulois, dominent dans le nord, où les provinces prennent le nom de provinces de droit coutumier.

Mais l'esprit de localité produit de grandes diversités de détail entre les institutions des provinces de droit coutumier. — Il encourage aussi, dans les provinces de droit écrit, et des usages spéciaux, et des interprétations opposées du droit romain.

En un mot, la France compte un grand nombre de codes différents du droit de famille et du droit privé.

Toutefois, dès lors, certaines matières juridiques sont régies par des principes uniformes, dans toutes les provinces. — Ce sont celles dont s'occupe le droit canonique, qui conserve, de cette manière, le dépôt précieux de la pensée d'unité.

CLXXI. — Dans la cinquième époque, cette pensée se généralise. Ses efforts s'étendent de tous côtés.
Tandis que les parlements, chacun dans leur ressort, fixent la jurisprudence par des arrêts de règlement sur les questions controversées, les tribunaux ecclésiastiques multiplient, dans tous les ressorts, le nombre des matières réglées par leur juridiction.

L'enseignement des auteurs seconde la jurisprudence. On le voit éclaircir les obscurités du droit romain, recueillir le droit coutumier, déterminer le domaine du droit canonique; parfois essayer la combinaison de ces trois essais de la recherche du juste.

Au premier plan, l'action du pouvoir social se

montre aussi dans la même direction; d'abord par une rédaction officielle des coutumes, destinée à bien préciser les usages de chaque localité, pour arriver à les concilier plus tard dans une loi générale ; puis par des ordonnances royales qui commencent cette conciliation, en réglementant, d'une manière uniforme pour toute la France, quelques matières du droit de famille et du droit privé.

CLXXII. — C'était trop peu. La fusion devait s'opérer pour tout l'ensemble de ces matières.

Il fallait qu'une législation unique remplaçât les cinq cents qui se partageaient notre pays.

Lorsque survint la sixième époque, ou époque intermédiaire, à la fin du dix-huitième siècle, l'assemblée constituante décréta qu'il serait satisfait à ce vœu, exprimé depuis tant d'années.

On commença l'entreprise, puis on l'interrompit.

Elle se consomma sous le consulat et sous l'empire, par la promulgation de cinq codes.

Ils furent votés après une série de travaux préparatoires, dont nous avons eu soin de vous donner la liste, et de vous signaler l'importance pour aider les interprètes dans l'intelligence des textes.

CLXXIII. — Honneur à ceux qui, par cet utile travail, ont donné à la nation française un élément de plus de cohésion !

L'essai eût suffi pour mériter la reconnaissance.

L'exécution a été un notable bienfait.

Heureux les rédacteurs de nos codes, s'ils ont ajouté le mérite d'une bonne distribution des parties à celui de la conception de l'ensemble ! Si, mélangeant, dans la mesure convenable, tous les souvenirs de notre nationalité, ils ont su conserver, en les épurant, les éléments que leur fournissaient le droit romain, le droit germain, le droit canonique, la jurisprudence des parlements, la doctrine des auteurs, les ordonnances de nos rois, et les lois intermédiaires !

Ont-ils atteint ce résultat désirable ? C'est ce que nous examinerons plus loin.

CLXXIV. — 2° *Indication des lois actuelles sur le droit de famille et le droit privé.* — Trois des cinq codes, savoir, le code civil, le code de commerce et le code de procédure civile, sont principalement consacrés au droit de famille et au droit privé.

Les deux autres codes, savoir, le code pénal et le code d'instruction criminelle, contiennent cumulativement, avec la sanction pénale du droit de famille et du droit privé, celle du droit politique, et du droit public.

CLXXV. — Mais il faut se garder de croire que l'universalité du droit de famille et du droit privé soit comprise dans ces cinq recueils.

D'autres monuments existent à côté d'eux, et doivent être, comme eux, étudiés par celui qui veut connaître l'ensemble des lois françaises sur ces deux matières.

Nous avons eu soin de vous en présenter la récapitulation dans les observations suivantes :

1° Et d'abord la loi du 30 ventôse an XII conserve, sinon le droit romain, le droit coutumier et le droit canonique, du moins les ordonnances anciennes, c'est-à-dire antérieures à 1789, et aussi les lois de l'époque intermédiaire, sur les matières non prévues par le code civil.

2° La loi du 15 mars 1807 conserve également les lois commerciales sur les matières non prévues par le code de commerce.

3° Et quelle que soit la généralité de l'art. 1041 du code de procédure civile, elle n'a pas paru au conseil d'état (voyez Avis du 1er juin 1807), abroger, sans distinction, toute espèce de procédures spéciales.

4° L'art. 484 du code pénal renvoie de même aux lois et règlements particuliers, pour toutes matières non réglées par ce code.

Et celui d'instruction criminelle doit être aussi complété par des lois spéciales antérieures. (Voyez notamment art. 643 de ce code.)

5° Des lois, soit additionnelles, soit modificatives, ont été rendues depuis la promulgation des Codes.

6° Ajoutons que les divers gouvernements qui se sont succédé depuis 1789, ont décrété constitutionnellement, pour mettre en action les lois, des dispositions réglementaires, dont il faut joindre la connaissance à celle des lois elles-mêmes.

Il faut dire plus. — Les hommes qui, dans cet intervalle de temps, ont été investis de la puissance exécutive, ont plus d'une fois, en paraissant rédiger seulement des dispositions réglementaires, empiété en fait, inconstitutionnellement, sur le domaine de la loi.

Bon nombre de décrets de Napoléon ont franchi

cette limite, sans que rien excuse cet excès de pouvoir.

Et l'on peut faire, suivant nous, un reproche semblable (mais susceptible de controverse et de justification) à des réglements interprétatifs généraux, rendus par le conseil d'état, d'après les termes apparents, plutôt que d'après le sens véritable de la loi du 16 septembre 1807.

Et toutefois une tolérance consacrée conserve provisoirement, sous le coup d'une sorte de nécessité, parmi les monuments de notre droit, ces dispositions inconstitutionnelles, dont l'abandon produirait brusquement des lacunes fâcheuses.

7° Enfin le droit non écrit reste encore, comme complément des lois promulguées.

8° Et le législateur donne parfois au juge une délégation momentanée de son pouvoir, en lui permettant, dans certains cas, de se décider par l'équité, c'est-à-dire de suivre son opinion individuelle sur le droit naturel, que lui révèle sa conscience.

CLXXVI. — 3° *Quelques critiques générales sur les lois relatives au droit de famille et au droit privé.* —

Au premier rang parmi ces lois, se placent, comme nous l'avons vu, les cinq codes.

Or, si certains esprits reprochent à ces codes jusqu'à leur existence même, n'est-ce pas la critique la plus radicale qui se puisse concevoir? Évidemment.

Aussi c'est celle qu'il convient d'examiner avant toute autre; car, si elle est fondée, elle dispensera de toute discussion sur d'autres points. — Quel reproche ne s'effacerait devant la gravité de celui-là ?

Ces esprits existent. — L'École qu'on nomme historique, interdisant l'inspiration au législateur, ne voit en lui rien de plus qu'un observateur attentif, chargé d'écrire, sous la dictée des masses, les règles formulées d'abord par l'opinion publique.

C'est celle-ci qui fait la loi, comme la goutte d'eau creuse le rocher. Quand le pouvoir l'accepte, s'il croit commander, il se trompe. Il ne fait qu'obéir.

Ainsi donc, à chaque jour son changement législatif, parallèle au changement incessant des mœurs!

Point de codification! les monuments juridiques construits avec la pensée d'une longue durée ne sont que des citadelles jetées sur la route du progrès continu, pour en intercepter les passages.

CLXXVII. — Nous ne pouvons accepter cette

théorie, dont nous craindrions de trouver la base dans une résignation voisine du fatalisme.

Grande est notre foi au succès de la raison, luttant contre les faits. — Loin de nous de refuser le droit d'initiative au génie, qui se sent la force de donner l'impulsion à un siècle retardataire !

En un mot, nous croyons que tel est l'artiste, telle est l'œuvre. La codification vaut le prix que lui donne l'intelligence de ses auteurs.

Ceux-ci ne sont-ils que des serviteurs de la tradition ? Un code ne sera qu'un moule où la distinction du juste et de l'injuste s'arrêtera stationnaire. — Savent-ils au contraire démêler les préjugés, et les combattre, en mettant à leur place des vérités nouvelles ? Un code pourra être un véritable progrès théorique, fournissant à la science des ressources nouvelles.

CLXXVIII. — Mais entrons dans un ordre subsidiaire de discussion. — De la supposition des attributs utiles possibles d'une codification bien faite, passons à l'examen spécial du mérite réel de la nôtre.

Ici nous nous trouvons obligé d'avouer qu'elle est loin de réaliser, à nos yeux, l'idéal d'une œuvre théorique bien chère à la science.

Qu'elle demande les éloges de l'histoire politique, et du bon sens pratique! Elle y a droit.

Nos Codes ont assez fidèlement formulé les conséquences de la révolution sociale qui avait précédé leur apparition. Ils ont appliqué avec sagesse les principes d'égalité, et de liberté civile et religieuse, conquis par le dix-huitième siècle.

De plus, habiles dans l'art d'appliquer le droit, leurs rédacteurs ont souvent bien choisi les meilleures solutions des controverses de l'ancienne jurisprudence.

Enfin, lors même qu'ils ont mal choisi, ils ont du moins, par des expédients utiles à la diminution des procès, pourvu au grave intérêt de la paix des familles.

CLXXIX. — Ce sont là des mérites réels.

Mais nous devons parler au nom d'une science plus exigeante, ou, si l'on veut, plus rêveuse, qui demande, pour être satisfaite, autre chose que la droiture des intentions, le patriotisme du cœur, et l'intelligence instinctive de certains besoins sociaux du moment.

La juxtà-position de quelques lois, rédigées et votées séparément, puis réunies après coup dans un même volume, suffira-t-elle à ses yeux pour faire un Code? Non. — Elle réserve ce nom à une œuvre conçue et exécutée d'un seul jet, à une série de déductions bien enchaînées, se rattachant logiquement à une pensée haute et ferme.

Si Zénon ou Épicure, si Fichte ou Condillac, lui demandent quelle pensée philosophique ou religieuse (je me sers de ces deux adjectifs, parce que l'espace d'une parenthèse est trop étroit, pour prouver qu'ils ne font qu'un) a été écrite par la nation française au frontispice de ses lois?..... Que pourra-t-elle répondre?

Que de systèmes différents elle apercevra, inspirant au hasard tantôt un article, tantôt un autre!

Ici apparaissent des présomptions légales, qui supposent que l'homme fait le mal, dès qu'il a intérêt à le faire ; supposition qui touche de près à une théorie des penchants irrésistibles, qu'approuveraient Gall, Owen ou Cabanis!

Ailleurs, au contraire, on voit la croyance à la liberté morale et à la toute-puissance de l'éducation, mesurer sévèrement les degrés de l'imputabilité (1).

Tantôt une porte est ouverte, tantôt toute porte est fermée au repentir, qui relève et purifie.

Lisez le recto d'une page; voici une conséquence bien tirée du sentiment de charité! — Tournez! voici, au verso, une application froidement cruelle

---

(1) Nous espérons faire quelque jour, sur les divers systèmes philosophiques qui se combattent dans nos codes, un travail qui pourra avoir quelque intérêt, au moins de curiosité.

du principe utilitaire, ne trouvant pas d'autre moyen d'atteindre des coupables, que de frapper des innocents!

Qu'on ne demande pas à la science une admiration sans réserve pour l'indifférence et l'absence de foi, maladies morales de notre siècle, qui se montrent malheureusement jusque dans les œuvres les plus considérables du législateur!

Qu'on nous permette de regretter que celui-ci se soit contenté d'associer des conséquences de principes différents, pour se dispenser de la fatigue de choisir entre les principes eux-mêmes!

CLXXX. — Ce n'est pas tout. — D'autres que nous porteront la guerre aux rédacteurs des Codes jusque dans leurs foyers, pour ainsi dire. Je désigne, par ce mot, leur terrain de prédilection, celui de l'utilité matérielle.

Il y a une science qui se sépare aujourd'hui du droit, et qui doit se confondre un jour avec lui : c'est l'économie politique. — Ceux qui s'en occupent reprochent à la législation du consulat et de l'empire d'avoir exclusivement songé aux intérêts agricoles de la France, sans avoir pressenti la révolution qui allait la rendre industrielle.

J'entends les uns, au nom de l'idée de conservation, accuser nos Codes d'avoir trop peu de souci de donner des garanties de solidité aux fortunes acquises. — J'entends les autres, au nom de l'idée de spéculation, les accuser d'aider trop peu l'activité aventureuse de ceux qui veulent risquer pour acquérir.

Les uns et les autres appelleront de tous leurs vœux le développement de deux principes, auxquels doivent se rattacher la fin de beaucoup de maux et la naissance de beaucoup de biens. L'un est le principe fécond d'association; l'autre est le principe prévoyant des assurances.

Ils montreront avec regret, dans notre droit actuel, les capitaux resserrés par les entraves d'un système occulte de transmission de la propriété, qui laisse les acheteurs exposés aux évictions; et qui ne leur donne même pas la perspective de la sécurité dans la prescription, paralysée elle-même par des causes occultes de suspension.

Assis sur cette base mouvante d'une propriété incertaine, un système hypothécaire bien conçu n'eût été qu'une honorable inconséquence. — Le nôtre n'a même pas entièrement ce dernier genre de mérite. Le législateur a mieux pourvu sans doute à la publicité des droits réels accessoires, qu'à celle des droits réels principaux ; mais son œuvre laisse encore, à cet égard, subsister trop d'exceptions, contraires à l'intérêt du crédit (1).

CLXXXI. — D'autres reproches de détail sont encore adressés à nos Codes par les économistes (2). Ce n'est pas le moment de les reproduire, ni même de développer les critiques, plus générales, que nous venons d'énoncer dans les deux numéros précédents. —Vos études ne sont pas encore assez avancées, pour en bien apercevoir la portée ; elle ne vous apparaîtra qu'après des travaux prolongés sur l'ensemble de nos lois.

Mais les notions contenues dans notre cours de philosophie de droit nous ont permis, au contraire, de vous faire tout d'abord mieux apercevoir d'autres critiques, celles qui portent sur la classification des matières, et sur la forme de l'exposition.

En conséquence, nous avons successivement démontré l'exactitude des propositions suivantes :

(1) La réforme de ces vices de notre législation est en ce moment préparée par les soins du garde des sceaux, ministre de la justice, M. Martin du Nord. Combien cette utile entreprise honorera la mémoire de celui à qui il sera donné de l'accomplir !
(2) *Voyez* les observations lues par M. Rossi à l'Académie des sciences morales et politiques, séance du 27 décembre 1837, sur « *le droit civil français, considéré dans ses rapports avec l'état économique de la société* »

1° Nos Codes ne présentent nullement, par leur juxta-position, ni la réunion de toutes les branches du droit, ni une division rationnelle de ces branches.

2° Chacun d'eux est incomplet. Ils laissent tous, en dehors d'eux, des dispositions spéciales, qui auraient dû entrer dans leur cadre.

3° Aucun d'eux ne se renferme exclusivement dans la matière que son titre lui attribue. Chacun contient des épisodes, qui empiètent plus ou moins sur le domaine des autres.

4° Nul ne range, dans un ordre méthodique, les règles de droit dont il est le recueil principal.

Qui pourrait approuver notamment, dans le Code civil, la conservation d'une classification vieille de deux mille ans?

Qui pourrait dire que le devoir d'un législateur mieux inspiré ne sera pas d'appeler, par une meilleure division, l'esprit des lecteurs, et les habitudes mêmes de la pratique, dans une voie progressive d'idées et de langage?

5° Enfin ces recueils ne sont pas même fidèles au désordre de leur marche. Le législateur est le premier à oublier les rubriques qu'il écrit en tête des livres ou des titres; il place souvent, sous ces rubriques, d'autres dispositions que celles qu'elles annoncent.

CLXXXII. — Avec ces défauts notables, nos Codes

ne peuvent aspirer à la prétention de fournir un thème continuellement satisfaisant aux commentaires de l'exégèse : la doctrine a tout à faire, pour y mettre la suite, à la place de l'inconsistance des idées.

Ils ne peuvent donc, bien évidemment, être pour nous une occasion de nous convertir à la méthode exégétique.

Ainsi, vous n'avez pas été surpris de notre détermination bien arrêtée de remettre pour ainsi dire au creuset, par un enseignement indépendant, les matériaux souvent précieux, mais incomplets et désordonnés, qu'ils contiennent.

LIVRE TROISIÈME.

DROIT PUBLIC.

CLXXXIII. — Le droit privé donne satisfaction au sentiment exclusif de l'amour-propre.

Le droit de famille donne satisfaction aux affections conjugale, paternelle, filiale, sentiments mêlés d'amour propre et de charité.

Dans un troisième cercle, plus étendu, apparaît un autre amour plus nettement désintéressé : c'est celui du pays.

CLXXXIV. — S'il nous demande, en faveur de trente-quatre millions de nos concitoyens, dont quelques-uns seulement sont connus de nous ;

1° Certains sacrifices des affections elles-mêmes de la famille ;

2° Certains sacrifices des autres biens que nous assure le droit privé ;

Ces deux réclamations légitimes mettent le bien-être de chacun en présence des exigences du bien-être de tous ;

Et les deux séries d'exceptions qu'elles produisent aux applications du droit de famille et du droit privé, constituent une nouvelle branche du droit, le droit public.

A la différence du droit de famille et du droit privé, qui régissent des rapports directs entre des intérêts particuliers, il régit les rapports directs des intérêts particuliers avec l'intérêt général.

CLXXXV. — Quoi de plus sacré que la pensée de patriotisme qu'il doit mettre en action !

Mais est-il une pensée, même la plus sainte, dont n'ait abusé la liberté que l'homme a de mal faire ?

L'histoire du droit public est le plus éclatant exemple de ce triste privilège de notre grandeur morale, qui n'apparaît jamais mieux que dans le pouvoir suprême qu'elle a de se dégrader.

Parfois les passions personnelles des gouvernants ont voulu confisquer à leur profit la puissance confiée, pour diriger les hommes, à leurs mains infidèles ; parfois leur timidité a trouvé, dans la conscience de sa faiblesse, un besoin exagéré d'énergie.

Alors ils ont demandé aux nations, ou à certaines classes d'hommes, dans chaque nation, les plus amers sacrifices du bien-être individuel.

Sous le prétexte de ne pouvoir qu'à ce prix garantir la paix publique en exerçant la souveraineté, ils ont paralysé la liberté, comprimé l'égalité, par des restrictions trop cruelles et trop nombreuses pour être l'expression des besoins, sagement calculés, de l'ordre social.

CLXXXVI. — Quand un peuple est entré dans cette voie, alors, si la raison ne parvient pas à convertir ceux qui l'oppriment, et à rétablir la mesure outre-passée par eux, le désespoir de la souffrance fait éclater les révolutions violentes.

A leur suite, naissent les chartes, transactions conventionnelles, qui fixent la limite des concessions des gouvernés aux exigences de la force d'action indispensable aux gouvernants.

CLXXXVII. — Nous avons retrouvé cette marche ordinaire des événements dans les souvenirs de notre droit public.

Dans les cinq premières des six époques de notre histoire, nous avons vu successivement le pouvoir social revendiquer, comme ressorts nécessaires au gouvernement, les inégalités de caste et de naissance qui séparaient, devant la loi, l'esclave de l'homme libre, le vaincu du vainqueur, le vassal du suzerain, le serf et le roturier du noble. — De plus, il s'armait lui-même de moyens arbitraires contre la liberté corporelle, et de précautions préventives comme de répressions cruelles contre la liberté de la pensée.

C'est contre ces prétentions, dont le maintien était depuis trop longtemps disputé aux réclamations de la civilisation, qu'une grande révolution s'opéra dans la sixième époque.

Ses premiers actes furent des déclarations des droits de l'homme, qui ne sont rien autre chose que des programmes de droit public.

CLXXXVIII. — Aujourd'hui les monuments de ce droit sont : une moitié de la charte, une partie du Code pénal et du Code d'instruction criminelle, le Code forestier, quelques articles du Code civil, et un grand nombre de lois particulières.

CLXXXIX. — Nous vous avons donné l'analyse des dispositions de ces lois dans plusieurs leçons, dont le résumé ne peut être aujourd'hui que l'énonciation de quelques formules générales.

Ces formules correspondent aux cinq divisions que nous regardons comme applicables à l'enseignement de toute branche du droit.

Voici, en ce qui touche le droit public, les résultats qu'elles nous indiquent :

1º Le droit public n'a que peu de distinctions à faire sur les sujets des droits, c'est-à-dire sur les personnes considérées au point de vue de la participation plus ou moins grande aux droits et aux obligations qu'il reconnaît.

Cette participation doit en général être la même pour tous.

La nature des choses justifie cependant quelques rares exceptions.

2º Les développements à donner sur les objets du droit public sont, au contraire, considérables.

Autant l'esprit peut concevoir de besoins généraux d'une nation, autant cette liste a de chefs.

Elle se partage en deux colonnes.

Dans la première, sont placés des principes vaguement exprimés, tels que ceux-ci : égalité devant la loi; liberté individuelle; liberté des manifestations de la pensée; inviolabilité de la propriété; recommandation faite au juge d'interpréter la loi dans un sens non rétroactif, etc.

Ces principes, dont le sens apparaît par l'histoire des abus d'autrefois, sont l'attestation, donnée par le législateur, qu'il en a fini avec un passé contre lequel il a fallu les conquérir.

L'utilité de leur énonciation est d'en assurer aux gouvernés les garanties, comme règles de droit commun, dans tous les cas où une loi spéciale n'exprime pas des dérogations formelles, qui y portent atteinte.

L'énumération de ces dérogations se place dans la seconde colonne de la liste. — C'est par elle que commence la véritable étude pratique du droit public existant.

Cette colonne est longue et bien remplie.

On n'y retrouve plus sans doute les exigences capricieuses d'un régime arbitraire, aboli sans retour.

Une nation libre et civilisée ne demande plus à l'intérêt privé que des concessions raisonnables et régulières; mais le nombre de ces concessions est encore et doit être considérable.

Tantôt elles limitent la liberté corporelle et celle des manifestations de la pensée; et restreignent cumulativement, de mille manières, directes ou indirectes, les biens qu'assure le droit de famille, et ceux qu'assure le droit privé.

Tantôt, touchant plus spécialement à ces derniers, elles réclament l'expropriation pour utilité publique; ou l'établissement de servitudes nombreuses au profit de l'État ou de diverses fractions de l'État; ou enfin le prélèvement, sur le patrimoine de chacun, des impôts nécessaires pour subvenir aux charges de l'administration du pays.

3° La volonté directe de la loi est la cause d'acquisition la plus ordinaire de ces droits de la nation contre les particuliers.

Ils se rattachent cependant parfois aux autres causes d'acquisition que nous trouvons dans le droit de famille et dans le droit privé, c'est-à-dire aux contrats, aux testaments, aux quasi-contrats, aux délits et aux quasi-délits.

4° Les modalités de terme et de condition ne reçoivent guère plus d'applications dans la branche du droit public, que dans celle du droit constitutionnel.

5° Et l'intérêt général, réclamant sans cesse les sacrifices qu'il impose, admet rarement aussi l'extinction proprement dite de l'obligation de les acquitter.

CXC. — Au surplus, un examen plus attentif des

limites véritables des exigences du droit public amènera successivement, dans cette matière, les améliorations qu'elle réclame toujours.

Les intérêts que garantissent le droit de famille et le droit privé, dominent presque tous les instants de notre vie. Toutes les atteintes portées à ces intérêts, mettent en mouvement les ressorts les plus intimes de notre être.

Aussi c'est contre ces atteintes, quand elles sont trop fortes, que se font toutes les révolutions. Elles commencent l'attaque en renversant le droit politique; mais ce n'est pour elles qu'un moyen : leur but est toujours la réforme du droit public.

La meilleure ressource pour les prévenir, est donc dans la prévoyance du législateur, profitant des temps de progrès calme pour faire spontanément les concessions justes.

Son occupation constante doit être de réduire dans leur nombre et de limiter dans leur étendue, autant que faire se peut, les retranchements à opérer sur la part de chaque individu dans les éléments du bien-être.

IIᵉ SÉRIE DE PROLÉGOMÈNES.

Aperçu du droit français, considéré sous le point de vue du but qu'il se propose.

CXCI. — En France, comme chez tout autre peuple, le droit, soit constitutionnel, soit de famille, soit privé, soit public, met en présence deux espèces de dispositions d'un ordre différent.

Les unes ont un but principal, celui de tracer des règles d'action. — Elles suffiraient, si les passions humaines ne refusaient jamais à la loi la soumission que la raison conseille.

Mais ce refus est un fait malheureusement fréquent. — Alors deviennent nécessaires d'autres dispositions, qui ont un but accessoire et subordonné, celui d'obtenir l'exécution des premières.

De là, la division du droit français en deux parties :

Le droit déterminateur, dont nous avons parlé jusqu'à présent ;

Le droit sanctionnateur, dont il nous reste à parler.

CXCII. — Aidé par le contentement ou le remords

que donne la paix ou le trouble de la conscience, le droit sanctionnateur emploie, pour remplir sa mission, six espèces de moyens, que nous classerons ainsi, en empruntant une partie des expressions de Bentham :

1° Moyens préventifs d'un mal à craindre ;

2° Moyens suppressifs d'un mal commencé ;

3° Moyens satisfactoires, ou indemnité du préjudice apporté, par l'auteur d'un mal, à la partie lésée ;

4° Récompenses de l'observation, peines de l'inobservation de la loi ;

5° Nullité des actes illégaux, c'est-à-dire refus de tout effet à ces actes ;

6° Sanction de sanction, c'est-à-dire procédure ; ce qui comprend :

Un système sur les preuves admissibles, quand il s'agit de démontrer l'existence d'un droit méconnu ;

Et la détermination des voies à suivre pour obtenir justice.

CXCIII. — L'étude rétrospective de ces divers moyens de coercition, dans les six époques de notre histoire, nous a donné les résultats suivants :

Les moyens préventifs d'un mal à craindre, et les moyens suppressifs d'un mal commencé, sont de deux sortes :

Ils sont généraux, quand ils consistent dans la propagation des lumières, et la recherche de tout ce qui peut diriger, vers le bien, la liberté morale de l'homme.

Ils sont spéciaux, quand ils imposent des obstacles matériels à la liberté physique.

En France, comme partout ailleurs, les derniers ont été préférés aux premiers, à toute époque où le pouvoir, violent lui-même, a été en butte à de violentes résistances. — L'adoucissement des mœurs et le progrès des lumières ont amené, au contraire, le rejet des derniers, et l'emploi des premiers.

CXCIV. — Les moyens satisfactoires présentent un problème soumis à moins de variations.

Le droit romain en apporta dans la Gaule une théorie, moins bien élaborée que beaucoup d'autres, du moins dans l'état de mutilation où Justinien nous la présente; et nos aïeux, déchargeant leur droit coutumier, même leur droit canonique, du soin de s'en occuper, se mirent à commenter les décisions du dernier siècle du droit romain, sur l'appréciation des dommages-intérêts dus par toute personne qui manque à ses obligations.

CXCV. — L'attribution d'une récompense à ceux

qui observent la loi, n'a pas été souvent essayée par les législateurs.

Soumettre ceux qui ne l'observent pas à des peines, leur a paru une ressource plus efficace.

Dans le droit romain, si remarquable à tant d'égards, la nature et la proportion des châtiments n'étaient pas la partie la plus digne d'éloges.

Son introduction dans la Gaule fut cependant un notable progrès, en présence des usages grossiers qu'il y avait à remplacer dans la province conquise.

Mais les Francs ramenèrent ces usages. — On vit alors la pénalité se confondre avec un prétendu droit de vengeance; puis, se rapprochant de la sanction satisfactoire, permettre le rachat conventionnel de ce droit de vengeance, au moyen d'une somme payée, par l'auteur du crime, à la victime ou à ses représentants.

Bientôt apparaît un progrès; la punition revêt une forme plus nette. — On reconnaît à l'autorité publique le droit d'imposer le rachat, qui prend ainsi le caractère d'amende, en perdant celui de transaction.

Sous les périodes suivantes, la pénalité se montre avec une pensée moins cupide, mais encore informe et mal comprise.

On ne la distingue pas d'abord de l'un de ses effets, c'est-à-dire de la défense légitime de l'individu ou de la société, rendant guerre pour guerre aux méchants qui leur nuisent : ou bien on la voit tout entière dans un autre de ses effets, l'intimidation produite, par la vue du supplice, sur les passions de ceux qui seraient tentés d'imiter les coupables.

Quelques esprits, toutefois, commençant à entrevoir en elle autre chose que le fait matériel d'une lutte, la font naître de la convention des hommes, consentant, par le contrat social, à s'y soumettre (1).

Tels sont les divers degrés que parcourt la théorie des lois pénales :

Jusqu'à ce qu'enfin elle apparaisse sous son véritable jour, rejetant la base arbitraire de la convention humaine, et n'acceptant que comme conséquence ou comme limitation, mais non pas comme source première, l'utilité de la défense et de l'intimidation.

Alors, s'appuyant avant tout sur la justice, elle demande aux coupables, au nom de la Providence, une expiation due par eux, expiation dont l'acquitte-

---

(1) Voir, pour de plus grands détails, le *Cours de législation pénale comparée, introduction historique*, par mon excellent collègue et ami, M. Ortolan.

ment doit les purifier, en amenant l'amélioration par le repentir.

CXCVI. — Quant à la nullité des actes illégaux, c'est un moyen de sanction dont la législation a fait peu d'usage.

Trop nombreux sont les esprits inattentifs, pour que tous les détails des lois soient scrupuleusement appliqués.

On n'a pas voulu prononcer une peine uniforme pour tous les degrés d'une faute inévitable à l'imprévoyance humaine : on a trouvé peu sage le conseil trop général, donné par Ulpien en ces termes : « *Minus quàm perfecta lex est, quæ vetat aliquid fieri, et, si factum sit, non rescindit* (1). »

C'est ainsi que notre droit ancien, comme celui des autres peuples, réservant la nullité absolue pour quelques cas graves, a reconnu d'autres nullités susceptibles d'être ratifiées ou d'être repoussées par des fins de non-recevoir.

CXCVII. — La sanction de sanction, ou procédure, se subdivise en procédure administrative, procédure civile, et instruction criminelle.

---

(1) Fragmenta : *De legibus et moribus*, § 2.

La procédure administrative est la procédure du droit politique et du droit public; c'est-à-dire l'application, à ces matières :

1° D'un système de preuves;

2° Des moyens de sanction préventifs, suppressifs, satisfactoires, et de ceux qui consistent dans la nullité des actes illégaux.

Cette partie du droit sanctionnateur a nécessairement revêtu, aux diverses époques de notre histoire, les formes plus ou moins indécises, et le caractère plus ou moins arbitraire des deux parties du droit dont elle procure l'exécution.

CXCVIII. — La procédure civile est la procédure du droit de famille et du droit privé, c'est-à-dire l'application, à ces matières :

1° D'un système de preuves;

2° Des quatre moyens de sanction que nous venons de nommer.

Son histoire remonte jusqu'au droit romain, qui explique encore un certain nombre des expressions dont elle use.

On sait qu'en ce qui concerne la forme de l'action en justice, le droit romain a présenté trois systèmes successifs :

Le premier, émané de la loi des douze tables, matérialisait le droit dans des symboles étroits et arbitraires, nommés *legis actiones*.

Le second, plus net et plus clair, mais gardant encore une partie de la subtilité du premier, substitua aux *legis actiones* des formules, délivrées par le magistrat, dont le texte enfermait la conscience du juge dans un cercle qu'elle ne pouvait franchir.

Le troisième, celui des *judicia extraordinaria*, détruisit ces entraves.

Le second de ces trois systèmes entra dans la Gaule par la conquête de César ; le troisième l'y remplaça, sous le règne des derniers empereurs.

Mais la procédure eut aussi son invasion des barbares! Cette dénomination ne convient-elle pas à l'introduction, par les Francs, dans les tribunaux, des moyens de preuves tirés de l'emploi des *Co-juratores*, des Ordalies, et du combat judiciaire?

Étranges aberrations, respectables seulement par la profondeur de la foi religieuse qu'elles supposent!

Le droit canonique, la sagesse de nos rois, en firent justice.

Mais les formes plus compliquées qu'ils mirent à la place de ces expédients, multiplièrent les gens de loi, et grossirent si bien les frais qu'entraîna leur ministère, que la justice devint, il faut le dire, un moyen d'enrichir ceux qui la distribuaient, plutôt que de protéger ceux qui la demandaient.

Les tentatives de simplification des formes judiciaires, faites par nos rois, notamment par Louis XIV, furent loin de produire une réforme suffisante des abus.

D'autre part, le droit de l'époque intermédiaire dépassa le but, en supprimant au lieu d'améliorer. Le retranchement trop complet de l'emploi des formes produisit, dans l'administration de la justice, une confusion qui ne tarda pas à ramener la nécessité de cet emploi.

CXCIX. — L'instruction criminelle établit, contre ceux qui enfreignent les lois de toute sorte :
1° Un système de preuves des faits coupables;
2° Et les voies à suivre pour appliquer la pénalité.

Les lois romaines, bien meilleures dans cette matière que dans celle du droit pénal proprement dit, disparurent en partie sous la domination des Francs, comme celles de la procédure civile, devant l'usage des *Cojuratores*, des Ordalies, et du combat judiciaire.

Quand, plus tard, le droit français se dégagea de ces erreurs, il sentit du moins longtemps le contre-coup des idées fausses qui faisaient reposer la pénalité sur le droit de la vengeance, le fait matériel de la défense, ou le désir de produire l'intimidation.

Rappellerai-je ici l'illogique cruauté, qui, présumant l'accusé coupable, commençait par le torturer, pour arracher à ses souffrances l'aveu douteux qu'il les méritait?

Rappellerai-je tant d'autres vices d'une procédure qui refusait aux débats criminels la garantie d'une publicité nécessaire?

Laissons plutôt ces pages, pénibles à lire, de l'histoire de notre ancien droit : et signalons, vers la fin du dix-huitième siècle, un mouvement vraiment sensible d'amélioration dans cette partie de la législation.

CC. — Après ces notions historiques sur le droit sanctionnateur, nous vous avons présenté un tableau rapide de l'état actuel de ce droit, à l'époque où nous vivons.

Nous y avons trouvé des moyens préventifs et suppressifs généraux, mais peu de spéciaux.

La théorie de l'indemnité civile, ou sanction satisfactoire, a été placée dans le recueil appelé Code civil, où elle a reproduit le droit romain amélioré.

Un Code spécial, complété par beaucoup de lois particulières, contient la sanction pénale.

La nullité des actes illégaux n'est pas prononcée aussi rigoureusement que le demande le principe absolu d'Ulpien.

La procédure administrative est réglée par des usages, et par des dispositions éparses dans les volumes du *Bulletin des lois*.

La procédure civile trouve son système de preuves dans des titres épisodiques du Code civil et du Code de commerce ; mais le détail de ses formes est l'objet d'un Code spécial.

L'instruction criminelle est aussi contenue dans un Code particulier.

CCI. — Au surplus, on peut dire que les dispositions sur la sanction sont les plus imparfaites de toutes celles de notre droit.

Le droit pénal et l'instruction criminelle, bien qu'on les ait sensiblement améliorés dans ces dernières années, sont bien loin d'être en tous points la conséquence logique de l'idée d'expiation, qui est la base principale et nécessaire de la pénalité. — Que de dispositions on y trouve, qui sont encore des vestiges des systèmes fondés uniquement sur d'autres bases ! Tant il est vrai que les traditions se perpétuent, longtemps encore après qu'elles ont perdu tout sens logiquement applicable! — Ainsi les ruines des temples antiques ont traversé les siècles, et résisté au temps.

Quant à la procédure administrative, elle attend qu'on la fasse sortir du vague trop grand dans lequel elle se renferme.

Et des simplifications sont nécessaires, pour diminuer les lenteurs de la procédure civile, et distribuer la justice à meilleur marché.

IIIᵉ SÉRIE DE PROLÉGOMÈNES.

Aperçu du droit français, considéré sous le point de vue des personnes qu'il régit.

CCII. — Jusqu'à ce moment, nous avons analysé notre droit national, c'est-à-dire les règles de conduite tracées aux Français par notre droit politique, notre droit de famille, notre droit privé, notre droit public.

Il reste à comparer, avec le droit national, le droit des gens, c'est-à-dire les règles de conduite que suit la nation française dans ses rapports avec les étrangers.

Cette comparaison soulève trois questions :
La première est préliminaire. — Au défaut de sa solution préalable, les deux autres ne pourraient pas être posées.

En effet, avant d'étudier les rapports entre Français et étrangers, il faut d'abord déterminer les sujets de ces rapports, c'est-à-dire rechercher en vertu de quelles circonstances les uns sont Français, et les autres étrangers.

Cette première question se formule ainsi : *Com-*

ment notre droit des gens établit-il la distinction de la qualité de Français et de celle d'étranger ?

Puis, comme les rapports entre Français et étrangers sont de deux sortes, savoir, rapports de nation à nation, et rapports d'individus à individus, ce double aspect fait naître deux autres questions, ainsi conçues :

Comment notre droit des gens règle-t-il les rapports de la nation française avec les autres nations, considérées comme personnes collectives ?

Comment notre droit des gens règle-t-il les rapports des Français et des étrangers, considérés individuellement ?

PREMIÈRE QUESTION.

Comment notre droit des gens établit-il la distinction de la qualité de Français et de celle d'étranger?

CCIII. — Cette question est traitée, du moins en partie, dans quelques articles placés, mal à propos, dans le Code civil. Ils y forment un épisode incomplet, détaché d'un Code qui n'existe pas et devrait exister chez nous, celui du droit des gens.

Quoi qu'il en soit, l'enseignement du Code civil entier, qui nous est confié, en a demandé l'explication détaillée.

Nous l'avons donnée dans trois paragraphes, dont l'un nous a appris *comment s'acquiert*, le second *comment se perd*, le troisième *comment se recouvre la qualité de Français?*

CCIV. — *Comment s'acquiert la qualité de Français?*
— Les Gaulois, les Romains, les Francs et autres barbares, confondus sous le nom de Français, ont, en étendant les frontières du pays occupé par eux, communiqué leur nom aux habitants des provinces qu'ils ont soumises.

Puis chaque génération de la nation, ainsi constituée et agrandie, a transmis ce nom, en s'éteignant, à la génération qui lui succédait. C'est ainsi que nous l'avons reçu, pour le rendre à notre tour à ceux qui nous suivront.

Ainsi se dégagent d'abord, par le seul exposé des faits, trois causes d'acquisition de la qualité de Français : l'occupation primitive du sol ; la conquête consommée ; le bénéfice de la naissance.

Mais cette dernière cause présente tout d'abord une obscurité à éclaircir.

Le mot *acquisition par le bénéfice de la naissance* est susceptible de quatre sens :

Ne donne-t-il la jouissance de la qualité de Français qu'à ceux qui remplissent la double condition d'être nés sur le sol, et issus de parents français?

Veut-il qu'on se contente, au contraire, d'une seule de ces deux conditions? et compte-t-il, parmi les Français, aussi bien les enfants d'étrangers, quand ils sont nés sur le sol de France, que les enfants de Français, quand même ils sont nés sur le sol étranger?

Ou bien se référant uniquement à la première de ces deux conditions, n'appelle-t-il Français que ceux qui sont nés sur notre sol, soit de parents Français, soit de parents étrangers?

Ou enfin, se référant à la deuxième condition, n'appelle-t-il Français que ceux qui peuvent invoquer en leur personne la transmission du sang français, sans distinguer, du reste, s'ils ont vu le jour sous le ciel de France, ou sous un ciel étranger?

C'est ce dernier avis que le Code civil adopte. Mais l'historique de la question nous a montré d'autres solutions dans notre ancien droit, et jusque dans les décisions de l'assemblée constituante.

CCV. — Aux trois causes principales, que nous venons de signaler, de l'acquisition de la qualité de Français, il faut en ajouter une quatrième, la naturalisation de l'étranger.

Les pieds de l'homme ne sont pas attachés au morceau de terre où le hasard l'a placé. Il peut changer de patrie, s'il trouve une autre nation que la sienne, qui consente à l'adopter.

Le contrat qui se fait entre cette nation et lui s'appelle la naturalisation. La France en reconnaît la possibilité.

Les conditions en ont été plus ou moins sévères, suivant l'esprit plus ou moins hospitalier qui dominait dans les diverses époques de notre histoire. Nous avons parcouru ces époques.

Puis, arrivant au droit de nos jours, nous avons distingué trois espèces différentes de naturalisations.

Nous appelons l'une, naturalisation ordinaire. — La loi a délégué au pouvoir exécutif la mission d'examiner en fait l'opportunité de l'accorder à l'étranger qui la demande. — Mais elle veut préalablement, pour éclairer cet examen, qu'on ait pu apprécier les mérites du postulant, pendant dix années d'épreuve, qui se comptent à partir de l'autorisation qu'il obtient d'établir en France son domicile.

Nous nommons naturalisations exceptionnelles, celle que l'accord du Roi et des deux chambres peut conférer immédiatement, et celle que le pouvoir exécutif peut, dans des cas spécialement désignés par la loi, accorder, après un an de séjour, à l'étranger qui a rendu des services à la France.

Enfin, sous le nom de naturalisations privilégiées,

nous comprenons la vocation directe à la qualité de Français, faite par la loi au profit de certains étrangers, qui lui paraissent tout à fait dignes de faveur; tel est l'étranger né sur le sol de France, ou celui qui est né d'un Français qui a perdu cette qualité.

Ceux que désigne cette vocation n'ont que quelques conditions potestatives à remplir, pour en profiter; et ils deviennent de plein droit Français, sans qu'aucune juridiction gracieuse ait à leur octroyer cette qualité, ou puisse la leur refuser.

CCVI. — *Comment se perd la qualité de Français ?* — Puisqu'elle reconnaît aux étrangers le droit d'entrer dans son sein, la nation française doit, si elle est conséquente, permettre aux siens de devenir étrangers.

Elle ne les compte plus comme Français, dès qu'ils ont manifesté, soit expressément, soit tacitement, l'intention d'acquérir une autre nationalité.

Elle se contente de rompre le contrat avec eux.

Toutefois il y a des époques inopportunes, où l'abandon de la patrie touche à la félonie. Alors elle punit ceux qu'elle regarde comme des transfuges.

Nous avons vu des applications plus ou moins justifiables ou exagérées de cette sévérité sous Louis XIV, et à la fin du dix-huitième siècle. Nous en avons retrouvé dans notre siècle, pendant les guerres de Napoléon.

Aussi pour expliquer la matière difficile de la perte de la qualité de Français, nous avons eu à distinguer soigneusement cinq époques bien différentes dans le droit de nos jours :

La première commence à la promulgation du Code civil ;

La seconde à celle du décret du 6 avril 1809 ;

La troisième est régie par le Code pénal de 1810 ;

La quatrième par le décret du 26 août 1811 ;

La cinquième reconnaît, à partir de la charte de 1814, un droit plus doux, sous l'empire duquel nous sommes.

CCVII. — *Comment se recouvre la qualité de Français?* — Sans entrer dans des détails que ne comporte pas cette analyse, contentons-nous de dire que la patrie ouvre aisément les bras à l'enfant prodigue repentant; du moins quand il n'a à se reprocher que de l'avoir abandonnée, sans avoir pris contre elle du service militaire.

En conséquence le recouvrement de la qualité de Français n'est soumis, en général, qu'à des conditions très-faciles.

DEUXIÈME QUESTION.

Comment notre droit des gens règle-t-il les rapports de la nation française avec les autres nations, considérées comme personnes collectives ?

CCVIII. — Cette question se présente d'abord en fait; puis en droit.

En fait : quand on demande à notre histoire le récit de nos guerres et de nos alliances, de nos victoires et de nos revers.

En droit : quand on demande, si, dans toute la succession des événements consignés dans nos annales, notre nation a suivi la ligne du juste ou celle de l'injuste ?

Pour répondre, il faut emprunter des lumières à la science du droit des gens, ou plus spécialement à la partie de ce droit que nous avons appelée droit international.

Qu'est-ce que ce droit international ? Pour en comprendre les éléments et les subdivisions, il faut distinguer deux cas.

Le premier est celui où plusieurs nations se réunissent par le lien de fédération;

Le second est celui où cette réunion n'a pas lieu.

CCIX. — 1ᵉʳ *cas.* — *Réunion de plusieurs nations par le lien de fédération.* — Lorsque le fait d'une fédération se réalise, alors on peut appliquer au droit des nations, personnes collectives unies par ce lien, la plupart des divisions que nous avons signalées dans le droit qui régit les individus d'une même nation.

Ainsi, considéré sous le point de vue de la nature des rapports qu'il règle, le droit international peut être politique, privé, public (1).

Politique : car les États fédérés constituent, par des délégués, une diète ou assemblée supérieure, et remettant dans ses mains le pouvoir constitutionnel, se placent vis-à-vis d'elle dans un certain rapport d'obéissance.

Privé : car leurs intérêts respectifs peuvent être considérés dans leur lutte particulière entre eux, et se trouver seulement limités par le principe d'égalité, qui cherche à les concilier.

Public : car si le maintien de la fédération demande à ces intérêts distincts quelques sacrifices, autres que ceux que réclame leur lutte individuelle,

---

(1) Nous ne parlons pas du droit de famille, qui ne trouve ici nulle application.

ces sacrifices constituent un rapport de ces intérêts particuliers avec un intérêt général.

Le tribunal des Amphictions, en Grèce, réalisait à quelques égards cette théorie de la soumission de plusieurs nations à un pouvoir central. — D'autres essais en ont été faits dans les temps modernes; mais ils ont été rares.

La pensée, qu'Hardouin de Péréfixe attribue à Henri IV, de constituer l'Europe sous un semblable régime, n'est pas encore près de se réaliser.

CCX. — *2ᵉ cas.* — *Absence d'un lien de fédération entre les nations.* — Alors le droit international ne montre plus l'application de la distinction du juste et de l'injuste, que sous une forme fractionnée, et de plus insolite.

Il ne contient plus de droit politique. — Les nations indépendantes n'ont plus d'autre supérieur que Dieu.

Il ne contient plus de droit public. — En effet, on ne voit plus apparaître l'intérêt général d'une association faite entre plusieurs nations, pour demander à leurs intérêts particuliers des concessions à cet intérêt général.

Il n'y reste plus qu'un pur droit privé, cherchant la conciliation de l'intérêt spécial de chacune d'elles, en vue seulement de sa lutte avec l'intérêt spécial de chacune des autres considérées individuellement.

Telle est la vérité. — Nous en sommes fâché pour l'honneur des locutions reçues, qui, nous ne savons pourquoi, représentent le droit international comme une subdivision du droit public, sous le nom de *droit public externe.*

CCXI. — Mais ce n'est pas tout. — Le droit international ne peut même donner l'idée d'un droit privé des nations que d'une manière incomplète.

Il ne comprend en effet que la partie du droit privé, que nous avons appelée droit déterminateur.

L'autre partie, le droit sanctionnateur, qui suppose un pouvoir régulier pour l'appliquer, disparaît, remplacée par le droit du plus fort, la guerre, qu'on a nommée l'*ultima ratio regum.*

CCXII. — Enfin, dans ce qui lui reste après cette mutilation, le droit international manque encore d'un des caractères qui constituent le droit, du moins le droit de famille, le droit privé, le droit public, en ce qu'il n'émane pas de la puissance d'un supérieur légitime, chargé de ce soin par ceux qui obéissent.

Il n'est que l'œuvre de la convention entre des égaux ; soit que cette convention soit écrite, c'est-à-dire résulte des traités expressément conclus entre les nations ; soit qu'elle soit non écrite, c'est-à-dire se montre par les usages généralement admis entre les peuples civilisés.

CCXIII. — Quoi qu'il en soit, la France accepte, dans ses rapports avec les autres peuples, ces deux manifestations du droit international.

Elle observe les traités qu'elle a faits. En dehors de ces traités, elle se soumet aux usages établis entre les peuples civilisés.

Ces usages maintiennent, en temps de paix, le respect mutuel de la dignité des nations.

D'autre part, ils ôtent aux exigences de la guerre, en les restreignant dans certaines limites, le caractère d'une lutte d'extermination, pour leur laisser la prétention, plus ou moins justifiée, de n'être que l'enfantement douloureux de quelque progrès, réclamé par la force, au profit de la justice.

TROISIÈME QUESTION.

Comment notre droit des gens règle-t-il les rapports des Français et des étrangers, considérés individuellement?

CCXIV. — Ici une grande distinction se présente, entre le côté passif et le côté actif de ces rapports.

Tout étranger qui passe nos frontières sait qu'il doit respecter notre organisation sociale, dans toutes ses parties. La condition de notre hospitalité est qu'il se soumette à toutes les conséquences passives que cette organisation réclame de tous ceux qui habitent le territoire.

Ainsi donc, en ce qui concerne le droit politique, il accepte momentanément le rôle de gouverné, à beaucoup d'égards.

De plus, en ce qui concerne le droit de famille, le droit privé, le droit public, il obéit au droit français déterminateur, en ce sens du moins qu'il ne doit rien faire qui contrarie, directement ou indirectement, l'ordre général que le législateur veut maintenir. — C'est sous cette restriction qu'il faut entendre la permission que lui donne l'article 3 du Code civil de vivre sous l'application des lois personnelles de son pays, c'est-à-dire des lois qui règlent sa capacité.

Quant aux lois réelles qui régissent la nature, l'acquisition, et la perte de la propriété ou de ses démembrements, on les a regardées comme ayant un lien étroit avec l'ordre général. En conséquence, le même article du Code civil soumet l'étranger, pour les biens qu'il possède en France, aux lois réelles de notre pays (1).

A plus forte raison l'étranger est-il soumis au droit sanctionnateur. Il est juste de réclamer contre lui les mêmes garanties préventives, satisfactoires, ou pénales, que contre le Français; et de le soumettre à l'action des tribunaux de France, toutes les fois que l'intérêt d'un Français l'exige.

CCXV. — C'est ainsi qu'il est sujet momentané des lois françaises, quant aux conséquences passives de ses rapports avec les Français.

Mais peut-il, par compensation, invoquer les droits actifs que reconnaît la loi française ?

Il en est qu'il ne demanderait pas raisonnablement: ce sont les droits politiques.

On conçoit l'utilité, pour un peuple, de ne pas confier le soin de ses destinées à des mains peut-être intéressées à devenir hostiles.

---

(1) Le détail de la distinction entre les lois réelles et les lois personnelles sera l'un des objets du dernier cours spécial, qui doit terminer nos trois années d'études, en juillet 1847.

CCXVI. — Mais on ne voit pas aussi bien pourquoi la France ne réglerait pas le droit de famille, le droit privé, le droit public dans leur application aux étrangers, par les mêmes moyens de distinction du juste et de l'injuste, qu'elle a trouvés bons et sages dans leur application aux nationaux.

Et cependant, si nous examinons d'abord ce point historiquement, nous voyons que la France, comme toutes les autres nations, s'est laissé guider, à cet égard, par les mauvais sentiments que signale cette phrase de Montesquieu :

« *Les hommes pensèrent que, les étrangers ne leur étant unis par aucune communication du droit civil, ils ne leur devaient, d'un côté, aucune espèce de justice, et, de l'autre, aucune espèce de pitié!* »

Vérifiant cette assertion dans les six époques de notre histoire, nous avons vu l'étranger, sous la domination gauloise, réduit à une sorte d'esclavage, quand il ne trouvait pas la protection d'un patron.

Toute participation aux droits civils lui fut également refusée sous la domination romaine, ainsi que dans les temps qui suivirent l'établissement des Francs.

A la fin de la période féodale, on le vit cependant reconquérir une certaine liberté, mais qu'on lui vendit bien cher, moyennant les droits d'aubaine, chevage et formariage.

Plus tard, quand l'autorité des rois de France tendit à l'unité, elle laissa l'étranger s'abriter sous sa protection, et améliora sa condition, bien inférieure toutefois encore à la condition du Français.

Vint enfin la sixième époque, époque des élans de générosité. La France émancipa complétement les étrangers, espérant que les autres nations imiteraient, en faveur des Français, l'exemple qu'elle leur donnait par cette initiative.

Son attente ayant été trompée, le dépit des rédacteurs du Code civil ramena contre l'étranger, sauf dans le cas où il serait admis à fixer son domicile en France, un système restrictif, fondé sur le principe de la réciprocité entre les nations.

Mais l'économie politique ayant démontré que les effets de ce dépit étaient plus nuisibles qu'utiles, la loi du 14 juillet 1819 est venue rendre à l'étranger, en France, une condition qui ne diffère plus de celle du Français que sur un petit nombre de points (1).

---

(1) Voir les mémoires, couronnés par la Faculté de Paris, de MM. Demangeat et Sapey, sur la condition civile des étrangers en France.

Ici se termine la bien courte analyse de nos trente-cinq leçons sur l'encyclopédie du droit français. Nous n'avons pu vous rappeler que par un mot chacun des renseignements généraux que ces leçons vous ont fournis; renseignements qui, suivant la comparaison exacte faite par Bentham (1), ont, dans la science du droit, une utilité analogue à celle que présente, pour l'étude de la géographie, la division des cartes par degrés de latitude et de longitude.

(1) Organisation jndiciaire.

TRANSITION

AUX DEUX COURS SPÉCIAUX

SUR

LE DROIT DE FAMILLE ET LE DROIT PRIVÉ.

CCXVII. — C'est ainsi que nous avons élargi d'abord, dans deux cours généraux préliminaires, l'horizon de notre enseignement.

Mais le temps est arrivé de le restreindre à son objet spécial, c'est-à-dire au Code civil, ou du moins à ce qui en reste après le retranchement de cinquante articles environ, relatifs au droit politique, au droit public, au droit des gens, que nous avons remis à leur véritable place, dans notre cours d'encyclopédie.

Notre premier soin a dû être de vous indiquer le plan que nous aurions à suivre, dans l'explication de ce Code.

Pour chercher ce plan, il faut décomposer le Code

lui-même, et faire le dénombrement des matières qu'il réglemente.

Son nom nous donnera-t-il, sur ce dénombrement, quelques lumières ? Non : il jette au contraire l'esprit dans une profonde obscurité.

On ne saurait croire combien son ambiguïté répand de nuages, non-seulement dans l'esprit des jeunes gens, qui retiennent ce nom sans songer à le comprendre, mais encore dans les ouvrages le plus justement estimés, et jusque dans les décisions pratiques des arrêts !

Aussi tout jurisconsulte partagera la colère de Bentham, qui s'écrie que « *ce mot civil est un des plus insignes faux-fuyants, qu'il y ait en jurisprudence!*

CCXVIII. — Il suppose en effet une antithèse multiple avec plusieurs adjectifs, qui qualifient diverses branches du droit.

Or, avec lequel d'entre eux le législateur a-t-il voulu le mettre en opposition, en l'écrivant en tête du volume que nous avons à expliquer?

Le mot *droit civil*, dans l'intitulé de ce volume, doit-il être entendu comme premier membre d'une division dont le second serait :

1° Le mot *droit naturel?*

2° Ou le mot *droit des gens?*

3° Ou le mot *droit pénal?*

4° Ou les mots *droit spécial ecclésiastique*, *droit spécial militaire*, *droit spécial commercial*.

5° Ou enfin les mots *droit politique* et *droit public* ?

La doctrine doit discuter ces cinq suppositions, et choisir entre elles.

CCXIX. — 1re *supposition*. — Le mot *civil*, dans l'intitulé du Code civil, fait-il antithèse avec le mot *droit naturel* ?

Si l'on répond affirmativement, l'expression *Code civil* devient synonyme de celle-ci : *Code du droit positif*.

Le droit positif d'un peuple, c'est l'ensemble des lois promulguées qui le régissent.

Le Code civil contient-il l'ensemble de nos lois promulguées ?

Nos autres Codes, et tous les volumes du Bulletin des lois, sont là pour répondre : à moins qu'on ne dise, par impossible, que ces derniers contiennent notre droit naturel ?

Ainsi une raison matérielle, entêtée comme un chiffre, repousse absolument cette première supposition.

Si l'évidence mathématique de cette raison ne suffit pas, donnons-en une autre, tirée d'une considération puissante. Disons qu'un législateur ne ferait point preuve de la justesse de vues qui doit le guider dans l'accomplissement de sa haute mission, s'il mettait, au frontispice de son œuvre, le mot *droit positif*, par opposition au mot *droit naturel*.

Ce ne serait rien moins que la déconsidérer.

En effet, qu'a-t-il dû rechercher? le droit naturel: en d'autres termes, le droit social le plus perfectionné, tel qu'il apparaît à sa conscience.

Ne serait-il pas étrange qu'il vînt tout d'abord avouer ou son impuissance ou sa paresse?

Le mot *droit positif* contiendrait un de ces aveux (1)?

Ces démonstrations nous semblent sans réplique. A combien d'esprits cependant n'ont-elles pas échappé!

Je n'aurais qu'à ouvrir, au hasard, un ouvrage de théorie, ou une compilation d'arrêts, pour y trouver, dans plus d'une page, des solutions fondées sur

---

(1) Qu'on ne dise pas que le législateur reconnaît la distinction du droit positif et du droit naturel, dans les cas rares où il s'en rapporte à l'équité du juge. — Nous répondons qu'il permet seulement par là au juge de compléter l'œuvre de la loi, œuvre qui n'en reste pas moins, dans tout ce qu'elle comprend, un essai de réalisation du droit naturel.

Qu'on ne dise pas non plus que quelques articles de la loi parlent d'obligations naturelles, par opposition aux obligations civiles. — Qui ne sait que cette expression, tout à fait inexacte, d'*obligation naturelle*, désigne, non pas des devoirs abandonnés à la seule conscience, mais de véritables obligations, reconnues par la loi positive, bien que sanctionnées par elle moins complétement que les autres?

la supposition que le mot *droit civil* fait antithèse avec le mot *droit naturel*.

C'est surtout quand il s'agit d'examiner la condition de l'étranger et celle du mort civilement, qu'on se perd dans un dédale d'erreurs, en voyant, dans les incapacités *civiles* dont la loi frappe ces personnes, l'intention de leur laisser seulement je ne sais quels *droits naturels*, sur la liste desquels personne ne pourra jamais tomber d'accord.

Telle est la funeste puissance d'un mot vague, surtout quand on croit l'éclaircir par une opposition avec un mot plus vague encore.

CCXX. — 2° *supposition*. — Le mot *droit civil*, dans l'intitulé du Code *civil*, fait-il antithèse avec le mot *droit des gens?*

Si l'on répond affirmativement, l'expression Code *civil* devient synonyme de celle-ci, Code du *droit national*, c'est-à-dire du droit applicable aux Français, par opposition au droit applicable aux étrangers.

Mais cette supposition est aussi inadmissible que la première. — Pour la repousser, il suffit de constater deux faits :

L'un, que le Code civil ne contient pas tout le droit national ;

L'autre, qu'il contient une notable partie du droit des étrangers.

Puis si le mot *civil* est synonyme de *national*, qui se chargera d'expliquer alors l'art. 8 du Code civil, ainsi conçu : « *Tout Français jouira des droits civils?* »

Cette proposition deviendrait parfaitement adéquate à celle-ci : « *Tout Français jouira des droits des Français.* » Comment qualifier l'injure faite au législateur, par ceux qui lui attribuent l'expression de vérités de cette force ?

CCXXI. — 3ᵉ *supposition*. — Le mot *droit civil*, dans l'intitulé du Code *civil*, fait-il antithèse avec le mot *droit pénal?*

Qui peut le dire? Cela ne serait vrai qu'autant que le Code civil s'occuperait seulement d'une des subdivisions du droit sanctionnateur, de celle qui détermine l'indemnité civile.

Or en est-il ainsi? Non! Il est presque tout entier consacré au droit déterminateur.

CCXXII. — 4ᵉ *supposition*. — Le mot *droit civil*, dans l'intitulé du Code *civil*, fait-il antithèse avec les mots *droit spécial ecclésiastique*, *droit spécial militaire*, *droit spécial commercial*, et autres semblables?

Dans ce sens, le mot Code *civil* serait synonyme du mot Code du *droit général*.

Or ne serait-ce pas avoir choisi, comme à plaisir,

l'expression la plus vague, celle qui donnerait le moins de lumières sur la nature des lois qu'elle embrasserait?

Peut-on concevoir d'ailleurs l'étrangeté d'une antithèse qui opposerait la presque totalité à la partie?

Sans doute il est vrai que les fonctions ecclésiastiques ou militaires soumettent à quelques dispositions spéciales ceux qui en sont revêtus.

Sans doute il est vrai aussi qu'un Code entier, appelé Code de commerce, contient, à l'égard des commerçants et des actes de commerce (1), une liste d'exceptions à une quarantaine d'articles du Code civil.

Mais qu'importe? le Code civil en reste-t-il moins le Code applicable à presque tous les instants de la vie des ecclésiastiques, des militaires, des commerçants, aussi bien que des autres Français?

Et ne serait-ce pas une idée trop bizarre que de lui attribuer un titre qui exprimerait seulement qu'il est incomplet, et qu'il attend, en dehors de lui, quelques dispositions additionnelles, dans des cas exceptionnels?

---

(1) La distinction du droit privé général et du droit commercial est on ne peut mieux exprimée par M. Ortolan (*Cours de législation pénale comparée, introduction philosophique*):

« Dans les rapports privés d'homme à homme, lorsque l'homme se pose comme l'agent principal, pour la satisfaction de ses propres besoins, de ses propres plaisirs, désirs ou caprices, il y a droit purement privé.

» Lorsqu'il ne se présente que comme agent intermédiaire, pour procurer la satisfaction du besoin, du plaisir, des désirs ou caprices d'autrui, il y a droit privé commercial. »

CCXXIII. — 5ᵉ *supposition*. — Le mot *droit civil*, dans l'intitulé du Code *civil*, fait-il antithèse avec les mots *droit politique* et *droit public?*

C'est la seule supposition admissible.

Toute allusion qu'on voudrait voir, dans ce mot, aux divisions du droit tirées de sa source, de son but, ou des personnes qu'il régit, serait véritablement absurde.

Tous les intitulés des autres Codes n'expriment-ils pas l'objet des rapports qu'ils règlent? Pourquoi celui du Code civil n'aurait-il pas la même portée?

Tenons donc pour constant qu'il indique le droit qui régit les intérêts particuliers dans leur lutte mutuelle, par opposition au droit public, qui les limite dans l'intérêt général, et au droit politique, qui règle le rapport d'obéissance.

En un mot, le Code civil est la réunion de deux Codes, savoir : le code du *droit de famille* et le Code du *droit privé*.

CCXXIV. — Comprend-il toutefois ces deux branches du droit tout entières? Non.

Il faut donc limiter le domaine de nos leçons d'une manière plus précise encore.

Toute branche du droit se divise en deux parties : le droit déterminateur et le droit sanctionnateur.

La première partie appartient à notre cours.

Nous n'avons que la moitié de la seconde. En effet des six moyens de sanction que nous avons énumérés plus haut, nous n'en avons que trois à expliquer, savoir :

1° La nullité des actes illégaux ;

2° L'indemnité civile ;

3° La preuve.

C'est dans les cours de droit public, de procédure civile et de droit pénal, que le cours de Code civil se trouve complété, par l'explication des moyens préventifs, des voies d'action devant les tribunaux civils, et des peines attachées à l'inobservation des règles du droit de famille et du droit privé.

Quelques dispositions éparses apparaissent toutefois incidemment, sur ces matières, dans le Code civil.

CCXXV. — Tel est le dénombrement des matières de notre enseignement.

Dans quel ordre allons-nous présenter ces matières ?

Ce n'est pas, vous le savez, dans celui que le Code a adopté.

Nous craindrions d'imiter le père de famille, qui, suivant l'expression bizarre de Muret, « *vestem non in vestiario, sed in arcâ panariâ conderet, panem ex puteo hauriret, pisces in nemore, lepores in piscinâ inclusos haberet.* »

Nous ne regardons pas comme contenant l'idée d'une classification, la réunion matérielle, ordonnée par la loi du 30 ventôse an XII, en un seul volume, et sous une seule série de numéros, de trente-six lois, votées séparément.

D'ailleurs, nous ne pensons pas que, depuis Justinien, l'esprit humain soit resté stationnaire

Pourquoi se contenterait-il d'une division empruntée, en grande partie, aux Instituts de cet empereur? division qui n'est qu'un tourbillon perpétuel? et que notre savant collègue, M. Blondeau, a fort ingénieusement comparée à celle que présenterait un traité d'horticulture, ainsi distribué :

Livre 1er. — Les jardiniers, dans leurs rapports avec les jardins et les instruments de jardinage;

Livre 2e. — Les jardins, dans leurs rapports avec les jardiniers et les instruments de jardinage;

Livre 3e. — Les instruments de jardinage, dans leurs rapports avec les jardins et les jardiniers?

CCXXVI. — Nous suivrons une classification plus méthodique.

Mais quoi! ne faut-il pas cependant nous soumettre aux exigences de l'arrêté du 22 septembre 1843?

Ne faut-il pas respecter la division des examens, bien qu'elle soit aussi peu proportionnée que celle qu'un certain meunier, dans un conte de Perrault, fait de son patrimoine, entre ses trois enfants?

Sans doute. — Notre devoir est de vous préparer à l'examen que vous devez subir, à la fin de chacune des trois années.

Nous le remplirons. — A force d'épisodes, de cours supplémentaires, et en ajoutant au surplus, à la fin de l'année, quelques leçons que nous appellerons *extrà-vagantes*, sur les matières absolument rebelles à un classement méthodique, nous vous ferons connaître tous les points du programme officiel de droit civil, sur lequel on a voulu que tous les élèves fussent interrogés uniformément, dans toutes les Facultés de France!

CCXXVII. — Quoi qu'il en soit, et sauf les gênes nombreuses que nous imposera l'arrêté précité, chacun de nos deux cours spéciaux, l'un sur le droit de famille, l'autre sur le droit privé, sera, en ce qui concerne le droit déterminateur, divisé, comme tout autre enseignement juridique, en cinq parties, savoir :

1re *Partie.* — Sujets des droits ;
2e *Partie.* — Objets des droits ;
3e *Partie.* — Causes d'acquisition des droits ;
4e *Partie.* — Modalités des droits ;
5e *Partie.* — Extinction des droits.

Puis nous ajouterons, sur chacun d'eux, une partie supplémentaire. — Elle comprendra les preuves, les nullités et l'indemnité civile, c'est-à-dire les matières du droit sanctionnateur assignées à notre cours.

CCXXVIII. — Puissé-je, mes chers élèves, par ces premières leçons générales, communiquer à votre cœur l'ardeur et l'émulation du mien ! Hâtez-vous vers l'étude sérieuse de la plus belle des sciences ! ne perdez pas de temps !

Ludimus, intereà celeri nos ludimur horâ !

N'imitez pas l'indolent, dont parle Démosthènes, « *qui ne peut prétendre à l'affection et au secours des* hommes, encore moins à la faveur et à la protection des dieux ! »

Ne prenez pas pour modèle le jurisconsulte ignorant dont parle Cicéron :

« *Quid ergo hoc fieri turpius aut dici potest, quam eum qui hanc personam susceperit ut amicorum controversias causasque tueatur, laborantibus succurrat, œgris medeatur, afflictos suscitet, hunc in minimis tenuissimisque rebus ita labi, ut aliis miserandus, aliis irridendus esse videatur* (1) ? »

Si je vous recommande de ne pas vous endormir dans des travaux incomplets, sans intérêt, sans dignité, c'est, avant tout, par une pensée tirée de votre propre intérêt !

Le plus grand bonheur de l'homme est dans la satisfaction d'une vie bien remplie. Celle qu'on dissipe d'abord dans les frivolités, finit par languir dans l'impuissance.

Je ne vous répéterai pas toutes les définitions qu'on a données, soit du magistrat, *lex loquens*, comme disaient les anciens ; soit de l'avocat, « *libre des entraves qui captivent les autres hommes, trop fier pour avoir des protecteurs, trop obscur pour avoir des protégés* (2) ! »

---

(1) *Cic. de orat.*, lib. I, cap. 37. Add. cap. 38, in fine, et cap. 40.
(2) Henrion de Pansey, *Éloge de Dumoulin.*

Mais je vous dirai simplement : Avocats, vos plaidoyers seront des fautes! magistrats, vos sentences seront des crimes! si ce n'est pas un savoir consciencieux qui les prépare.

Du reste, sans porter dès aujourd'hui si loin vos pensées dans l'avenir, apercevez tout d'abord les récompenses plus immédiates, proposées à vos travaux. Une institution nouvelle, à laquelle je m'applaudis d'avoir contribué de tous mes efforts, ouvre, dans la troisième année d'études, des concours pour les plus studieux d'entre vous, pour ceux qui, dans leurs examens, sur le total des boules par lesquelles sont exprimés les votes, ont obtenu majorité de boules blanches.

Ces concours consistent dans une composition écrite, faite en six heures, sur une question tirée au sort.

Chaque concurrent ne fait connaître son nom que par le rapprochement d'une devise, écrite en tête de sa copie, avec un billet cacheté, dont l'enveloppe contient la même devise.

D'autres concours sont ouverts entre les docteurs et aspirants au doctorat. — Ils imposent une épreuve plus longue et plus sérieuse, celle de la rédaction de mémoires étendus, sur une question proposée huit mois avant le dépôt de ces mémoires.

Les vainqueurs, dans ces divers concours, obtiennent d'abord des prix d'une valeur considérable, consistant en médailles et en ouvrages de droit.

Ces prix sont dus à la générosité de madame Beaumont, dont le nom doit être désormais connu de tout étudiant. C'est celui d'une mère inconsolable, qui a perdu l'objet de toutes ses affections, son fils unique, docteur en droit, enlevé à l'âge de vingt-trois ans. Elle a trouvé, dans une libéralité qui se rattache au souvenir de ce fils, un adoucissement à ses regrets : une donation faite par elle à l'école de droit de Paris garantit la perpétuité de l'institution des prix, par des moyens d'exécution dignes d'elle.

Ce n'est pas tout. — Ces prix assurent aux lauréats la dispense des frais d'inscription et d'examens, pour le grade de docteur.

Puis, aux termes d'une décision de M. Pelet de la Lozère, du 8 juillet 1840, ils procurent l'admission, de droit, dans l'administration de l'enregistrement et des domaines.

Enfin ils donnent une recommandation efficace pour entrer dans la magistrature, d'après une lettre de M. Vivien, garde des sceaux, en réponse à une de

M. Cousin, ministre de l'instruction publique, du 7 mai 1840.

Puisse ainsi la concession des emplois publics devenir, de plus en plus, l'apanage du mérite éprouvé! et ressembler au royaume des cieux, dont l'Écriture a dit : *violenti rapiunt illud!* ce sont les fervents qui l'emportent de force !

En second lieu, c'est dans l'intérêt du progrès de la science du droit, que je vous convie à des études fortes et philosophiques.

La science du droit ! Elle méritait ce nom dans l'ancienne Rome ! tant les jurisconsultes s'efforçaient de la résumer en principes nets et bien arrêtés. Chez nous, elle a grand besoin qu'on la fasse sortir de la direction trop vague, trop faible, trop flexible, où la laisse la pratique, oublieuse de la rattacher à des règles générales !

Il est encore un autre intérêt sacré, que vos travaux sérieux doivent avoir en vue, c'est celui de la prospérité de la France. Son avenir est tout entier dans le respect éclairé de tous pour la loi. Après nos agitations longues et retentissantes, que ce respect soit le résultat de nos épreuves, la leçon de toute notre histoire ! qu'il devienne une religion, qu'il commande l'obéissance à tous, même au génie!

Enfin, rappelez-vous le vœu de la civilisation tout entière! C'est que chacun remplisse ici-bas, le mieux qu'il peut, sa mission de concourir au bien-être de tous.

Or, pour vous préparer à travailler à cette œuvre, regardez autour de vous! voyez! que de questions soulevées! avant toutes autres, celles du juste et de l'injuste! Partout de nouveaux efforts d'analyse! efforts d'un siècle de transition, dans lequel l'homme s'avance vers de nouvelles vérités, d'un pas plus mesuré qu'autrefois, où chaque révolution de l'esprit humain plus jeune couvrait la terre de sang et de ruines!

Pour vous mêler à ces graves discussions, pour distinguer ce qu'il y a d'espérances ou d'illusions dans ces vagues pressentiments de règles nouvelles, commencez par bien connaître l'histoire du passé, et les institutions du temps présent!

A nous de vous aider dans ces deux études, sans négliger de vous dire un mot sur l'avenir! — A vous de rechercher toutes les ressources de la science, pour apporter à vos semblables, qui ont besoin de vous, des lumières et des services !

Dès à présent donnez à vos études l'intérêt noble et sacré d'une pensée de dévouement! et bien persuadés qu'il ne faut aspirer à mieux savoir, que pour trouver les moyens de mieux agir, prenez pour devise constante de votre vie, ces belles paroles de saint Bernard :

Lucere et ardere perfectum est!..... — Sunt quidam, qui sciunt ut sciant, et est curiositas; sunt quidam, qui sciunt ut sciantur, et est vanitas; sunt quidam, qui sciunt ut lucrentur, et est cupiditas! sunt quidam, qui sciunt ut œdificent, et est charitas! »

TROISIÈME PARTIE.

OBSERVATIONS

SUR L'ENSEIGNEMENT

DU DROIT CIVIL

EN FRANCE.

Et propter vitam vivendi perdere causas.

Ces Observations sont la reproduction d'un article de la *Revue de Droit français et étranger*, publiée à Paris, par MM. Fœlix, Duvergier et Valette, 1844, t. Ier, p. 1.

OBSERVATIONS

SUR L'ENSEIGNEMENT

DU DROIT CIVIL EN FRANCE

ET NOTAMMENT

SUR L'ARRÊTÉ DU CONSEIL ROYAL DE L'INSTRUCTION PUBLIQUE, DU 22 SEPTEMBRE 1843.

(JANVIER 1844.)

Un jeune docteur de notre faculté vient de nous rapporter de Berlin des souvenirs pleins d'intérêt et de charme, puisés dans quelques entretiens avec M. de Savigny.

Il nous a raconté comment cet illustre jurisconsulte, aujourd'hui ministre, sait encore, au milieu des préoccupations de l'homme d'État, trouver des heures de loisir à donner à la science, prolonger les causeries avec tous ceux qui lui parlent d'elle, et, attentif à tous ses progrès, se souvenir du nom des plus obscurs de ses serviteurs, comme on se souvient d'un frère exilé sous un ciel étranger.

Plus d'une fois, le savant auteur de l'*Histoire du droit romain au moyen âge* a demandé à ceux qui venaient de France, si les travaux synthétiques tendent aujourd'hui chez nous à résumer les utiles et patientes analyses que la codification de nos lois civiles a fait naître?

Sur ce point que pouvons-nous lui répondre, si ce n'est que les efforts faits, dans cette direction, par l'enseignement des facultés, se brisent contre les obstacles opposés par l'organisation de nos écoles?

C'est ce que l'auteur de cette dissertation va essayer de démontrer.

I. Si l'on disait au chef de l'Instruction publique en France : « Dans cette Université, par vous honorée, dirigée et défendue, trente professeurs de facultés sont hors de la loi commune. — Seuls entre tous, ils sont tenus d'accepter une méthode tracée par la pensée d'autrui, et de remonter, dans un ordre qui fatigue et contrarie leur intelligence, le cours des idées qu'ils ont à répandre! »

Ministre d'autant plus bienveillant qu'il a mieux connu par lui-même la souveraineté de la mission du professeur, il plaindrait tout d'abord des hommes condamnés à une tâche aussi ingrate.

Si l'on ajoutait : « Jusqu'au 22 septembre 1843, ces professeurs ne voyaient du moins leur enseignement entravé que par les ménagements dus à des convenances de fait. Aussi, à force d'intentions conciliantes, et en doublant au besoin le nombre de leurs leçons, ils faisaient une part à ces convenances, et gardaient toutefois un peu de cette liberté, sans laquelle il n'est point d'inspiration..... Mais, le 22 septembre 1843, un arrêté du conseil royal de l'instruction publique a consacré désormais, comme règle de droit, l'esclavage de leur méthode. »

Le chef de l'Université accuserait ce langage d'être une déclamation sans portée, et demanderait avec incrédulité où sont ces membres du corps enseignant, sacrifiés par une décision signée de lui?

II. On les trouve dans les facultés de droit.

Ce ne sont pas les professeurs de droit constitutionnel, public, administratif, de législation pénale comparée, de droit des gens, d'histoire du droit, ou d'introduction à l'étude de cette science.

Non : dans les cours où les questions d'organisation sociale sont discutées, l'autorité laisse sagement liberté complète à des fonctionnaires qui connaissent leur devoir. Nul programme ne leur est imposé, non plus qu'aux professeurs de Pandectes, d'Instituts, de droit commercial, de procédure civile et criminelle.

Tous, maîtres absolus du choix de leurs moyens, prenant à leur gré la forme du commentaire ou celle du traité, ont la permission de se réformer eux-mêmes, chaque fois que le progrès de leurs travaux leur révèle un classement d'idées meilleur.

Plusieurs, fractionnant leur enseignement pour explorer successivement divers points de vue qu'il présente, déposent, chaque année, sur nos tables d'examen, des programmes qui varient sans cesse (1), et que nul de nous ne refuse de suivre dans l'interrogation des candidats.

A tous nos collègues, en un mot, tout est permis!

III. A qui donc tout est-il défendu? à nous seulement, professeurs de droit civil français!

Cette partie du droit, placée dans une région plus large mais moins élevée que les autres, rarement soumise aux brusques changements des révolutions, suit pas à pas le progrès lent des mœurs, à travers les générations. Prudence, bonne foi, respect à la propriété, union dans la famille, paix entre tous, tels sont les intérêts qu'elle protége. Ceux qui l'enseignent ont à éclairer les masses sur la direction honnête à donner aux actions de tous les jours.

Or en présence de l'égoïsme des passions, de

---

(1) L'arrêté du 22 septembre rappelle notamment l'existence de ce droit, en ce qui concerne l'enseignement du code d'instruction criminelle.

l'étourderie des préjugés, de la routine des pratiques inintelligentes, ils ont, plus que tous autres, besoin de chercher sans cesse, dans l'ordre et la fermeté des déductions, dans l'analyse intime des faits de conscience, les moyens d'instruire et de persuader.

Eh bien! c'est à ces professeurs, dont le cours est fécond pour produire le bien, et inoffensif pour produire le mal, c'est à eux seuls que l'état de choses antérieur à l'arrêté du 22 septembre 1843 laissait à demi seulement la liberté de penser, et que cet arrêté retire entièrement cette liberté!

IV. Quel peut donc être le prétexte de cette position exceptionnelle où on les place?

On le trouve dans la durée exceptionnelle de leur enseignement.

Cette durée (insuffisante encore eu égard à l'étendue des matières) est de trois ans, tandis que celle de tous les autres cours de droit est d'une seule année.

Au premier abord la raison s'étonne d'un syllogisme qui, prenant pour prémisse la longueur du sujet à enseigner, tire pour conséquence l'asservissement de celui qui l'enseigne!

Quoi! c'est parce que nous avons à surcharger la mémoire de nos auditeurs, qu'il nous sera interdit de l'aider! au but le plus pénible, les ressources les moins étendues! la tâche la plus lourde sera précisément celle que la méthode ne pourra alléger!

Comment arrive-t-on à cette étrange conclusion?

Par la réunion inexacte de deux conséquences, dont l'une, juste ou pour mieux dire nécessaire, a été admise depuis l'organisation des écoles; dont l'autre, exagérée, n'a été consacrée formellement que par l'arrêté du 22 septembre 1843.

V. 1° *Conséquence juste, ou pour mieux dire nécessaire, admise depuis l'organisation des écoles.* — Elle consiste à induire, de la durée triennale du cours de Code civil, la nécessité de fractionner l'examen sur le droit civil en trois parties, dont chacune correspond à l'enseignement d'une des trois années.

La théorie pure préférerait sans doute une seule épreuve, sur l'ensemble du cours, à la fin des trois ans. Mais dans un pays où tant de jeunes gens veulent avoir le diplôme de licencié, sans apporter à leurs études l'enthousiasme d'une vocation véritable, l'expérience oblige à suivre un autre système, et à tenir les élèves en haleine, par la perspective d'examens échelonnés à distance.

L'arrêté du 22 septembre n'a fait, à cet égard, que reproduire une vérité non contestée, quand il a dit : « *Qu'en supprimant les examens annuels sur le Code civil, pour se borner à un seul examen qui aurait lieu à l'expiration de la période triennale, on per-*

drait la principale garantie de l'assiduité laborieuse des élèves. »

VI. 2° *Conséquence exagérée, consacrée par l'arrêté du 22 septembre.* — Elle consiste à induire, de la nécessité du fractionnement de l'examen, celle de l'uniformité de ce fractionnement pour tous les élèves qui subissent cet examen ; et, par suite, la nécessité de l'uniformité de méthode dans tous les cours de Code civil, *sous le niveau d'un programme unique, dicté par l'autorité.*

Unité de programme, imposée à trente professeurs ! tel est le principe désastreux que nous ne cesserons de combattre de toutes les forces de notre conviction, et que nous allons attaquer dans ce travail, divisé en trois sections, ainsi qu'il suit :

Section première. — *Exposé des faits antérieurs à l'arrêté du 22 septembre 1843.*

Section deuxième. — *Changements apportés par les dispositions de cet arrêté.*

Section troisième. — *Examen de ces dispositions.*

SECTION PREMIÈRE.

Exposé des faits antérieurs à l'arrêté du 22 septembre 1843.

VII. L'unité de programme pour tous les cours du Code civil avait-elle été décrétée par la loi organique des écoles, du 22 ventôse an XII?

Une dissidence d'opinions a existé à cet égard.

Beaucoup de professeurs avaient cru voir l'affirmative dans l'art. 2 de cette loi, qui, parmi les objets de l'enseignement des facultés de droit, mentionne *le droit civil français dans l'ordre établi par le Code civil.* Ces expressions, bien qu'elles ne fussent jetées qu'incidemment dans un article d'énumération, leur paraissaient constitutives d'une méthode didactique imposée à tous.

Leur respect pour ce texte avait cependant son inconséquence. — S'ils se croyaient obligés à suivre la série des articles du Code civil dans le fractionnement principal de ce code en trois tiers correspondant aux trois années d'études, d'un autre côté, ils ne se faisaient nul scrupule, dans l'explication de chaque tiers, de déplacer les titres, les chapitres, les paragraphes : contradiction qu'il faut leur laisser le soin de concilier avec l'interprétation qu'ils donnaient de la loi.

D'autres, repoussant cette interprétation judaïque, laissaient à chaque professeur la liberté d'enseigner le droit civil dans l'ordre qu'il croirait devoir préférer, et de fractionner à son gré les trois parties du programme d'examen de ses élèves.

Il n'est pas, disaient-ils, du domaine de la loi de régler les détails variables de l'ordre de l'enseignement : cette prétention est si peu celle de l'art. 2 de la loi de ventôse, que l'art. 38 la revendique, tout entière, au profit du pouvoir exécutif. Force est donc, de ne voir dans l'art. 2 qu'une énonciation inoffensive, tout au plus une flatterie pour le chef du gouvernement.

Veut-on pourtant lui donner un sens utile à quelques égards ? On le peut.

Le mot *droit civil*, si funeste par la vague multiplicité de ses acceptions, est, dans la loi de ventôse, synonyme des mots *droit de famille* et *droit privé*. Or, d'une part, le Code civil ne contient pas tout notre droit de famille et tout notre droit privé ; et d'autre part, il contient des fragments de droit constitutionnel, public, pénal, de droit des gens, de droit commercial, et de procédure.

Qu'importe au législateur ? Chercher un classement irréprochable est le moindre de ses soucis !

Aussi, l'auteur de la loi de ventôse, distinguant très-bien le *droit civil* et le *Code civil*, a voulu imposer au professeur la mission d'enseigner tout le Code, et de n'enseigner que lui : rien que ce Code, sans s'occuper des autres monuments de notre droit privé; tout ce Code, même dans quelques dispositions étrangères au droit de famille et au droit privé, qui s'y trouvent mal à propos transportées. — En un mot, l'article 2 ne signifie rien autre chose, sinon que le professeur enseignera *les matières classées dans le Code civil.*

Aussi, le décret du 4 complémentaire an XII, qui suivit de près la loi de ventôse, et qui en est la meilleure interprétation, se borne à rappeler aux professeurs du Code civil, qu'ils doivent faire *un cours complet en trois ans.* Mais loin de réglementer l'ordre de ce cours et des examens correspondants, il consacre, au contraire, le système de la diversité des programmes, en enjoignant d'interroger les étudiants *sur les matières qui leur auront été enseignées* (V. art. 10 et 38).

De plus la circulaire des inspecteurs généraux (réunis en conseil sous la présidence du directeur général de l'Instruction publique), rédigée le 16 février 1807, et approuvée, le 19 mars suivant, par le grand juge, ministre de la justice, tout en donnant aux professeurs le conseil d'analyser le Code entier dans la première année, et de développer cette analyse dans les deux autres, reconnaît « *que chacun d'eux est libre de remplir les obligations que la loi lui impose, relativement à l'enseignement, de la manière qu'il croit la plus convenable, et de suivre, dans les cours, la méthode qui lui paraît la plus utile* (1). »

Nulle disposition contraire à cet état de liberté n'a été depuis introduite par les ordonnances du 4 octobre 1820 et du 1er octobre 1822.

VIII. Diversité de programme, tel était donc le droit.

Quels ont été les faits? ont-ils signalé l'abus du droit? nullement. — Ils ont été tels qu'on pouvait les attendre de fonctionnaires qui doivent l'exemple de la régularité.

Beaucoup d'entre eux ont suivi la classification du Code civil, soit par conviction, soit par soumission aux obstacles de fait.

Ceux au contraire qui n'ont pas eu cette résignation n'ont pas cherché des programmes excentriques et bizarres. Ils ont fait à l'unité des examens et aux convenances des facultés toutes les concessions

---

(1) Voir au surplus les art. 40, 43 et 50 de cette circulaire.

compatibles avec la réserve d'un reste d'indépendance.

La plupart, se bornant à suivre le conseil de la circulaire des inspecteurs généraux, consacrèrent la première année de leur enseignement à l'exposition synthétique du Code, et les deux autres aux développements exégétiques.

Je ne crois pas qu'il y ait eu une seule faculté où le système de la liberté des méthodes n'ait compté plusieurs défenseurs. Les doyens des écoles et les recteurs d'Académie brillaient au premier rang parmi eux. A Paris, le doyen, M. Delvincourt; à Coblentz, le doyen, M. Delasseaux (1); à Grenoble, le doyen, M. Gautier, et M. Pal, le recteur de l'Académie; à Caen, le recteur, M. Marc; à Dijon, le doyen, M. Morelot, ont donné l'exemple d'une indépendance que, dans chacune de ces écoles, ne manquèrent pas d'imiter plusieurs de leurs collègues, notamment M. Boulage, à Paris, et les professeurs de la faculté de Caen. Ceux de l'école de Toulouse distribuent à leur gré leur enseignement. Je ne cite que les faits qui sont à ma connaissance : il en est sans doute que j'ignore (2).

---

(1) Il nous l'apprend lui-même : V. *Introduction à l'étude du Code Napoléon*, par Delasseaux, édition française de 1812, p. 324.

(2) Je n'ai pas besoin de dire que le droit civil est enseigné en Allemagne dans un ordre qui n'est pas celui du Code, comme on peut le voir par l'ouvrage de M. Zachariæ, professeur à Heidelberg, annoté par MM. Aubry et Rau, professeurs à la faculté de droit de Strasbourg.

Enfin, dans ces dernières années, quelques doutes s'étant élevés encore, dans la faculté de Paris, sur l'interprétation de la loi de ventôse, la diversité de programme fut invoquée, par M. Valette et par moi, comme un principe existant. La majorité des professeurs reconnut en effet, dans une délibération du 26 novembre 1840 :

« *Que chacun des professeurs de Code civil est autorisé à déposer un programme des matières par lui enseignées, lequel programme devra faire la matière des examens.* »

IX. Ces doyens, ces recteurs, et les professeurs de Paris se trompaient-ils? Non. L'arrêté du 22 septembre 1843 est lui-même la dernière preuve et la plus éclatante de l'exactitude de leur opinion, et devient, par son existence seule, leur justification rétrospective.

En effet, un arrêté du Conseil royal ne peut déroger à une loi. Donc si la loi de ventôse avait imposé, comme le soutenaient nos adversaires, la nécessité de suivre l'ordre du Code civil, l'arrêté du 22 septembre 1843, qui modifie en quelques points cet ordre, ne pouvait constitutionnellement prendre naissance.

En le signant, en imposant, pour l'avenir, un programme contraire à celui qu'on a voulu voir dans la loi, le Ministre de l'Instruction publique a reconnu que la loi n'en imposait pas. — C'est par lui que cette nouvelle interprétation officielle nous est encore acquise. C'est avec lui que nous pouvons dire que l'arrêté du 22 septembre est le premier acte de l'autorité qui substitue formellement l'unité de programme à la diversité, admise ou du moins non interdite antérieurement.

SECTION DEUXIÈME.

Changements apportés par les dispositions de l'arrêté du 22 septembre 1843.

X. — Cet arrêté décide ce qui suit :

« *Dans le premier examen de baccalauréat, les élèves en droit ne devront répondre, pour le Code civil, que sur le premier et le dernier article du titre préliminaire, et sur les deux premiers livres, en retranchant du titre quatrième les deux premières sections du chapitre troisième.* »

« *Dans le deuxième examen de baccalauréat, les élèves seront interrogés par deux examinateurs sur les quatre premiers titres et sur le titre vingtième du troisième livre du Code civil.* »

« *Toutes les parties du Code civil qui n'auront pas été*

matière des précédents examens seront comprises dans le deuxième examen de licence. »

On le voit : l'arrêté détermine un programme uniforme d'examen et d'enseignement.

D'*examen*, c'est l'objet explicite de son dispositif;

D'*enseignement*, c'est ce qui est supposé par les considérants, où il est dit qu'on doit *concilier la liberté des méthodes, dans l'enseignement, avec l'organisation générale des écoles.*

C'est d'ailleurs ce qui résulte inévitablement de la liaison nécessaire du cours et de l'examen. — Quel moyen de séparer deux choses indivisibles? Le professeur pourrait-il, sans tendre un piége à ses élèves, ne pas avoir en vue l'examen, dans la distribution de ses leçons? et ainsi réglementer l'examen, n'est-ce pas réglementer le cours, et par conséquent réglementer la méthode?

XI. — Les auteurs de l'arrêté, nous nous plaisons à le reconnaître, ne paraissent pas croire à cette réaction complète de l'ordre de l'examen sur celui de l'enseignement.—On trouve, dans le considérant cité plus haut, un regret et une espérance; un regret, celui de blesser un droit de l'intelligence ; une espérance, celle de laisser malgré tout, à ce droit sacré, au moins une moitié de satisfaction.

« *Concilions* », disent-ils, la liberté didactique et

l'unité administrative! Ils rassurent ainsi, par le mot bienveillant, leur pensée éclairée qui s'inquiète de la chose!

Mais la logique inflexible ne peut rien laisser de cette illusion à ces hommes éminents qui, par d'éclatants services rendus à l'Instruction publique, ont mérité de la diriger.

Elle leur dira que l'arrêté se traduit fidèlement dans cette recette philosophique : *Trois tiers d'une synthèse inexacte font chacun une exacte synthèse;* ou dans cet axiome contradictoire : *Il y a trois touts dans un tout!*

La nécessité gouvernementale exige-t-elle de tels articles de foi? Qu'elle condamne alors la raison, par un arrêt hardiment motivé! Que les chefs de l'Université, après s'être illustrés, comme professeurs, par la réforme des classifications de leurs devanciers, reconnaissent aujourd'hui, comme administrateurs, que tout progrès doit tomber devant le besoin d'une impitoyable uniformité!

Mais qu'ils cessent de présenter comme une transaction ce qui n'est que la négation du droit, et d'appeler *conciliation* l'anéantissement des méthodes!

La conciliation! elle existait avant l'arrêté, dans les bornes du possible. C'est l'arrêté qui l'a détruite. C'est lui qui, punissant la bonne volonté, en décourageant ses efforts même les plus mesurés, est devenu semblable au dernier grain qui complète le monceau, à la dernière goutte qui, suivant l'expression anglaise, fait *déborder les eaux d'amertume!*

XII. — Pour nous résumer, comparons deux époques.

Dans un temps d'enthousiasme aveugle pour le nouveau Code civil, quand Napoléon, à l'apparition du premier commentaire sur son œuvre, s'écriait qu'elle était perdue, et, dans ses préventions contre ce qu'il appelait les idéologues, détruisait l'Académie des sciences morales, on avait cependant, et dans les lois et dans les faits, admis une certaine liberté de l'enseignement.

Et c'est de nos jours, quand l'analyse philosophique a démontré jusqu'à l'évidence les défauts innombrables du Code civil considéré comme œuvre de théorie, qu'un arrêté vient imposer, comme programme, une division presque entièrement puisée dans ce Code !

Nous avons achevé l'exposé des faits; passons à la discussion du droit.

SECTION TROISIÈME.

Examen des dispositions de l'arrêté du 22 septembre 1843.

Nous diviserons ce dernier objet de notre travail en deux paragraphes, savoir :

§ Ier. — Considérations contre le système de l'unité de programme.

§ II. — Considérations contre le programme adopté par l'arrêté.

§ Ier. — Considérations contre le système de l'unité de programme.

Ces considérations auront pour but de démontrer :

I°. — Que la détermination, par l'autorité, d'un programme unique, prenant pour base l'ordre du Code civil, est scientifiquement impossible ;

II°. — Que cette détermination est nuisible ;

III°. — Que les minces avantages qu'elle produit sont bien loin de contre-balancer les inconvénients qu'elle entraîne.

1°. *La détermination, par l'autorité, d'un programme unique, prenant pour base l'ordre du Code civil, est scientifiquement impossible.*

XIII. — Nous appuierons cette vérité sur trois propositions :

Première proposition. — *Il y a contradiction entre le but de l'enseignement du droit et l'existence d'un programme unique.* — J'en appelle à tous ceux qui s'occupent des sciences morales : quel est le dernier mot de ces sciences? N'est-ce pas l'exacte classification des idées ? Celui qui saura le mieux ordonner l'enchaînement des notions dont l'ensemble forme le droit, ne sera-t-il pas le premier des jurisconsultes ?

Comment donc est-il possible de dire à tous les professeurs de Code civil : Voici un programme, suivez-le? — C'est leur dire de marcher en s'arrêtant.

Admettons, si l'on veut, que l'inspiration la plus heureuse ait résumé, dans l'arrêté du 22 septembre, les meilleures divisions de la science que l'esprit humain ait pu atteindre ce jour-là ! Qu'importe? Le devoir du professeur ne consistera-t-il pas, dès le lendemain, à chercher une classification préférable encore?

Progrès de doctrine et progrès de méthode, c'est tout un. En vérité, en ordonnant d'enseigner dans un ordre tracé à l'avance, l'arrêté défend d'enseigner! — Il implique contradiction.

XIV. — Deuxième proposition. — *L'arrêté double les obstacles que la codification avait apportés aux développements de l'enseignement.* — Sans nous associer complétement à la guerre que M. de Savigny et tant de savants illustres ont, pendant longues années, déclarée au système de la codification, et tout en reconnaissant, dans celle que nous devons au consulat et à l'empire, un bienfait précieux pour l'application pratique du droit, nous ne pouvons nier toutefois qu'elle n'ait été, sinon la cause unique, du moins l'occasion momentanée d'un ralentissement dans les efforts de la synthèse juridique.

« Nous avons imité, dit M. Ortolan (1), le mathématicien qui, après de longs travaux à la poursuite de grands problèmes, ayant trouvé quelques formules de solution, jetterait au vent et à l'oubli la théorie qui l'aurait conduit à ce résultat, et ne s'oc-

---

(1) *Cours de législation pénale comparée* : *Introduction philosophique*, page 12.

cuperait plus qu'à opérer matériellement sur ces formules. »

Il appartient à l'enseignement des Facultés de combattre cette tendance, et d'empêcher, par l'action incessante d'une infatigable méthode, l'esprit des générations françaises de s'immobiliser dans le moule informe créé en 1804.

L'arrêté de cette année vient tuer cette influence, et doubler le mal en ajoutant à la codification, utile à beaucoup d'égards, des lois, la codification, nuisible à tous égards, de l'enseignement.

XV. — Troisième proposition. — *Si un programme unique est indispensable, il ne faut pas le chercher dans l'ordre d'un code.* — Quand on a voulu codifier notre ancien droit, on commença du moins par soumettre les projets de recueils législatifs aux observations des tribunaux de France.

Pour codifier, cette année, l'enseignement, les Facultés ne devaient-elles pas espérer d'être consultées? Est-ce offenser le Conseil royal que de penser qu'elles lui auraient fourni des documents utiles?

Avec la collaboration de tous les hommes de science, je conçois qu'on puisse tenter l'œuvre d'un programme, bien que ma conviction soit qu'on ne peut l'accomplir.

On a regardé comme superflue cette communication officieuse, dont un pays voisin, la Belgique, donne en ce moment même un si encourageant exemple. C'est qu'on a pensé trouver le meilleur programme dans l'ordre du Code, légèrement modifié.

C'était oublier qu'un code est fait pour la pratique, et non pour la théorie. *Leges non decet esse disputantes, sed jubentes*, a dit Bacon. Ne s'occupant que des choses d'urgence, et, pour une foule de faits moraux, abandonnant l'homme à lui-même, la loi naît sous l'inspiration de chaque nécessité qui se fait apercevoir. Tantôt elle ne mentionnera même pas les idées les plus fondamentales; tantôt, au contraire, si le besoin social l'exige, elle développera outre mesure les plus minces détails.

C'est ainsi que toute législation ne peut être qu'un assemblage accidentel et incohérent des parties les plus disproportionnées (1).

---

(1) « Il s'en faut de beaucoup que le législateur soit astreint au même ordre que le professeur. — Il suffit, pour le premier, que les dispositions soient claires, précises et concordantes; l'espèce d'isolement dans lequel les articles sont les uns des autres fait que, dans une loi, la méthode n'est pas une des qualités essentielles; et d'ailleurs le ton impératif, qui doit y régner, interdit au rédacteur tout développement tendant à faire connaître la liaison des différents articles. — Dans l'enseignement, au contraire, l'enchaînement des dispositions est la chose la plus importante à saisir et à faire saisir à l'étudiant. Rien de plus difficile que de placer dans sa mémoire des articles détachés et dont on n'aperçoit pas, au premier coup d'œil, la corrélation. Mais quand ces articles sont disposés de manière que, d'un pre-

XVI. — Le Code civil, chacun le sait, n'a pas échappé à ce vice originel nécessaire.

Et d'abord ses rédacteurs eux-mêmes s'étonneraient qu'on leur prêtât la pensée d'avoir cherché un ordre théorique.

Des lois différentes, au nombre de trente-six, formulées, sans unité de plan, par des commissions séparées, ont été ensuite non pas fondues ensemble, mais reliées en un seul volume, par une loi du 30 ventôse an XII : dans quel but? Pour présenter aux citations des praticiens une série commode de 2,281 articles, rangés sous quelques intitulés généraux.

Quoi! sous cette opération matérielle se serait réalisé le problème d'un agencement philosophique de déductions? l'arithmétique aurait enfanté le chef-d'œuvre de la science morale?

Parlons sérieusement. Admettons, bien qu'il n'en soit rien, qu'une certaine prétention scientifique ait présidé au classement des trente-six titres du Code civil! Recherchons alors ce classement dans son origine, et par cela même il sera jugé.

Il reproduit en grande partie celui des Instituts

---

mier principe, découlent naturellement tous les autres, alors la mémoire se trouve infiniment soulagée. » Delvincourt, *Cours de Code civil*, préface de l'édition de 1808. — Voir, dans le même sens, *l'introduction à l'étude du Code Napoléon*, par Delasseaux, édition française de 1812, page 321.

de Justinien, copié lui-même dans l'ouvrage élémentaire de Gaïus.

Or peut-on croire sérieusement que, depuis seize cents ans, l'esprit de méthode n'ait point marché?

N'y a-t-il donc encore aujourd'hui rien de mieux qu'une division qui, adoptant deux membres de celle de Gaïus, substitue, pour former le troisième, les *moyens d'acquérir* aux *actions?*

Faut-il tourner perpétuellement dans ces trois termes, qui rentrent en tous points l'un dans l'autre?

En vain Domat avait détruit ce contre-sens. Au milieu des embarras de la rédaction rapide d'un nouveau Code, nos conseillers d'État ont repris au hasard cette distribution surannée, pour se dispenser d'en chercher une autre. Mais pour adopter ce cercle vicieux comme programme immuable d'études, il faudrait se ranger parmi ceux qui nient que le progrès soit une des conditions de l'esprit humain!

XVII. — Ce n'est pas tout. Non-seulement les rédacteurs du Code n'ont pas cherché une division meilleure que celle des Instituts, mais ils ont rétrogradé, en donnant à celle du Code des vices que n'avait pas au même degré l'autre. — Ils ont, contre toute raison, rattaché aux distinctions des personnes le développement des incapacités produites par ces distinctions.

Que dirait-on d'un maître qui commencerait l'enseignement de la langue française par les gallicismes? de la musique, par les combinaisons de certaines dissonances permises? de la chimie, par la description des corps les plus complexes?

Le premier livre du Code civil présente trop souvent ce renversement d'idées. Il jette à l'esprit du lecteur tout d'abord les exceptions compliquées, quand il ignore les règles simples (1).

Aussi les rubriques des trois livres ne sont qu'un perpétuel mensonge! Car, *personnes*, *choses*, *moyens d'acquérir*, sont pêle-mêle dans chacun des 2,284 articles!

Comment en serait-il autrement? L'imperfection de l'œuvre est dans tout le tissu de la trame, et non dans quelques taches de la superficie.

Scindez cet assemblage de mille manières, par titres, chapitres, sections ou paragraphes, il n'y aura point partage, il n'y aura que mutilation. Ce

---

(1) Nous ajoutons une comparaison de plus que nous fournit notre confrère et ami, M. Tillard, avocat, lauréat de notre école, dans un compte rendu de l'ouvrage de notre savant collègue de la Faculté de Caen, M. Demolombe.

« Que penserait-on d'un professeur commençant son enseignement par la division? A chaque pas ne serait-il pas arrêté par des excursions forcées et incomplètes sur la numération, sur l'addition, sur la soustraction, sur la multiplication? — Eh bien, comment trouver rationnel là ce que l'on n'hésiterait point ici à taxer d'absurde? » (Extrait de l'*Indicateur de Bayeux*, numéro du 17 septembre 1845.)

sera (je demande grâce pour cette comparaison) le système de Procuste appliqué à des membres qui renaîtraient sans cesse. En conséquence (qu'on ne se hâte pas de crier au paradoxe), si le professeur veut être lui-même, il n'aura d'autre ressource que de s'épuiser à faire trois cours entiers de Code civil en trois ans. Tous les intérêts seront ainsi satisfaits; celui de sa conscience, car il aura suivi sa foi scientifique : celui de l'examen, car la partie annuelle imposée à l'élève se trouvera disséminée dans l'ensemble méthodiquement coordonné!

XVIII. — Monsieur le ministre, messieurs les membres du conseil, s'il faut faire un programme, qu'il soit par ordre de pensées! et non par ordre d'articles!

Mais plutôt cessez de poursuivre cette chimère! car l'absence d'un programme est un plus grand bien mille fois que n'en serait la perfection.

Ayez un peu de confiance dans les professeurs de Code civil! laissez-leur des ciseaux dont ils connaissent l'usage! leur prudence en a si modérément usé, que leurs programmes les plus hardis tenaient dans douze lignes, sur un carton de quelques centimètres carrés! Placés sur les tables d'examen, ces programmes ne demandaient pas une minute de lecture aux examinateurs. Il n'y avait nulle difficulté à les suivre.

Aussi les renseignements que j'ai recueillis sur les différentes écoles du royaume sont unanimes, pour m'apprendre que l'obligation de respecter la méthode de tel ou tel professeur de Code civil n'a jamais été, pour nos collègues, qu'une tâche facile et douce à remplir.

II°. — *La détermination d'un programme unique, prenant pour base l'ordre du Code civil, est nuisible.*

XIX. — Oublions un instant l'impossibilité du succès : croyons à l'illusion de l'existence d'un programme satisfaisant.

Ce chef-d'œuvre renfermera en lui, malgré tout, trois conséquences fatales : 1° l'état stationnaire de la science ; 2° le défaut d'émulation dans les professeurs ; 3° l'encouragement à l'inassiduité des élèves.

XX. — 1° *État stationnaire de la science.* — L'investigation des vérités de sens intime, sur lesquelles le droit s'appuie, s'endormira dans l'asservissement et l'uniformité.

Que résultera-t-il de cette uniformité ? Faut-il le dire ? une tendance instinctivement matérialiste. La chose est grave, et l'autorité doit sérieusement y songer. En dictant un programme d'après l'ordre des articles d'un code, elle ferait, sans y penser, prendre parti à l'enseignement entre les deux systèmes qui se sont partagé l'esprit humain. Elle habituerait les étudiants à considérer la distinction du juste et de l'injuste comme le produit de la fantaisie arbitraire du législateur : et, dans un temps où tous les esprits élevés sentent le besoin de protester contre des doctrines dissolvantes, elle nous condamnerait seuls, nous prêtres de la morale, à être les échos lointains du scepticisme du siècle précédent.

XXI. — 2° *Défaut d'émulation des professeurs.* — Réduit à faire distinguer son enseignement par l'élégance et la clarté de l'exécution plus que par la puissance et la sagacité de la conception, le professeur descendra véritablement au rôle de simple répétiteur.

« Comment réussirait-il à transmettre la science autrement qu'il ne la conçoit lui-même? Nul n'enseigne bien que ce dont il est convaincu; et, en matière de science, imposer des méthodes n'est autre chose qu'imposer des opinions..... En Allemagne, chaque professeur fait son programme, ou emprunte à un autre celui qui lui convient le mieux : et souvent ces programmes sont de bons livres. Les étudiants et le reste du public comparent, choisissent, et de là naît une utile émulation. L'inconvénient le plus grave est que le professeur laisse percer dans ses leçons le dégoût que lui inspire la marche qu'il est contraint de suivre, et manifeste lui-même des doutes sur la bonté de son enseignement. « (Mémoire rédigé par M. Valette, en 1840.)

XXII. — 3° *Encouragement à l'inassiduité des élèves.* — C'est sous ce rapport que les funestes effets de la codification des lois et de l'enseignement se font surtout sentir.

Dès que l'ordre d'un cours est immuable et connu à l'avance, à l'instant s'impriment les catéchismes pour l'examen, dédiés par la spéculation à la paresse des élèves.

Ceux-ci, ne comptant plus les trois années que comme un délai pour avoir un diplôme, désertent le cours, pour lire ces ouvrages superficiels.

Les plus insouciants ne recourent pas même à ces abrégés. — Ils croient se préparer suffisamment à l'examen en apprenant par cœur les articles, sous les chiffres desquels le cours se formule à leurs yeux tout entier.

Le professeur a-t-il, au contraire, le choix de son programme? La variété des méthodes tue la spéculation des auteurs de manuels. Elle devient ainsi la sanction des bonnes habitudes de l'élève, obligé de venir chercher au cours un enchaînement progressif d'idées, que rien au dehors ne pourrait reproduire fidèlement pour lui !

III°. — *Les minces avantages que produit l'unité de programme sont loin de contre-balancer les inconvénients qu'elle entraîne.*

XXIII. — Nous arrivons ici au cœur de la délibération du Conseil Royal. Nous avons à discuter la valeur des motifs qui ont fait illusion à sa sagesse. Il les a formulés dans l'arrêté en ces termes :

« *Considérant que les élèves ont la faculté, en se conformant aux règlements, soit de passer d'une école de droit dans une autre, soit, si les chaires sont doubles, de changer de professeur au commencement d'une nouvelle année scolaire, faculté qu'il ne serait ni juste ni utile de leur enlever ;*

» *Considérant que la liberté des méthodes, dans l'enseignement, doit se concilier avec l'organisation générale des écoles et l'intérêt des élèves.* »

Ainsi, deux droits attribués aux étudiants, l'un, celui de changer de faculté, l'autre, celui de changer de professeur dans la même faculté : telles sont les deux raisons qui ont dicté l'arrêté.

Or la seconde est, si je ne me trompe, purement imaginaire. La première seule a quelque poids.

Commençons par faire tomber l'une ; puis, nous discuterons sérieusement l'autre.

XXIV. — L'élève a le droit, suivant l'arrêté, « *de changer de professeur, au commencement d'une nouvelle année scolaire.* » — Je ne sais si ce droit se fonde sur un ancien règlement, tombé en oubli; mais en fait il est contredit par l'usage constant.

1° Je n'ai jamais entendu contester à un professeur le droit de refuser par un simple véto, à un élève, la faculté de passer au cours double correspondant;

2° Le professeur juge-t-il à propos d'accorder cette faveur? son collègue peut refuser d'admettre l'élève;

3° Les deux professeurs sont-ils d'accord sur l'échange? ils ne peuvent le faire, s'il doit en résulter la violation du règlement qui défend d'inscrire à un cours double plus de 500 élèves.

Toutefois, j'en conviens, et dans les limites de ce dernier chiffre, le véto du professeur se réduit à l'état d'abstraction. Sa dignité s'empresse d'accorder l'*exeat*, que son devoir, plus strictement entendu, devrait peut-être, dans l'intérêt même des élèves, n'accorder qu'en connaissance de cause.

Mais quoi! pour être aisément obtenue, cette faveur devient-elle un droit? — Lui donner ce nom, c'est oublier des conséquences, qu'il suffit de presser pour condamner le principe.

Première conséquence. — Si c'est un droit, il existe

pour tous. — Ainsi, qu'on suppose tous les élèves d'un cours double donnant des raisons plausibles pour passer au cours correspondant? que leur répondra-t-on? sinon qu'on va envoyer architectes et maçons, pour élargir les amphithéâtres?

XXV. — *Deuxième conséquence.* — Si le droit de changer de cours existe, comme le dit l'arrêté, *au commencement d'une nouvelle année scolaire*, pourquoi n'existerait-il pas à chaque trimestre d'inscription?

Pourquoi du moins refuserait-on à l'élève du cours d'Instituts ou de procédure, qui se fait en un an, la permission de suivre, pendant un semestre, l'un des professeurs, et le collègue de celui-ci pendant le second semestre?

Ainsi, esclaves de ces caprices, tous les professeurs de cours doubles devraient calquer leurs leçons sur le même modèle, pour faire retrouver à quelques étudiants, dans leurs pérégrinations, la même succession d'idées? Merveilleuse combinaison! qui les rendrait parfaitement semblables à cet orchestre russe qu'on a entendu à Paris, il y a quelques années, et dont chaque musicien ne jouait qu'une note, toujours la même!

XXVI. — L'arrêté a reculé devant ces exagérations.

Mais chose étrange! il n'hésite pas, sur ce point

comme sur bien d'autres, à placer hors du droit commun les seuls professeurs de Code civil.

Tous les autres (notamment les professeurs de procédure criminelle, qui reçoivent de l'arrêté la confirmation expresse du privilége de la diversité de programme) *peuvent* et *doivent* retenir leurs élèves, parce que leur cours est annuel. — Nous seuls n'avons nul lien avec les nôtres, parce que notre cours dure trois ans ! disons mieux ! parce que la nécessité regrettable du fractionnement de l'examen en trois parties jette dans l'esprit une confusion telle, qu'on ne voit plus *un cours de trois ans* que sous la forme mensongère de *trois cours d'un an !*

Erreur singulière ! Qu'importe la durée d'un enseignement ? Qu'elle soit de trois années ou d'une seule, ou d'un semestre comme à l'école de médecine, le cours n'a-t-il pas de même son unité nécessaire ? Une pensée indivisible n'en réunit-elle pas les parties, comme l'âme retient autour d'elle celles de notre corps ?

Aurait-on une statue (*quæ tota uno spiritu continetur*, L. 23, § 5, *Dig.*, *De rei vindicatione*) si, comme le dit M. Valette dans le mémoire précité, « trois sculpteurs achevaient, chacun de son côté, trois fragments de statue, qu'on n'aurait plus qu'à rapprocher ensuite ? Si l'enseignement du professeur était assez uniforme pour se prêter à une telle combinaison, il n'aurait certes pas une bien grande valeur ! »

Telle n'est pas du moins la pensée de l'article 10 du décret du 4 complémentaire an XII, qui appelle le cours de Code civil *un cours complet* fait en trois ans.

XXVII. — Discussion bien superflue, du reste, en présence des faits.

Il n'y a de cours doubles qu'à la faculté de Paris. Or on y voit quelques échanges d'élèves s'opérer, entre les professeurs de Code civil, dans le premier mois des études de première année. Ce moment une fois passé, les auditeurs s'attachent à leur maître, et ont la courtoisie de ne pas l'abandonner.

Sont-ils curieux de connaître d'autres méthodes que la sienne ? il n'ont qu'à suivre cumulativement les deux cours doubles. C'est ce que les meilleurs élèves ne manquent pas de faire. — Pour leur en faciliter les moyens, nous avons toujours le soin, quelque gêne que nous en éprouvions d'ailleurs, de placer à des heures différentes les leçons des deux cours.

C'est ainsi que le second motif de l'arrêté, mis en présence des faits constants, se réduit à l'état de chimère. — S'il était seul, la décision du Conseil Royal n'aurait point de base.

Mais cette décision s'appuie sur un motif plus grave, quand elle invoque le droit des élèves *de changer de faculté.* Ce considérant demande une appréciation plus approfondie.

XXVIII. — Toutefois mesurons d'abord le terrain de la discussion.

La faculté de Paris est constamment appelée par le Ministre de l'Instruction publique à donner son avis sur les demandes des élèves qui veulent passer dans une autre école. Résumant les faits que sept ans d'assiduité aux délibérations de la faculté m'ont fait connaître, je n'hésite pas à partager ces pétitionnaires en deux classes :

La première classe comprend : un petit nombre d'élèves studieux que le soin de leur santé conduit dans un autre climat; quelques fils de fonctionnaires, qui suivent leurs pères appelés à une autre résidence; en un mot, les étudiants qui ont des motifs légitimes de *continuer véritablement* ailleurs des études *sérieusement commencées* par eux.

La deuxième classe comprend au contraire un assez grand nombre de jeunes gens très-faiblement animés de l'amour de la science. Ce sont : des candidats malheureux à l'examen, qui maudissent leurs juges, et veulent en changer; le plus souvent de prétendus élèves, qui n'ont à porter ce nom d'autres titres que le prix de leurs inscriptions, et qui n'osant pas affronter à l'examen les maîtres dont ils ont déserté les cours, espèrent trouver dans une autre école plus d'indulgence; ou bien enfin des fils entraînés dans le désordre, que des lettres confidentielles de leurs pères désolés nous supplient de leur renvoyer.

Le plus mince renseignement de fait peut éclairer les questions les plus graves. Il s'en présente un dans celle-ci. Que l'on compulse les dossiers de ceux qui font ces demandes ! On y trouvera des inscriptions capricieusement interrompues, des ajournements aux examens, des boules noires..... tous les éléments d'un calcul statistique, qui justifiera pleinement la proportion dont je viens de signaler l'existence entre les deux classes d'élèves qui changent de faculté (1).

XXIX. — Or ce n'est pas certes pour cette seconde classe de pétitionnaires que le Conseil Royal a sacrifié la liberté des méthodes. Il n'a pas voulu réglementer les cours pour ceux qui n'ont nulle envie

---

(1) Un de mes collègues d'une autre école m'écrit à ce sujet : « Au lieu de favoriser ces émigrations, ne serait-il pas plus convenable de les contrarier? Après tout, quels sont en grande partie les étudiants qui n'achèvent pas leur cours dans la faculté où ils l'ont commencé? Ce sont ceux qui trouvent bon de varier leurs débauches, et d'échapper à la nécessité de payer leurs dettes. N'est-il pas admirable de voir le Conseil asservir les maîtres, pour la plus grande convenance de tels élèves ? »

de les suivre, et gêner, sans profit pour les absents, le développement de l'intelligence dans les élèves présents!

D'ailleurs les demandes de ces prétendus étudiants embarrasseront peu le Ministre, si les professeurs font leur devoir, en refusant le certificat d'assiduité, qui n'est point dû ; et la vérité sera respectée, quand on imposera à ces retardataires l'utile obligation de *commencer* leurs études, dans la nouvelle faculté où ils se rendent.

XXX. — Mais parlons de la première classe de pétitionnaires. Elle est peu nombreuse, mais recommandable. Elle comprend les jeunes gens qui ont des motifs légitimes pour changer de faculté. L'intérêt qu'ils méritent a ému à bon droit la sagesse du Ministre et du Conseil.

Honneur au désir de rendre justice à tous ! Mais cet amour du bien ne doit pas dépasser le but, par le choix du moyen.

Il est vrai : il y a là un problème à résoudre. Pour y parvenir, où trouverons-nous le principe dirigeant ?

Dans l'arrêté lui-même, mais incidemment ; quand il rappelle que, pour changer de faculté, l'élève doit se conformer aux règlements, c'est-à-dire obtenir l'autorisation du Ministre, rendue en connaissance de cause.

Il ne s'agit donc, après tout, que d'une concession gracieuse octroyée par l'indulgence du chef de l'Instruction publique, qui peut oublier, en présence de quelques positions exceptionnelles, les inconvénients majeurs de ces migrations, nuisibles aux fortes études.

Quelle que soit la gravité des motifs que le pétitionnaire puisse alléguer, c'est toujours *une faveur contraire à certain intérêt public* qu'il demande. — C'est donc cette faveur qui doit se plier au besoin sacré de la liberté d'enseignement, et non pas confisquer cette liberté au profit de son exigence!

Que le pouvoir discrétionnaire chargé de l'accorder la subordonne à quelques conditions; et tout sera *concilié* cette fois, conformément à la justice!

XXXI. — Nous dira-t-on d'indiquer ces conditions? rien ne nous paraît plus facile.

S'agit-il d'un élève qui n'a encore passé aucun examen de droit civil, dans la faculté dont il s'éloigne? — On peut abandonner à son intérêt personnel le soin de se mettre au niveau de l'enseignement de la faculté nouvelle, à laquelle il va s'attacher.

S'agit-il au contraire d'un élève qui a déjà passé un ou deux des trois examens de Code civil, dans la faculté qu'il quitte? que faudra-t-il faire?

Les auteurs de l'arrêté seront bien obligés eux-mêmes de chercher un parti à prendre, dans trois cas analogues à celui dont nous parlons.

Le premier, qui peut être très-fréquent, se présentera, quand un élève de deuxième année, qui aura suivi dans une faculté le cours de procédure criminelle, ira passer l'examen dans un autre. Cet enseignement favorisé gardant expressément, aux termes de l'arrêté, la prérogative de la diversité de programme, il faudra bien que l'élève se munisse d'un certificat de son professeur, indiquant ce qui lui a été enseigné : certificat qui devra être suivi par ses examinateurs, dans la faculté nouvelle où il va se faire interroger. — Il en sera de même pour cet élève en ce qui concerne le cours de Pandectes, dont le cadre varie chaque année.

Le second cas se présentera à l'égard des élèves de troisième année, qui se feront examiner sur le droit administratif, dans une faculté autre que celle où ils l'ont étudié. La diversité de programme, maintenue dans cet enseignement, amènera la nécessité de semblables certificats.

Enfin cette même diversité continuant à exister dans les cours de droit constitutionnel, de droit des gens et d'histoire du droit, une troisième application de ces certificats sera faite aux élèves de doctorat, qui se présenteront aux épreuves dans une autre école que celle où ils s'y sont préparés.

On se contente de cet état de choses pour tous enseignements autres que celui du Code civil. Mais quoi ! ce qui paraît simple, quand il s'agit d'eux, est donc impossible dès qu'il s'agit du nôtre !

Seuls nous ne pourrons pas dire aux examinateurs des autres facultés : « l'élève que nous vous envoyons a été interrogé sur telle portion du Code civil ; interrogez-le sur les autres ? »

Contestera-t-on l'analogie des trois cas supposés avec celui sur lequel le Conseil Royal a statué ? Dira-t-on que, dans ces trois cas, il ne s'agit que de subir, dans une faculté, un seul examen sur un cours que l'élève a suivi tout entier dans une autre ? tandis que, dans l'hypothèse régie par l'arrêté, il s'agit de mettre en harmonie les diverses parties de l'examen sur un cours morcelé ?

Nous répondrons que rien n'empêche l'élève du cours de procédure criminelle, de Pandectes, de droit administratif, de droit constitutionnel, de droit des gens et d'histoire du droit, de quitter une école au milieu d'une année, et d'aller finir ses cours dans une autre ?

Alors ne devra-t-il pas passer l'examen, pour moitié sur ce qu'il a entendu dans l'une, pour moitié sur ce qu'il entendra dans l'autre ?

Il y a plus. Il va retrouver peut-être, dans la nouvelle faculté, la répétition des matières qu'il vient d'étudier dans la première. — Dans ce cas l'excuserait-on, à l'examen, s'il ne s'était pas préparé sur les sujets que ses professeurs ne lui ont pas expliqués?

Ainsi la bigarrure de l'examen, si l'on peut parler ainsi, et une certaine différence entre l'objet de cet examen et celui de l'enseignement, seront tolérées dans les six cours que nous venons de mentionner! — Elles ne se changeront en impossibilité, que quand il s'agira d'ôter la liberté aux professeurs de Code civil!

XXXII. — Loin de nous de dissimuler aucune objection! On dira que cette bigarrure et cette différence produiront plus d'inconvénients pratiques à l'égard d'un cours triennal qu'à l'égard d'un cours annuel.

Eh bien, veut-on éviter cet embarras? Le nœud peut être tranché.

L'autorisation accordée à l'élève qui demande *la faveur* de changer d'académie peut être soumise à une condition raisonnable, celle de subir, en arrivant dans la faculté nouvelle, un examen sommaire gratuit sur les parties du Code civil qui ont été enseignées dans le cours où il entre, si elles ne cadrent pas exactement avec celles qu'on lui a expliquées dans le cours d'où il sort.

L'élève se mettra ainsi au courant de la méthode de son nouveau professeur.

Au surplus, quand cette condition, tout indulgente qu'elle est, gênerait un peu ces émigrations nuisibles, devrait-on regretter ce résultat (1)?

XXXIII. — Cet examen sommaire, ou les certificats transmis par une école à une autre, tels sont les moyens que nous proposons.

D'une exécution facile en eux-mêmes, ils ont, je l'avoue, ce mérite à un moins haut degré que le remède héroïque choisi par le Conseil. — Mais si l'on recherchait uniquement la simplicité dans les règlements, on tomberait d'autre part dans des inconvénients extrêmes. Ce serait des plus simples qu'on serait obligé de dire ce qu'on a dit de la poésie :

Des vers aisément faits sont rarement aisés!

Il faut bien l'avouer : il est exagéré, le sacrifice que l'arrêté veut faire à l'intérêt de quelques jeunes gens?

---

(1) Il y a une classe d'élèves aussi nombreuse au moins que celle des élèves qui changent de résidence. Elle comprend ceux qui prennent des inscriptions interrompues, et ne suivent pas une période régulière d'études.

L'arrêté n'en parle pas. — En conséquence (et le fait s'est souvent présenté), un élève qui, en quatre ans, a pris quatre inscriptions, toutes les quatre du même trimestre, a entendu son professeur répéter quatre fois le même quart de son enseignement : pour les trois autres quarts, on s'en rapporte à ses travaux particuliers, et on l'admet à l'examen.

Pourquoi donc tant de sollicitude pour l'élève inconstant quant au lieu, et tant d'indifférence pour l'élève inconstant quant au temps de ses études?

En vérité, c'est fermer une grande route, parce qu'on y trouve un brin d'herbe à arracher! c'est, comme dans une fable bien connue, demander la massue d'Hercule, pour écraser l'insecte imperceptible!

XXXIV. — Puis c'est tomber dans une contradiction de vues évidente.

Pour un certain intérêt contestable de quelques bons élèves nomades, on oublie l'intérêt général incontesté des bons élèves résidents.

On veut, avant tout, permettre aux étudiants de changer de cours. On taille pour cela tous les cours sur un patron uniforme. Et l'on ne s'aperçoit pas qu'on ôte précisément aux auditeurs la plus grande utilité du changement, la comparaison des méthodes?

Aussi la mémoire se rappelle ici involontairement ce beau vers, devise exacte à inscrire en tête de l'arrêté du 22 septembre,

Et propter vitam, vivendi perdere causas!

XXXV. — En effet cet arrêté avait, comme toute décision du législateur, à choisir entre deux intérêts en lutte. D'un côté une certaine liberté de locomotion; de l'autre la liberté des méthodes.

Il a sacrifié la seconde à la première, et avec elle

les progrès de la science, l'émulation des professeurs, les garanties de l'assiduité des élèves.

Évidemment il n'a pas choisi de deux maux le moindre.

Ce qui est dû aux convenances des familles ne demande que quelques dispositions réglementaires, et non une espèce de mort civile de trente professeurs.

§ II. — Considérations contre le programme adopté par l'arrêté.

XXXVI. — Nous entrons ici dans un ordre d'idées secondaire.

Après avoir repoussé en principe la funeste pensée d'un programme unique, nous allons subsidiairement paraître nous identifier avec elle, pour la suivre dans son exécution.

Le Conseil Royal, en faisant un classement uniforme de matières, a du moins essayé d'améliorer celui que présentait le Code.

A-t-il réussi? quelque peu, je le crois. — Mais qu'est-ce que ma croyance? la voix de vingt collègues peut contredire la mienne; et je m'estimerais plus malheureux de leur imposer ma pensée, que d'être soumis à la leur.

Il y a plus. Dût-on m'accuser d'un peu de bizarrerie, j'ajoute que, plus le programme nouveau me paraîtrait à moi réaliser une classification excellente, plus en un mot je serais désintéressé dans la question, plus j'invoquerais hautement pour tous le droit d'enseigner dans un autre ordre.

XXXVII. — Au surplus, le léger progrès que j'aperçois dans ce programme répond bien incomplétement aux vœux de la science. — Qu'elle est timide, l'amélioration qu'il fait payer si cher !

Nous allons tâcher en effet de prouver :

1° Qu'elle laisse subsister la confusion de matières, qui résultera toujours d'une division par numéros d'articles ;

2° Qu'elle augmente la disproportion qui existait déjà entre les matières des trois examens.

1°. — *L'arrêté laisse subsister la confusion de matières, qui résultera toujours d'une division par numéros d'articles.*

XXXVIII. — Le Conseil Royal retranche, de l'enseignement de la première année, une partie du titre *de l'absence,* et les articles 2 à 5 du Code.

Il y a là une idée heureusement conçue. L'espérance de faire comprendre ces difficultés inextricables à des élèves sortant du collége était, il faut le dire, une véritable hallucination.

XXXIX. — Et toutefois nous devons faire observer qu'il y a plus d'apparence que de réalité dans une partie de ces retranchements.

En effet :

1° Si l'article 3 est écarté, l'article 11 est conservé. — Or, j'avoue mon ignorance : je ne conçois pas la possibilité d'expliquer la condition civile des étrangers en France, sans la distinction des statuts réels et personnels. Si je me trompe, c'est en bonne compagnie, avec tous les docteurs qui, au concours de l'an passé, ont rédigé sur cette question des mémoires approfondis.

2° L'article 5 est aussi virtuellement retenu par l'article 1. Comment dire, *c'est tel pouvoir qui fait la loi,* sans dire, *tel autre pouvoir ne la fait pas?*

3° L'article 4 revient tout entier dans l'explication de l'article 565.

4° L'article 2 revient en partie dans celle de l'article 691.

XL. — Mais je demande pardon pour ces critiques de détail.

J'ai tort de m'y arrêter, quand j'ai à signaler bien d'autres involutions d'idées, plus fâcheuses, plus complètes, qui ramènent dans le cadre du premier examen toutes les parties du Code, par une conséquence forcée de l'ordre vicieux de cet ouvrage.

Donnons-en quelques exemples d'une évidence incontestable.

1° En vain l'arrêté renvoie au deuxième examen le système des preuves (art. 1316 à 1369). — Ce système n'est-il pas le fond indispensable des titres *de la Paternité et de la filiation*, *des Actes de l'état civil*, et d'une grande partie de ceux *du Mariage et de l'Adoption*? Chaque ligne de ces titres ne se réfère-t-elle pas aux règles générales des preuves, en y apportant des exceptions, que l'élève étudie ainsi avant ces règles?

2° En vain l'arrêté renvoie au deuxième examen les principes sur la formation et les vices des contrats (art. 1101 à 1133). — Ces principes sont nécessairement supposés avoir été révélés, comme idées innées, à l'étudiant, quand on met sous ses yeux les exceptions apportées par les titres *de l'Adoption et de la tutelle officieuse*, et *du Mariage*.

3° Et surtout! objection fondamentale qui restera sans réponse! En vain la matière exceptionnelle de l'incapacité civile de contracter paraît être renvoyée au deuxième examen (art. 1123 à 1125). — Elle est présupposée connue à chaque page du premier livre du Code, qui n'est encore, en ce qui touche ce point capital, que le recueil des exceptions énumérées avant les règles (1).

XLI. — Dieu me garde de faire un programme ailleurs que dans mon cours ! Je ne veux ici que suivre et développer la pensée de l'arrêté.

En la prenant pour point de départ, je crois pouvoir dire aux auteurs du nouveau règlement :

« Vous avez voulu réformer ce qu'il y avait de plus criant, dans le classement des matières du premier examen ? Eh bien ! vous avez trop peu retranché ; et vous avez oublié d'ajouter !

» Vous avez trop peu retranché : car il fallait au moins écarter le titre *de la Jouissance et de la privation des droits civils*, qui suppose, dans celui qui lit cette première page du Code, la connaissance par intuition du Code entier.

» Vous avez oublié d'ajouter : car à la place de ce titre et de celui *de l'absence*, matières exceptionnelles

---

(1) « Comment, dit M. Delasseaux (*Introduction à l'étude du Code Napoléon*, édition française de 1812, p. 326), expliquer d'une manière approfondie la section de l'administration du tuteur à des élèves qui ignorent encore ce que c'est qu'une aliénation, une revendication, une hypothèque ? les dispositions du titre du mariage, sur la nécessité de l'autorisation maritale, à des élèves qui ne connaissent pas encore les principes généraux sur la force des conventions ?

qui ne doivent venir qu'en dernier lieu, il fallait mettre les règles les plus fondamentales, indispensables pour l'intelligence du cours entier, celles qui se trouvent dans le titre préliminaire du troisième livre (art. 711 à 717), et dans les trente-deux premiers articles du titre *des obligations conventionnelles*. (Art. 1101 à 1133).

» Cette facile transposition, qui eût permis de donner à l'élève de première année ce dont il a besoin surtout, c'est-à-dire des principes généraux, aurait eu en même temps l'avantage de décharger un peu l'enseignement de la deuxième année. »

Ceci nous sert de transition à ce qui va suivre.

II°. — *L'arrêté augmente la disproportion, qui existait déjà, entre les matières des trois examens.*

XLII. — Le Conseil Royal demande trop, dans la seconde année, aux forces du professeur et à l'attention des élèves. Il ajoute, en effet, le titre *de la prescription* à des matières déjà trop considérables, dont nul des six professeurs de l'école de Paris ne pouvait achever l'explication sans de nombreuses leçons supplémentaires.

Avant cette addition, le second examen comprenaît, pour ceux qui comptent les lignes, un peu plus du quart de celles du Code; mais, pour ceux qui comptent les idées, il absorbait les quatre-vingt-dix centièmes des matières du droit privé, et n'en laissait plus que dix centièmes à partager entre le premier et le troisième examen.

C'est pour cela que nos confrères d'Allemagne, de Belgique et de Hollande refusent de nous croire, quand nous leur parlons de cette division par articles, qui suppose dans toute page imprimée un nombre égal de vérités de même valeur.

Étrange coupure! qui ne peut pas plus se justifier que le fractionnement du Digeste par les glossateurs en *Digestum vetus*, *novum* et *infortiatum* (1)! et qui ressemble au partage qu'un père ferait, entre ses trois enfants, en donnant à l'un cent hectares dans la Limagne, et aux deux autres cent hectares dans les Landes (2)!

---

(1) « Mais au moins les glossateurs n'imposaient à personne l'obligation d'étudier le vieux Digeste avant l'infortiat, et l'infortiat avant le Digeste nouveau. » (M. Valette, Mémoire précité.)

(2) Si l'on accuse l'exagération de ces comparaisons, je dirai qu'elles sont bien indulgentes au prix de celles qu'a laissées dans notre souvenir notre éminent collègue, professeur de droit constitutionnel à la faculté de Paris. Combien de fois, parlant de ce partage du Code en trois morceaux découpés au hasard pour l'enseignement, ne l'a-t-il pas flétri de son indignation et de ses heureuses saillies! Espérons que quelques difficultés pratiques d'administration ne prévaudront pas sur les légitimes espérances de la science!

XLIII. — Au nom de la science, prions l'autorité de peser, et non pas de mesurer au mètre !

Nous sommes professeurs, et non imprimeurs à tant la feuille !

Est-il donc besoin d'énoncer des vérités si simples ? de rappeler que telle décision importante de la loi, formulée en un article, peut demander plus d'explications que vingt pages de détails, qui viennent ailleurs dans la rédaction législative ? et que précisément presque toutes les dispositions fondamentales du droit sont groupées au milieu du Code ?

J'avais été assez heureux, il y a trois ans, pour faire partager à plusieurs membres du Conseil Royal ma conviction sur la disproportion tout à fait illogique des trois examens. — Quelle n'a pas été ma surprise en voyant l'arrêté l'augmenter encore ! et nous obliger de plus en plus à effleurer à peine, dans la seconde année, d'innombrables dispositions générales, et à développer démesurément de petits détails dans les deux autres années !

XLIV. — L'arrêté du 22 septembre ne peut être, nous l'espérons vivement, qu'une mesure provisoire, qui a paru nécessaire pour trancher quelques embarras d'administration.

Puissent ces observations, justifiées par vingt ans

d'études spéciales, et dictées uniquement par le dévouement à la science, contribuer pour leur petite part à faire au plus vite abandonner ce programme, aussi bien que la pensée d'en faire un autre!

Qu'on n'oblige pas des hommes qui ont donné tant de garanties de zèle et de moralité à monter en chaire en portant, pour ainsi dire, la croix où ils seront attachés! Que leurs leçons, dont on connaît l'ardeur, puissent être l'écho de la voix intérieure qui leur révèle les moyens d'être utiles! Qu'on ne donne pas, en les enfermant dans une impossibilité, gain de cause à ceux qui les accusent d'oublier dans leurs leçons l'élément philosophique!

En un mot qu'on leur laisse la liberté des méthodes, condition indispensable de la gravité de leur parole, de l'amour de leurs sérieux devoirs, et du succès de leurs efforts!

QUATRIÈME PARTIE.

———

CONCLUSION.

« Les parties... ont toutes un tel rapport et un tel enchaînement l'une avec l'autre, que je crois impossible de connaître l'une sans l'autre, et sans le tout. »

PASCAL.

LETTRES
A MONSIEUR GIRAUD,

INSPECTEUR GÉNÉRAL DE L'ORDRE DU DROIT.

PREMIÈRE LETTRE.

> « L'homme systématique n'a aucun égard pour les grands intérêts et les puissants préjugés qui s'opposent à son plan. Il croit qu'on peut disposer des différentes parties du corps social, aussi librement que des pièces d'un jeu d'échecs. — Il oublie que les pièces d'un jeu d'échecs n'ont d'autre principe de mouvement que la main qui les déplace ; et que, dans le grand jeu des sociétés humaines, chaque partie a un principe de mouvement qui lui est propre. »
> ADAM SMITH, *Théorie des sentiments moraux*, part. VI, ch. 2.

> *Quis novator tempus imitatur, quod novationes ita insinuat, ut sensus fallant?*
> BACON.

MONSIEUR ET HONORÉ COLLÈGUE,

Je n'ai point eu à chercher le nom que j'inscrirais en tête de ces lettres.

Le vôtre m'était tout d'abord désigné.

L'École se souvient de vos leçons; la science profite de vos ouvrages; l'État vous a confié d'importantes fonctions.

Ainsi, de tous les côtés, les enseignements des faits sont venus, pour vous, se joindre aux conceptions des théories.

Professeur, vous avez connu la nature des intelligences de vingt ans, les objets qui les captivent, les méthodes qui les éclairent, la proportion des parts qui, dans la somme de leurs progrès, doivent être attribuées à leur propre ardeur, ou à celle des maîtres, ou aux formes de la doctrine.

Écrivain, vous avez apprécié le rapport intime qui unit, à la connaissance du texte des lois, celle de leur esprit et de leur histoire.

Administrateur, vous avez comparé la pensée gouvernementale et ses moyens d'action, le pouvoir des institutions et les forces limitées des hommes qui les servent.

Toutes ces révélations vous ont appris où doivent s'arrêter les espérances, où commencent les illusions.

Grande est votre croyance aux progrès mesurés du bien. Mais vous n'êtes pas l'utopiste dont parle Adam Smith, dans l'épigraphe placée au commencement de cette lettre : vous n'attendez pas les prodiges subits, qui remplacent le prétendu mal absolu de la veille, par la perfection improvisée du lendemain.

Et comme toute science, vue sous tous ses aspects, inspire autant de modération bienveillante, que, vue d'un côté exclusif, elle excite d'intolérance, vous ne pouviez pas vous associer au pessimisme de ceux qui pensent que tout est mal.

Répudier le présent tout entier n'est pas votre moyen, pour demander le mieux à l'avenir; et les Facultés ont à vous remercier de les avoir défendues, de toute l'autorité de votre parole, même contre vos illustres confrères de l'Institut.

Vous le voyez, monsieur et honoré collègue, pour vouloir m'entretenir avec vous des conclusions conciliatrices dont la préface de ce livre annonce la recherche, nulle raison ne me manquait, quand l'affection personnelle que vous savez inspirer n'eût pas suffi pour m'y engager!

Les nombreuses questions soulevées par le projet d'améliorer les études juridiques reçoivent une solution différente, selon qu'on prend pour point de départ le système allemand, ou, au contraire, le système qui a été suivi en France jusqu'à ce jour.

Dans le premier cas, on veut une transformation radicale de l'état présent des choses.

Dans le second, on ne demande que des modifications plus ou moins étendues.

Le système allemand a trouvé, dans M. Édouard Laboulaye (1) un zélé défenseur.

Le système français est demeuré la base des réformes indiquées par M. de Salvandy, ministre de l'Instruction publique, dans son rapport au roi, du 20 février 1845.

Nous sommes convaincu que la sagesse du ministre a bien choisi.

Il faut emprunter à l'Allemagne ses pensées, et non leur mise en action; ses découvertes intellectuelles, et non la constitution matérielle, qu'elle-même devra bientôt modifier, de ses Universités.

Toute nation qui veut tout à coup importer chez elle l'ensemble des usages d'une autre, ressemble, suivant l'expression pittoresque de Louis Reybaud, « *aux enfants qui essayent de sauter au delà de leur ombre.* »

---

(1) *De l'enseignement du droit en France*, 1839. — *Revue de législation et de jurisprudence*, 1845, t. III, p. 289. — Obligé de citer et de combattre à tout instant les opinions de M. Laboulaye, nous sommes sûr d'avance qu'il ne verra, dans toute cette discussion, que la recherche consciencieuse de la vérité, et la nécessité de ne point laisser l'appui de son nom à des idées dont la réalisation nous paraîtrait funeste.

Aussi, j'ai fidèlement retenu ce conseil pieux, que Cicéron attribue à Platon : « qu'*il ne faut pas plus employer la violence à l'égard de son pays, qu'à l'égard de ses parents.* »

C'est ce que nous allons tâcher de démontrer.

Mais d'abord, en nous mettant à l'œuvre, signalons la valeur bien inégale, à nos yeux, de deux intérêts distincts, en jeu dans les questions à discuter.

L'un est principal, c'est celui de l'organisation de l'enseignement; l'autre est accessoire, c'est celui de l'organisation du professorat.

Au premier, tout notre amour! Ce serait le trahir que d'abdiquer la compétence qui nous appartient pour le défendre.

Avons-nous au même degré la mission de sauvegarder l'autre? Nous en doutons bien davantage. — Non pas que notre conscience veuille excepter sa foi en elle-même de sa croyance à toutes les loyautés; mais parce qu'elle éprouve regret et répugnance à traiter des questions qui ont un côté personnel.

C'est donc, avant tout, de l'organisation de l'enseignement que s'occuperont les lettres qui suivront celle-ci. — A peine réserverons-nous, dans la dernière, une petite place à quelques mots sur l'organisation du professorat.

En résumé, monsieur et honoré collègue, j'appellerai votre attention sur le sujet commun de nos études de prédilection, par l'examen des points suivants :

1° Nécessité de la distinction des objets et des méthodes d'enseignement ;

2° Impossibilité de l'indifférence pour le choix des méthodes, et surtout pour l'ordre des objets d'enseignement ;

3° Conciliation des devoirs et des droits de l'État avec la liberté de l'enseignement ;

4° Division des cours de droit, d'après les distinctions tirées du point de vue de la source du droit ;

5° Division des cours de droit, d'après les distinctions tirées du point de vue des rapports que le droit règle ;

6° Division des cours de droit, d'après les distinctions tirées du point de vue du but que le droit se propose ;

7° Division des cours de droit, d'après les distinctions tirées du point de vue des personnes que le droit régit ;

8° Ordre et durée de l'enseignement ;

9° Combinaison de la variété des méthodes et de la division des examens ;

10° Organisation du professorat.

En discutant ces divers points, ma pensée, je l'avoue, espère se rencontrer le plus souvent avec la vôtre. — Si elle se trompe dans cet espoir, elle acceptera, comme un avantage subsidiaire, votre critique éclairée, au défaut d'un accord complet, où la satisfaction du cœur et celle de l'esprit trouveraient mieux leur compte.

DEUXIÈME LETTRE.

Nécessité de la distinction des objets et des méthodes d'enseignement.

> « Ne faites grâce à aucune dénomination impropre. — Ceux qui savent déjà, entendront toujours. — Ceux qui ne savent pas encore, entendront plus tôt. »
>
> *Méthode de nomenclature*, par M. Morveau, Lavoisier, etc.

Quoi de plus évident, Monsieur et honoré Collègue, que cette proposition : *autre chose est l'objet d'un enseignement, autre chose en est la méthode?*

A quoi bon l'énoncer, dans une lettre qui vous est adressée? n'est-ce pas un soin par trop superflu?

Que direz-vous donc, si, faisant plus que de l'énoncer, je la discute?

Vous ne m'en ferez point un reproche. — Vous le renverrez à ceux qui m'y obligent.

Est-ce ma faute à moi, si cette distinction élémentaire, oubliée ou tracée d'une manière insuffisante dans le système allemand, retenue au contraire et mise en pratique dans le système français, devient le point fondamental sur lequel repose la comparaison de toutes les parties des deux systèmes?

En faisant tenir debout l'œuf dont il avait brisé et aplati la pointe, Christophe Colomb disait à ses détracteurs : Voilà un problème aussi facile que celui de la découverte du nouveau monde! — Leçon utile! qui nous rappelle que la simplicité du moyen ne déshonore pas l'importance du résultat.

Eh bien! si toute la question de l'organisation des Écoles est dans cette modeste proposition, *autre chose est l'objet d'un enseignement, autre chose en est la méthode*, pourquoi aurions-nous la mauvaise honte de chercher un début plus ambitieux?

La vérité logique doit profiter du conseil de Molière; son droit et son devoir est de prendre son bien partout où elle le trouve.

Qu'elle ne dédaigne pas le point de départ le plus vulgaire! — Peut-être même est-il bon qu'elle le préfère.

Nous trouvons, dans M. de Savigny, l'énonciation de la distinction des *objets* et des *méthodes* d'enseignement (1). Mais séduit par le génie et les habitudes

---

(1) Voir un passage plein d'enthousiasme et d'éloquence, cité par

de sa nation, ce célèbre jurisconsulte ne tire pas, de cette distinction, les conséquences inévitables qu'elle doit produire.

Aussi, il approuve le système allemand, qui laisse au professeur toute liberté de choisir *l'objet* comme la *méthode* de son enseignement.

Il ne se dissimule pas, toutefois, bien des objections, qui ne pouvaient échapper à un homme d'État aussi distingué. — Mais il les écarte, moins par une réfutation directe, que par une patriotique confiance dans la pureté des vues et le caractère personnel des professeurs allemands.

Nous trouvons plus d'illusion systématique dans l'amour de la liberté qui emporte M. Laboulaye au delà des limites où s'arrête M. de Savigny!

Et d'abord, plus impatient encore de toute entrave, il commence par confondre, comme seule et même chose, les *objets* et les *méthodes*.

Nous, dont le soin constant sera de les distinguer, ne faisons-nous ici à notre adversaire qu'une querelle de mots?

Vous ne le croirez pas, Monsieur et honoré Collègue. Vous apercevez déjà que c'est comme juris-

---

M. Laboulaye (*Revue de législation et de jurisprudence*, 1845, t. III, p. 337), et emprunté à un article sur les Universités, publié en septembre 1832, dans la *Historisch politische zeitschrift* de Rancke. Berlin, 1832, p. 578, et suiv.

consulte, et non comme grammairien, que nous voulons restituer aux idées la forme qui les rend saisissables; et que si nous allons appeler *objets* ce que M. Laboulaye appelle *méthodes*, c'est pour exprimer une dissidence profonde qui nous séparera de lui :

En un mot, *c'est pour tendre à réunir sans cesse dans l'enseignement de chaque cours, ce qu'il tend à séparer sans cesse en le partageant entre des cours différents.*

Nous l'avons dit dans plusieurs pages de ce volume, la science du juste et de l'injuste est la recherche des causes finales. Toutes les autres sciences, semblables à des tributaires, lui apportent des conclusions à tirer de leurs découvertes.

Depuis l'entomologiste, qui décrit l'aile d'un papillon, jusqu'au physicien, qui décompose la foudre, ou mesure la force de la vapeur, tous ceux qui analysent les lois de la création fournissent au jurisconsulte cette question à résoudre :

Pourquoi ces lois existent-elles? et comment devons-nous diriger nos actions vers le but qu'elles supposent?

Or la science marche sans cesse; et découvrant, chaque jour, des phénomènes inconnus la veille, elle grossit les éléments de la question morale.

Le pouvoir social en cherche la solution. Mais celle qu'il donne est nécessairement toujours incomplète et provisoire.

Quoi qu'il en soit, il promulgue des Codes de droit positif. Puis il élève des chaires pour expliquer les Codes.

Du haut de ces chaires, l'enseignement réagit au profit de la société, qui lui a confié la mission de l'éclairer elle-même. En étudiant le droit dans son histoire et dans son application présente, il en tire l'aperçu du perfectionnement futur, et l'indique au législateur.

Sans l'emploi cumulatif de ces trois ordres de recherches, l'enseignement ne remplit pas son devoir.

Ainsi, l'histoire, l'application et la philosophie du droit, voilà trois éléments inséparables d'une seule et même science; trois *objets* en un mot de la jurisprudence, ou *trois aspects* de cet objet, comme l'a dit si exactement M. le comte Beugnot (1).

(1) *Discours prononcé à la chambre des pairs*, séance du 8 mai 1842.
« On a dirigé, a dit l'orateur, contre l'École de droit de Paris, un reproche semblable à celui que je viens d'exprimer contre la Faculté de médecine. Mais cette accusation me paraît peu fondée. Le droit y est enseigné *sous ses trois aspects*, philosophique, historique et pratique. »
L'honorable orateur ajoute que les élèves « n'ont que de la reconnaissance à exprimer, soit à l'Université, soit à leurs savants professeurs, pour le soin qu'ils prennent de leur instruction. »
La sévérité que M. le comte Beugnot a montrée par fois envers l'Université, double le prix de son estime, et la mesure de nos remercîments pour l'expression d'un si bienveillant témoignage.

Si l'on se sert d'un autre langage, si l'on présente comme des *méthodes*, entre lesquelles on peut choisir à son gré, l'étude historique, ou l'étude pratique, ou l'étude philosophique du droit, alors on arrive à faire, de ces trois études, trois choses aussi distinctes que le seraient la mécanique, l'histoire naturelle et la métaphysique.

On crée ainsi trois enseignements parallèles ou asymptotes, guidant, sur des lignes destinées à ne jamais se rencontrer, trois ordres de savants, éternellement séparés les uns des autres ; les uns, praticiens, sortant de l'École, qui, *sans cela, n'est bonne à rien* ; les autres, historiens ou philosophes, *savants qui se formeront bien hors d'elle et sans elle* (1).

Telle est en effet la pensée dont il faut reconnaître, à tout instant, la présence dans les écrits de M. Laboulaye. — Je n'ai que l'embarras du choix pour en montrer partout *la formule, le développement théorique, l'application matérielle.*

Je trouve *la formule* de la pensée de M. Laboulaye, nettement posée dans la *Revue de législation et de jurisprudence* (2), où l'auteur place l'histoire et la philosophie, comme choses de *pure méthode*, sur la

(1) M. Édouard Laboulaye, *De l'enseignement du droit en France*, 1839, p. 31.
(2) 1845, t. III, p. 307.

même ligne que le *dogmatisme* ou l'*exégèse*, et que la comparaison entre le *procédé de classement* employé par Doneau, et celui que préférait Cujas.

Tout *le développement théorique* de cette même pensée apparaît dans ces phrases, sur lesquelles la gravité du sujet me défend de laisser tomber de trop faciles plaisanteries :

Prouver qu'on sait le droit civil et le droit romain, « QU'EST-CE QUE CELA FAIT *pour un professeur d'histoire du droit français, de législation comparée, de philosophie du droit* (1)?... *L'histoire mêlée à l'exégèse est* UN MOYEN SÛR *de brouiller toutes les idées* (2)... *Le Code n'est pas une philosophie du droit, et encore vaut-il mieux enseigner la législation civile telle que les tribunaux la pratiquent, que telle que le professeur la conçoit* (3)... »

Enfin, M. Laboulaye arrive directement, sans hésiter, à l'*application matérielle* de sa pensée, quand, pour se justifier du reproche de sacrifier l'enseignement pratique, il ne trouve pas d'autre moyen que

---

(1) M. Édouard Laboulaye, *De l'enseignement du droit en France*, 1839, p. 56. — Qui n'aimera mieux dire, avec notre savant et spirituel collègue M. Ducaurroy : « Il faudrait ou renoncer à écrire l'histoire du droit, ou apprendre le droit avant d'en écrire l'histoire ? » *Lettre d'un ancien rédacteur de la Thémis à M. Laboulaye*, 1846.

(2) *Id. ibid.*, p. 3.

(3) *Id. ibid.*, p. 22.

d'établir deux sortes de cours, d'une nature bien tranchée, les *cours scientifiques* et les *cours pratiques* (1).

Non-seulement il range, dans la première classe, des enseignements tels que celui de la philosophie du droit, et, dans la seconde, des enseignements tels que celui du droit commercial (2); — mais il partage en deux l'explication même de la procédure; et, plaçant, parmi les cours théoriques, un cours de *procédure civile*, il lui oppose, dans la catégorie opposée, un cours de *procédure pratique* et *de dresse des actes* (3), de plus, un cours de *notariat*, où l'on étudierait en même temps *la législation du timbre et de l'enregistrement* (4). — Enfin, pour achever de détruire tout doute sur sa pensée, il veut que l'on confie ces deux derniers cours à des praticiens (5).

Combien, sur tout cela, différente est notre manière de concevoir la science du droit! — Les trois

---

(1) M. Édouard Laboulaye, *De l'enseignement du droit en France*, 1839, p. 12 à 41.

(2) *Id. Revue de législation et de jurisprudence*, 1845, t. III, note de la page 304.

(3) Id. *De l'enseignement du droit en France*, 1839, p. 18.

(4) *Id. ibid.* Quel étrange amalgame du droit privé le plus usuel, et du droit public le plus exceptionnel!

(5) Je préférerais les donner à quelque jurisconsulte consommé, qui se dévouerait à faire, avant de monter dans sa chaire, un stage d'un an chez l'avoué et le notaire!

éléments que notre adversaire regarde comme inconciliables, nous paraissent, à nous, absolument indivisibles!

Il y a un système que beaucoup de bons esprits recommandent de nos jours ; c'est celui de l'éducation professionnelle, c'est-à-dire d'une éducation organisée d'une manière spéciale, en vue de chaque carrière spéciale. — Nombreux, dit-on, sont les emplois que les hommes se partagent dans la société; nombreuses doivent être les voies par lesquelles l'Instruction publique prépare les sujets différents à ces différents emplois.

Nous pouvons approuver certaines applications de ce système, sous la réserve toutefois de trois conditions.

Il faut, en effet, à notre avis :

1° Qu'il ne fasse que superposer la variété des directions qu'il propose sur la base uniforme d'une instruction première largement conçue, qui donnerait d'abord, à tous les esprits, les connaissances générales nécessaires;

2° Qu'il ne saisisse les élèves qu'à l'âge où ils peuvent déjà comprendre l'instinct de leur vocation, et suivre librement les conseils qu'elle leur donne;

3° Qu'il s'arrête dans les limites de quelques divisions principales, bien tranchées, des divers ordres de connaissances humaines ; sans arriver à un fractionnement exagéré, sans rendre trop étroite la place spéciale où serait emprisonné chaque esprit, assimilé ainsi à la roue d'une usine, qui tournerait perpétuellement, dans son coin, sur elle-même.

Eh bien! cette troisième condition me paraît trop oubliée par ceux qui veulent ouvrir dans les Facultés, pour des auditoires isolés l'un de l'autre, des cours exclusivement philosophiques, d'autres exclusivement historiques, d'autres exclusivement pratiques.

Croit-on, par ces coupures de l'enseignement, tendre aux résultats d'une bonne éducation professionnelle? — On se trompe. C'est proposer l'amoindrissement de l'éducation.

Se flatte-t-on de multiplier ainsi les ressources, pour approfondir chaque partie de la science? — Vain espoir! C'est faire tout ce qu'il faut pour que les différentes natures d'intelligence se contentent de notions superficielles d'un ordre différent.

Eh quoi! l'Instruction publique prendrait l'initiative de cette scission de trois éléments, dont la réunion seule forme la jurisprudence?

Sa complaisance offrirait à l'inexpérience d'un jeune homme mille occasions d'erreur ou de regret, en respectant ses premières idées préconçues, que, mille fois peut-être, les moindres événements modifieront, sur l'emploi probable ultérieur de sa vie!

Faut-il donc craindre tant de fatiguer cet âge, où tout est ardeur et puissance?

Faut-il favoriser les séductions de la paresse, et mesurer pour l'ignorance, avec tant d'avarice, l'aliment léger qu'il suffira de lui distribuer?

La vérité n'est pas dans ces ménagements.

Vous qui n'aspirez qu'aux habitudes routinières de l'empirisme, ou aux rêveries indépendantes de la spéculation pure, ne venez pas dans les écoles de l'État!

Elles ne veulent pas du rôle de l'*arbiter familiæ erciscundæ*, chargé de diviser pour vous, en longueur ou en largeur, le champ qu'elles doivent vous faire parcourir en tous sens!

Il est vrai : tous ces élèves assis aujourd'hui près de nous, sur ces bancs, n'auront pas une destinée semblable!

On les verra siéger dans les tribunaux, peupler le barreau, monter dans la chaire, et envoyer quelques représentants d'élite dans les sections de l'Institut.

Mais qu'importe? la jeunesse de tous, égale devant

la science, doit acquérir préalablement, par les mêmes moyens, une doctrine munie de tous ses instruments.

Futurs notaires, l'histoire et la philosophie redresseront vos protocoles! futurs pairs de France ou députés, la pratique nourrira, par la connaissance des faits, vos théories! — Qui pourrait dire que la dynamique nuirait au pilote, et la clinique au physiologiste?

Même enseignement à tous ceux qui aspirent à une même science!

Ou, s'il fallait une différence, je craindrais qu'elle ne se présentât en sens inverse de celle que propose le dédain un peu trop superbe de l'érudition!

En effet, dans la plus haute expression des préceptes sacrés de la justice, le juge et l'avocat ont bien plus besoin que l'écrivain, des notions historiques et philosophiques, sans laquelle la science est aveugle et boiteuse! car, après tout, les conséquences de l'erreur ne sont-elles pas bien plus graves sous la forme des arrêts qui ruinent et déshonorent la famille, que sous celle d'un livre soumis aux controverses de la critique?

Au surplus, veut-on connaître plus nettement notre pensée sur ce que l'on présente comme la perfection de l'enseignement du droit?

Nous n'y voyons au contraire que l'action dissolvante des faits, venant, quand l'enseignement a fini sa mission, en détruire les traditions bienfaisantes.

Sortis de nos écoles, nos élèves n'ont plus que quelques rares conseils des maîtres qu'ils viennent parfois revoir.

Alors, que loin de ces cours, où se sont passées leurs plus belles années, leur sort s'accomplisse! — Que leurs intelligences inégales gardent plus ou moins fidèlement le dépôt que nous leur avions confié! — Que les exigences sociales, l'amour du gain, de la réputation, des honneurs, s'emparent de leurs passions, de leurs idées, de leurs heures!

Entraînés ainsi dans des voies opposées, ils laisseront prédominer, dans les études ultérieures de leur vie intellectuelle, l'élément pratique seul, ou le seul élément philosophique, ou enfin le seul élément historique, au lieu de retenir, d'une main ferme, ces trois parties d'un indivisible assemblage!

Mais ce sont là des effets regrettables, que la science peut accepter avec résignation, mais qu'elle ne doit pas consacrer! — Et je ne saurais trop m'étonner qu'elle puisse y trouver un but à chercher dès l'origine, au lieu d'y voir la preuve de l'imperfection humaine, impuissants à atteindre un but plus complet, que son insouciance fatiguée abandonne!

Vous le voyez, monsieur et honoré collègue, la portée de la distinction des objets et des méthodes, que les lettres suivantes présenteront sous d'autres aspects, commence à se montrer dans celle-ci. —

Elle tend à maintenir l'intégralité de la jurisprudence.

Tandis que la confusion qui présente les trois *objets* de cette science comme des *méthodes*, tend à produire pour elle une mutilation, dont la mort elle-même ne tarderait pas à résulter.

TROISIÈME LETTRE.

Impossibilité de l'indifférence sur le choix des méthodes, et surtout sur l'ordre des objets d'enseignement.

> La contrariété tient souvent au langage :
> On peut s'entendre moins, formant un même son,
> Que si l'un parlait basque, et l'autre bas-breton.
> RULHIÈRE.
>
> La logique est la géométrie des idées, comme la géométrie est la logique des corps.
> LAMENNAIS, *Esquisse d'une philosophie nouvelle.*

Nous avons signalé, Monsieur et honoré Collègue, une première confusion faite par les partisans du système allemand. C'est celle des *objets* et des *méthodes* de l'enseignement.

En voici une seconde. C'est celle de la liberté d'enseignement avec l'indifférence pour tout choix d'objets ou de méthodes.

Magique est la puissance du mot liberté !
Qui pourrait s'en étonner ? N'est-ce pas, comme

nous l'avons vu dans cet ouvrage, le mot qui exprime l'essence même de notre être ?

L'émotion qu'il réveille, la grandeur du bien qu'il exprime, laissent rarement à ceux qui le prononcent, l'impartialité froide nécessaire pour le bien comprendre.

Aussi, en excitant le sentiment, il peut doubler les forces, comme éblouir la faiblesse de la raison ; les grandes vérités, comme les grandes erreurs, naissent de l'activité qu'il met en jeu.

Décomposons-le une fois encore : et dégageons ce qu'il contient. — L'homme a des devoirs, donc le pouvoir de les remplir ou de les violer.

Comme il n'y a qu'une ligne droite qui soit le plus court chemin d'un point mathématique à un autre, il n'y a qu'une ligne droite qui soit le plus court chemin entre nos devoirs et leur but. Peut-on supposer la morale double ? non : par cela même elle cesserait d'être. — La liberté morale n'est donc que la faculté de s'égarer dans des voies illégitimes, en cherchant l'unique voie légitime.

Il en est de la direction de l'intelligence comme de la direction des actions. La vérité est une, ou sinon elle n'est pas. Une seule méthode peut y conduire. — La liberté scientifique n'est donc que la faculté de s'égarer dans des voies illégitimes, en cherchant l'unique voie légitime.

Sainte liberté! je veux, en toutes choses, que ta part soit immense! Mais je ne puis cependant oublier que tu n'es que le moyen, et non le but!

A toi l'honneur d'être le second des biens! Mais j'en vois un plus grand qui l'emporte sur toi, c'est le beau, le vrai, le juste, que tu dois chercher?

Je ne puis donc, avec M. Laboulaye, m'arrêter dans les limites de ton cercle. Je ne puis, oubliant Rome dans les délices de Capoue, croire que la science est, par cela seul que la liberté est!

Expliquons-nous mieux! — Je me suis souvent demandé comment se concilient, d'une part, la conviction d'un homme qui croit avoir des pensées fécondes, et, d'autre part, la modestie que son génie même doit conserver?

Que ferait-il, sans une foi vive en lui-même? Rien. — Mais si cette foi produit l'exclusivité systématique, son ardeur brûle au lieu d'éclairer.

Où sera la limite entre la conscience qu'aura cet homme de sa supériorité, et son respect pour l'individualité de ses semblables?

Elle sera dans la distinction, que le système allemand n'aperçoit pas suffisamment, de l'indifférence et de la liberté!

Quel est l'homme qui comprend le mieux la vertu? — celui qui, le plus rigoureux dans la direction de sa propre conduite, apporte la charité la plus évangélique dans l'appréciation des actions d'autrui?

Quel est l'homme qui comprend le mieux la science? — celui qui, plein de bienveillance pour toutes synthèses opposées aux siennes, croit énergiquement toutefois à la puissance de celle qu'il a cherchée par les efforts de toute sa vie!

L'ambition d'être utile n'est pas l'orgueil! pas plus que la tolérance n'est le relâchement! pas plus que l'observation n'est le scepticisme!

Il n'y a qu'une personne à laquelle je ne puisse pas reconnaître le droit de se tromper : c'est moi-même!

Pour moi, l'excessive sévérité! pour mes frères, l'indulgence!

Ces sentiments sont les vôtres, monsieur et honoré collègue!

Aussi nous nous garderons, vous et moi, de dire avec M. Laboulaye : « *Qu'importe le chemin que prendront les concurrents, s'il y a quatre, dix voies* ÉGALEMENT LÉGITIMES (1)? »

(1) *Revue de législation et de jurisprudence*, 1845, t III, p. 307.

Toutefois n'exagérons rien! — Nous pourrons bien admettre, en fait, qu'il y a des méthodes voisines de la bonne, qui n'en différeront qu'en ce qu'elles allongeront un peu plus la route.

Mais les proclamer en principe toutes *également légitimes*, c'est tomber dans une indifférence qui entraînerait les inconvénients les plus graves; en effet, la condition nécessaire de toute ardeur scientifique est la croyance à un type de perfection absolue, quelle que soit la difficulté d'en approcher.

Si celui qui enseigne n'a pas, dans la conscience, de ses infatigables efforts, quelque chance, au moins apparente, d'avoir trouvé la meilleure des méthodes, son devoir est de briser sa plume, et de descendre de sa chaire. — Trop peu d'exclusivité dans l'amour dégénère en négation de l'amour même. La recherche du vrai cessera d'être le dévouement à l'humanité, elle ne sera plus que l'amusement passager qui se suffit à lui-même, si elle se trouve satisfaite, à trop peu de frais, par la vue du premier fantôme du beau qu'elle rencontre!

Nous voudrions ici en avoir fini avec la critique qui fait le sujet de cette seconde lettre. — Mais voici que le souvenir de la première nous oblige à ajouter encore quelques mots.

Nous devons faire voir dans quelle proportion

va grandir le reproche de confondre la *liberté* et l'*indifférence*, quand il va se combiner avec l'autre reproche de confondre les *méthodes* et les *objets* d'enseignement.

Si l'on persiste à dire qu'il y a au moins une demi-vérité, approximative, sinon mathématique, dans l'allégation de la valeur semblable de plusieurs méthodes, la raison peut, à la rigueur, passer condamnation sur cette proposition, pourvu qu'on restreigne du moins le mot *méthode* dans son acception véritable.

Mais si la philosophie et l'histoire, au lieu d'être des *objets* nécessaires de l'enseignement, ne sont que des *méthodes* dont le choix est indifférent, alors la science n'est pas seulement la ville éternelle où mènent toutes les routes; elle devient la Babel où tout est confusion. »

Qu'importe à l'État, dit M. Laboulaye, *qu'une tête spéculative commence par la philosophie* (1)? — Rappelons-nous que c'est la philosophie séparée, dans des cours distincts, de l'histoire et de la pratique ! — Alors c'est dire : *Qu'importe qu'on étudie l'avenir, avant de connaître le présent et le passé ?*

Ce n'est pas tout. — Le même laisser-aller va se

---

(1) *Revue de législation et de jurisprudence*, 1845, t. III, p. 307.

retrouver dans la question de la distribution des branches du droit.

L'adversaire que nous devons combattre, et dont la fougue trop peu mesurée restera, malgré tout, utile à la cause de la science, va-t-il en effet donner quelque importance à la recherche de cette distribution? — Ce serait une contradiction trop grande. Il est facile de présumer qu'il déclarera inutile, nuisible même, tout souci de cette distribution!

Il n'y manque pas. —Témoin la page où il affirme qu'il n'y a nul intérêt à *expliquer trois ans plus tôt, ou trois ans plus tard, qu'en fait de meubles possession vaut titre* (1).

Or cette maxime, insignifiante en elle-même, comme tant d'autres brocards attaqués par nous dans la première partie de ce volume (2), fait partie, si on l'entend sainement, du droit sanctionnateur, soit comme disposition du système des preuves, soit comme disposition du système de l'indemnité civile.

Commencer par l'expliquer, c'est développer le droit sanctionnateur, avant le droit déterminateur qu'il est destiné à sanctionner. — En d'autres termes,

---

(1) *Ibid.*, p. 328.

(2) « Quelques jurisconsultes de la première race (depuis Irnérius jusqu'à Jason), nous accablent, dit Leibnitz, par le grand nombre de règles ou brocards qu'ils ramassent outre toute mesure, avec leurs exceptions ou fallences, jointes aux ampliations, limitations, restrictions, distinctions, pour ne rien dire des réplications répliquées. » (LEIBNITZ, *Discours touchant la méthode de la certitude.*)

c'est rédiger un état de lieux, avant que la première pierre de la maison à décrire soit posée.

Personne, que je sache, n'a jamais affirmé qu'une liberté raisonnable autorisât, dans les écoles primaires, l'enseignement de l'écriture avant celui de la lecture; ni, dans les colléges, la permission de commencer par la rhétorique pour redescendre aux classes de grammaire; ni, dans l'atelier du peintre, les leçons sur la couleur et l'expression, avant le premier précepte sur la manière de tenir son pinceau?

Eh quoi! en est-il donc autrement, monsieur et honoré collègue, de la science qui nous a demandé toutes nos méditations et nos veilles?

S'il n'est pas loisible d'en commencer l'étude par la fin, la liberté est-elle donc en péril?

S'il en est ainsi, inclinons-nous! Adorons avant tout la liberté! — Mais, en immolant sur son autel le sens logique, demandons à notre adversaire de donner du moins avec nous, à la noble victime, les quelques pleurs que son inflexibilité lui refuse!

QUATRIÈME LETTRE.

Conciliation des devoirs et des droits de l'État avec la liberté d'enseignement.

> « Instruction et justice, et dans la justice est comprise une partie essentielle de l'instruction ; c'est là le système social tout entier, tout le devoir et tout le droit des pouvoirs de la société. »
>
> M. Rossi, *Traité du droit pénal*, t. i, p. 284 (1).

Les deux lettres précédentes, monsieur et honoré collègue, ne m'ont-elles pas rendu suspect d'un peu d'absolutisme systématique ?

Je le crains. Je sais bien qu'auprès de vous cette accusation n'aura nul crédit. Vous serez même tenté d'en rire. — Mais d'autres que vous liront ces lettres ; et il faut me hâter de leur dire comment j'entends la liberté.

---

(1) Nous regrettons que notre honorable doyen, qui a si bien développé cette pensée, retenu en ce moment loin de la France qu'il représente, ne vienne pas lui apporter, dans le sein de la haute commission, l'appui de sa parole et de son autorité.

Les partisans du système allemand, en affirmant plutôt qu'en démontrant le déclin de l'enseignement du droit en France, en font remonter la cause jusqu'aux jésuites, auteurs, disent-ils, de la servitude qui pèse sur cet enseignement (1).

Au surplus, suivant eux, c'est cette servitude qui produit tout le mal. Je transcris ici les paroles de M. Laboulaye :

« Le vice radical de notre enseignement, c'est le régime de contrainte et de servitude qui ôte au professeur, comme à l'étudiant, toute liberté d'esprit et toute liberté d'action.

» Ce système se résume en peu de mots. Pour le professeur, cantonnement dans une chaire, que le hasard et non la vocation, lui attribue; obligation pour lui de passer toute sa vie renfermé dans un seul et unique enseignement, quels que soient la nature de son génie, la direction de ses études, le changement de ses idées. Pour l'élève, études forcées, c'est-à-dire obligation de voir exclusivement certaines matières dans un ordre et dans un temps voulu; examens réitérés, qui sont comme le contrôle du régime adopté par le gouvernement, et qui, destructifs de toute liberté, retirent à l'étude son plus puissant ressort, et contraignent les jeunes gens à n'apprendre que ce qu'il plaît à l'État d'enseigner, dans

---

(1) *Revue de législation et de jurisprudence*, 1845, t. III, p. 298.

l'ordre exigé par l'État, dans le temps fixé par l'État, jour par jour, heure par heure, et sans même laisser à l'étudiant la possibilité de choisir, entre divers professeurs, celui dont la méthode ne le rebute pas (1). »

Assombrir, au delà de la réalité, le tableau d'un régime de servitude, c'est se donner beau jeu pour en condamner la tyrannie.

Qui ne croira, après avoir lu la page que nous venons de citer :

1° Que nul professeur français ne peut ajouter d'autres cours à celui dont il est chargé ;

2° Qu'il ne peut être autorisé à échanger, momentanément, sa chaire, avec un collègue désireux comme lui de varier ses études ;

3° Que la vie des professeurs suppléants s'épuise dans l'impossibilité légale d'enseigner une matière de leur choix ;

4° Que les docteurs ne peuvent être autorisés à ouvrir des cours?

Et cependant nulle de ces quatre prohibitions n'existe dans l'organisation actuelle des écoles (2).

Qui ne croira encore, sur la foi de cette même page,

---

(1) *Revue de législation et de jurisprudence*, 1845, t. III, p. 298.
(2) M. Bonnier, *Revue de droit français et étranger*, 1846, t. III, p. 218.

1° Que l'élève n'a aucune liberté dans le choix de ses professeurs ;

2° Qu'il n'a aucune liberté dans le choix du moment de passer l'examen ?

Et cependant il a, sous ces deux rapports, une position bien moins fâcheuse que celle qu'on représente sous ces traits exagérés.

Le roulement des cours de Code civil, l'existence, à Paris du moins, de plusieurs cours doubles, la complaisance des professeurs donnant toute facilité pour échanger un cours contre un autre, et disposant les heures de leurs leçons de manière à seconder ces échanges, ne permettent pas de dire exactement que toute liberté soit refusée à l'élève, quant au choix de ses maîtres. Et d'autre part on ne peut prétendre que le jour de l'examen lui soit fatalement imposé, lorsque aucune limitation de temps ne lui est assignée, si ce n'est pour les deux épreuves de baccalauréat, et que, même pour celles-là, il peut fixer le jour dans le large intervalle qui s'écoule entre un minimum et un maximum de temps d'études, sans interrompre ses inscriptions ; et lorsque, d'ailleurs, si ce délai légal ne lui suffit pas, et s'il veut consacrer plus de temps à la préparation sérieuse de ses épreuves, il ne trouve dans l'interruption de ses inscriptions aucun inconvénient grave !

Mais laissons toute discussion sur le degré de la

servitude. Accordons qu'elle existe, à certains égards, dans l'état actuel des choses. Reconnaissons qu'il y a des entraves à supprimer, des lacunes à combler.

Pour y parvenir, allons-nous, donnant le coup de balancier, nous élancer d'un point extrême à l'autre ?

C'est ce que font les partisans du système allemand. Ils ne veulent pas plus de Rhin que Louis XIV ne voulait de Pyrénées. Ils ne se contentent pas de l'extension notable, proposée par M. de Salvandy, du cadre de notre système français. — Partant de ce principe, combattu plus haut par nous, qu'il y a *dix voies légitimes d'étudier le droit*, ils demandent, sans modification, l'enseignement encyclopédique désordonné et disproportionné des Facultés de Bonn, de Berlin, de Leipsig, etc.

En vain on les avertit de tenir compte du génie si différent de deux nations, dont l'une a besoin d'aiguillon, médite lentement, et vit tellement par la pensée qu'elle se résout à peine à l'effort de lui donner la forme; tandis que l'autre, qui a moins besoin d'ailes que des *semelles de plomb* proposées par Bacon, saisit avec rapidité, résume avec brièveté, et traduit les systèmes ébauchés par sa sœur, en livres bien coordonnés, comme en révolutions politiques et intellectuelles :

Ils n'en persévèrent pas moins dans leur formule : *liberté la plus absolue, soit du professeur, soit de l'élève.*

Liberté du professeur. — Rétribué en grande partie par ses auditeurs, il doit pouvoir enseigner à tous ceux qu'il attire, ce qu'il veut, comme il le veut, quand il veut.

Il ouvrira autant de cours qu'il lui plaira.

Peu importe que l'État l'ait nommé pour donner un enseignement déterminé, public et gratuit! il n'a pas l'obligation sérieuse de remplir sa fonction : « *Ce cours, qui est tout d'apparat, et qui est d'une heure ou deux au plus par semaine, ne compte vraiment pas dans l'enseignement. Les étudiants ne le suivent qu'en petit nombre et par curiosité, et il n'est pas rare que ces cours ne durent pas tout le semestre, faute d'auditeurs* (1). »

Liberté de l'élève. — Cette liberté comprend pour lui le droit de deviner les objets d'étude, l'ordre des cours, les méthodes qui lui seront utiles.

La Faculté par ses programmes, et dans les cours de Propædeutique, de Méthodologie ou d'Encyclopédie, lui donne seulement à cet égard des conseils, qu'il est le maître de ne point suivre, de ne point lire, de ne point entendre.

---

(1) M. Édouard Laboulaye, *Revue de législation et de jurisprudence*, 1845, t. III, p. 336.

Un seul examen final, après plusieurs années d'études, telle est la seule garantie que l'Université lui demande d'une instruction suffisante acquise dans son sein.

Aussitôt que le bienheureux jour de cette liberté sans limite aura lui en France pour les professeurs et pour les élèves, les premiers se disputeront à l'envi les nombreux cours entre lesquels ils partageront leurs travaux; et les seconds, accueillant tout enseignement *avec transport* (1), *se passionneront pour des études de leur goût* (2).

Un peu d'ordre dans les cours, un peu d'ordre dans les examens, telles étaient les entraves qui paralysaient leur activité.

Qu'on les supprime! et l'amour du travail réprimera les entraînements de leur âge! et il y aura plutôt à retenir qu'à exciter leur imagination, enflammée d'une ardeur scientifique d'autant plus intense qu'elle sera plus spontanée!

Voilà des prophéties séduisantes. — Nous aimons le sentiment qui les inspire.

---

(1) M. Édouard Laboulaye, *De l'enseignement du droit en France*, 1839, p. 27.
(2) Id. *Revue de législation et de jurisprudence*, 1845, t. III, p. 322.

Nous rendons de sincères actions de grâces à tous ceux qui cherchent à rendre moins silencieuse la vie de nos Facultés, à leur faire produire, par la concurrence et l'émulation, un mouvement plus sensible au dehors!

Avec quelle joie ne saluerons-nous pas le jour où, prenant dans l'État la place qu'elles doivent ambitionner, et montant à une sphère d'action plus élevée encore que celle de la doctrine spéculative, elles mériteront, par l'universalité de leurs lumières, de désigner, pour toutes les fonctions publiques, des candidats munis par elles des garanties de la science et du patriotisme! et d'être des chambres consultatives, appelées à donner au législateur des avis utiles sur tout projet d'une loi nouvelle (1)!

Mais nos désirs et nos espérances d'un avenir meilleur pour les Facultés de droit, ne doivent pas nous prédisposer à accepter, comme un progrès, tout changement proposé.

La simplicité du système allemand peut séduire au premier abord. Mais un examen plus attentif fait reconnaître qu'il est contraire :

1° Aux devoirs et aux droits de l'État ;

2° A la nature de l'instruction supérieure ;

---

(1) Remercions M. Martin du Nord et M. de Salvandy d'avoir bien voulu demander aux Facultés leur avis sur diverses réformes législatives.

3° A la bonne direction du travail des élèves.

Nous allons discuter successivement ces trois propositions.

Première proposition. — *L'introduction du système allemand est contraire aux devoirs et aux droits de l'État.*

Un seul mot formulera la discussion qui va suivre. Le système allemand demande la liberté pour tous, excepté pour l'État. — Le système français comprendra mieux la liberté; il la voudra pour tous, même pour l'État.

La pensée du premier est que la science prenne à son gré toutes les formes individuelles, une seule exceptée, celle que proposerait le pouvoir social. — La pensée du second sera d'admettre aussi toutes les formes individuelles, mais à côté d'une forme de plus, celle que déterminera le pouvoir social.

Quand il sera développé dans ce sens par toutes les lois que la Charte a promises sur l'Instruction publique, le système français sera, bien mieux que le système allemand, l'expression des principes de la véritable philosophie du droit.

Essayons de le prouver.

Nous l'avons dit dans plus d'une page de ce volume, définir l'homme, c'est nommer la société;

Définir la société, c'est nommer un pouvoir social;

Définir le pouvoir social, c'est nommer un instituteur des nations, qui a droit et devoir de les guider, par la propagation de toutes les connaissances, vers l'intelligence des lois suprêmes, celles de la justice.

Or à tout droit et à tout devoir ses moyens ;

L'État doit avoir les siens. Sinon son impuissance n'a plus qu'à abdiquer le soin de diriger ; et les poëtes, la lyre en main, conduiront, comme ils pourront, les générations dans ces forêts primitives où elles ne sont jamais allées!

Quels seront les moyens de l'État ? — L'analyse découvre les suivants :

1° Avoir une pensée déterminée sur la direction à donner ;

2° Publier, par tous les moyens possibles, cette pensée ;

3° Admettre la concurrence des pensées individuelles ;

4° Fixer cependant une limite à la concurrence.

1° *Avoir une pensée déterminée sur la direction à donner.* — Est-il nécessaire de dire que, pour conduire autrui, il faut savoir son chemin ?

2° *Publier, par tous les moyens possibles, cette pensée.*

— Elle se montre d'abord par la promulgation du texte des lois.

Bentham propose, avec raison, d'ajouter, à cette promulgation, celle des motifs du législateur.

Mais ces deux révélations matérielles sont insuffisantes.

Après l'office du prote de l'Imprimerie Royale, commence celui de l'Instruction publique.

L'État préfère l'hygiène à la médecine, et les prédications des apôtres à la force des gendarmes.

Il prend la voix persuasive d'un père qui veut qu'on aime ses préceptes, et non la voix d'un maître qui veut commander sans convaincre.

En conséquence, il ne se contente pas de présumer qu'on sait ses théories ; il charge un corps enseignant de révéler, dans les écoles de tous les degrés, à toute heure, en tous lieux, sous son inspiration, tout ce qu'il a médité et compris sur la destination de l'humanité.

3° *Admettre la concurrence des pensées individuelles.*
— Trop éclairée pour être certaine d'avoir trouvé la vérité complète, la pensée de l'État ne peut s'en tenir à l'intolérance d'un système immuable. Elle appelle donc autour d'elle les autres pensées, pour en accepter la réaction progressive sur la sienne, et

se modifier par elles dans le sens du perfectionnement.

4° *Fixer la limite de la concurrence.* — Ici commence pour l'État le plus grand embarras.

Où placera-t-il le point d'intersection entre le respect et la critique permise de sa pensée? entre l'accomplissement de son devoir de conserver la société, et l'accomplissement de son devoir de tendre incessamment au perfectionnement?

Le système allemand nous aidera-t-il à résoudre ce problème?

M. Laboulaye se contente de nous dire « que *l'État doit empêcher toute doctrine subversive* (1). »

Prise à la lettre, cette proposition serait la négation de la liberté.

Dans l'exactitude étymologique du mot, la science ne peut être, si elle n'est pas subversive. Son essence consiste à rechercher sans cesse le juste et le beau, donc à renverser sans cesse les erreurs de l'éthique et de l'esthétique.

A quoi servirait cette indépendance nuageuse que réclame le système allemand, si ce n'était à remuer le champ des idées d'aujourd'hui, pour semer celles que demain doit faire éclore?

Ajoutons donc un mot à la proposition citée ci-

---

(1) *Revue de législation et de jurisprudence*, 1845, t. III, p. 322.

dessus, pour la rendre saisissable. Lisons : *l'État doit empêcher toute doctrine trop directement subversive.*

Nous ne doutons pas que la plume, dévouée à la liberté, qui a écrit cette proposition, ne puisse l'expliquer dans le sens le plus généreux, le plus éloigné de toute tyrannie gouvernementale. — Mais nous regrettons que l'auteur n'ait pas donné cette explication préalable.

Le tort nous semble d'autant plus grand, qu'il écrit sur la distinction du juste et de l'injuste. Or c'est sur ce grand mystère qu'il faut surtout ici s'entendre.

Quand la science n'exerce son action subversive qu'en remplaçant par des règles mieux observées les erreurs antérieures de la mécanique, de la grammaire, de la peinture, ou en préférant les tableaux historiques de Shakespeare aux trois unités de la tragédie classique, l'État peut et doit s'en inquiéter sans doute (car rien n'est pour lui indifférent), mais toutefois assez médiocrement.

S'agit-il au contraire de la science du juste et de l'injuste, c'est-à-dire de la science qui embrasse la constitution de l'État? celui-ci, en face de cette science, quand elle veut innover, est en face du juge de sa propre existence.

Je demande en grâce qu'on m'apprenne, si cela se peut, comment un cours de philosophie du droit ou de droit constitutionnel peut être libre sans la critique indépendante des institutions existantes? et je ne cite ces deux cours que comme les deux exemples les plus saillants; car je ne connais nul autre cours, fût-il de procédure, d'enregistrement, de timbre ou de notariat, qui puisse échapper à cette loi inévitable d'un enseignement complet.

A quel degré cependant ce libre examen devra-t-il s'arrêter, sous peine de dégénérer en faute? M. Laboulaye ne nous le dit pas.

Ici que l'on reconnaisse si nous avons eu tort, dans notre préface, de demander à tout réformateur sa profession de foi préalable sur l'encyclopédie et la philosophie du droit! — Faute de cette profession de foi, qui se hasarderait à deviner ce que l'auteur, s'il était ministre de l'Instruction publique, tirerait de cette formule : *liberté complète de la science, pourvu qu'elle ne soit pas subversive?*

Le vague où elle se renferme n'en fait-il pas un thème gouvernemental aussi propre à être adopté à Constantinople qu'à Londres ou à Paris? Est-elle autre chose qu'un cadre élastique d'une idée qui reste ignorée?

Pour nous, on le sait, nous avons vu, dans la science du juste, la recherche de l'égalité des droits; et nous n'avons admis l'inégalité des conditions que comme sanction de celle-ci, comme moyen de punir ou de récompenser ceux qui violent ou qui observent l'égalité des droits. — Ces principes, posés par nous, font suffisamment connaître que nous trouvons bon nombre de points à réformer dans l'état social présent.

Nous demandons en conséquence une grande latitude pour la liberté d'examen.

Mais tout en suppliant le pouvoir social de faire la part la plus large qu'il se pourra à la critique dirigée contre lui-même, nous ne pouvons pas, sans abjurer notre raison, et sans nier l'état social lui-même, lui refuser le quatrième moyen que nous avons indiqué d'exercer son action, c'est-à-dire le droit, incontestable théoriquement, d'être juge et partie dans sa propre cause, *en fixant la limite de la concurrence entre les pensées individuelles et sa pensée.*

Tels sont nos principes sur les devoirs et les droits de l'État.

S'ils sont exacts, voyons quel est, du système allemand ou du système français, celui qui tend le mieux à leur application.

Pour exposer le premier, je laisse parler M. Laboulaye. — Félicitant les Facultés allemandes, *dont la fin n'est pas le service public* (1), *d'être un établissement*

___
(1) *Revue de législation et de jurisprudence*, 1845, t. III, p. 302.

dans *l'État, et non de l'État* (1), *il permet seulement à celui-ci de surveiller l'esprit de l'éducation, et d'empêcher toute doctrine subversive* (2).

C'est reconnaître implicitement à l'État le premier moyen de direction que nous avons signalé, c'est-à-dire *le droit d'avoir une pensée.*

C'est absorber le second moyen, *l'enseignement de cette pensée*, dans le troisième, *la concurrence des pensées individuelles avec la sienne.*

Et en conséquence, c'est arriver à appliquer d'une manière arbitraire et mystérieuse le quatrième moyen, c'est-à-dire *la limitation de cette concurrence.*

La mythologie parle d'un sphynx, qui déchirait les voyageurs, s'ils ne devinaient pas ses énigmes.

Le pouvoir social, s'il n'enseigne pas sa pensée, et si cependant il en réprime matériellement la violation, devient plus ou moins semblable à ce sphynx.

Eh quoi! ne dira-t-il sa volonté qu'en punissant ceux qui ne l'ont pas pressentie? et seulement pour accomplir ce précepte, de politesse plutôt que d'humanité :

Lorsque l'on pend les gens, on leur dit pourquoi c'est?

---

(1) *Revue de législation et de jurisprudence*, 1845, t. III, p. 302.
(2) *Ibid.*, p. 322.

Non : l'État ne peut accepter, comme son unique droit, la brutalité matérielle de ce veto.

Il veut d'autres moyens pour l'instruction des peuples. — La science n'est pas comme le trône; elle admet le partage.

En exigeant un certain ordre dans la conduite de chacun, l'État a besoin de rappeler sans cesse, par la voix de l'enseignement, pourquoi et comment cet ordre est exigé.

A côté de la cour de Cassation et du Conseil d'État, chargés de maintenir l'unité d'application des lois, il faut un corps enseignant, chargé d'expliquer l'unité de leur pensée, dans les écoles primaires, comme dans les secondaires, et dans les Facultés. Et si les gouvernants croient bon d'ouvrir des écoles modèles de lecture et de dessin linéaire, ils doivent aussi regarder comme indispensable d'ouvrir des cours modèles de bonnes actions pour les hommes dont ils sont les pasteurs!

Si l'État en France a une trop grande part, en ce moment, dans la direction des études, l'État en Allemagne en a une trop faible.

Il faut vraiment avoir pris à l'avance le parti d'admirer, pour trouver que les gouvernements allemands ont à *s'excuser* de créer des enseignements *gagne-pain*, et d'exiger *le mal inévitable de l'examen* (1);

---

(1) *Revue de législation et de jurisprudence*, 1845, t. III, p. 303,

et pour présenter, comme des modèles accomplis du fonctionnaire, les professeurs qui, chargés par l'État d'enseigner gratuitement certaines matières, ne les enseignent pas, et consacrent tout leur temps à d'autres cours, rétribués par les élèves!

On le voit, si tous se donnent le mot, l'enseignement officiel n'existe plus (1)! et la science trouve son portrait trop ressemblant dans une estampe bien connue, au bas de laquelle on lit *luxe et indigence*, où l'on voit un cachemire rester comme unique vêtement protecteur contre les rigueurs des saisons !

Que, malgré tout cela, et non à cause de tout cela, les facultés allemandes continuent à fleurir, par le talent des maîtres et les goûts studieux des élèves, c'est le plus bel éloge qu'on en puisse faire! comme il faut faire l'éloge du bon sens des Anglais, tirant de bons effets de leurs institutions surannées !

Mais ne transportons pas au droit le mérite qui appartient au fait! n'attribuons pas à un mauvais instrument le tour de force de l'habile exécutant, qui sait en tirer parti !

---

(1) M. Laboulaye, qui approuve ce désordre (*Revue de législation et de jurisprudence*, 1845, t. III, p. 336, note 2), est pourtant le même homme qui avertit un professeur d'exégèse que, s'il veut faire de l'histoire dans son cours, *c'est introduire l'anarchie dans l'enseignement!* (*De l'enseignement du droit en France*, p. 3.) — Il faut renoncer à concilier de telles contradictions scientifiques.

Pour opposer à ce système allemand le système français, nous empruntons à une voix éloquente des paroles aussi judicieuses que prophétiques, qui renferment, nous en sommes convaincu, le mot de l'avenir :

« En matière d'instruction publique, le jour où la part aura été faite à la liberté, ce jour-là, vous, nous, tout le monde, nous sentirons la nécessité de fortifier l'instruction de l'État, l'autorité de l'État dans ses propres établissements. Et le régime de la concurrence, le spectacle de la liberté, tournera au profit de l'État, au profit des établissements de l'État, au profit du gouvernement qui les dirige (1). »

C'est là l'intelligence complète de la liberté.

Constituons en France, sur ces bases, l'enseignement de la jurisprudence, comme celui de toute autre branche des connaissances humaines !

Profitons d'abord des conseils de M. Laboulaye, en multipliant, dans le sein même de l'Université, les causes d'émulation et de concurrence.

Que les professeurs chargés d'un enseignement déterminé soient engagés par des récompenses honorifiques, plutôt que par l'intérêt pécuniaire, à ouvrir, pour peu qu'il leur reste de temps, des cours sur d'autres matières que celles de leurs chaires !

---

(1) M. Guizot, séance de la chambre des députés, du 30 janvier 1846.

Que des permutations d'enseignement soient favorisées entre eux, dans certaines limites!

Que la liberté des méthodes leur soit réservée tout entière, comme nous le dirons plus loin !

Que les professeurs suppléants aient l'obligation d'ouvrir des cours de leur choix, auxquels on attacherait une rétribution, que j'aimerais mieux encore leur voir accepter de l'État que des élèves !

Et sans redouter de mesquines considérations de rivalité, reconnaissons, avec M. Laboulaye (1) lui-même, qu'il était trop timide, en 1839, quand il voulait interdire aux professeurs suppléants le droit de choisir les matières enseignées par les professeurs titulaires!

Cela fait, étendons la concurrence au dehors. — Que, sous certaines garanties, et notamment sous celle de votre inspection, Monsieur et honoré Collègue, les docteurs deviennent des *privat docent*, ouvrant, pour les élèves, des cours rétribués par leurs auditeurs !

Que les certificats d'assiduité à ces cours autorisés soient admis à l'égal des nôtres, pour permettre à l'élève de se présenter à l'examen dans les Facultés !

Et ici ne prévoyons même pas une objection imaginaire. — N'essayons pas de défendre les Facultés du soupçon d'injuste partialité contre les

---

(1) *Revue de législation et de jurisprudence*, 1845, t. III; p. 352 à 354.

élèves des établissements rivaux. Ayons foi en leur justice! il le faut au surplus; car la liberté d'enseignement ne peut pas arriver au résultat de rendre illusoire la collation des grades.

Nous appelons, quant à nous, de tous nos vœux, ce grand jour de la concurrence des établissements rivaux avec ceux de l'État.

Ou bien il en sortira l'abaissement de l'enseignement officiel! et tous les bons citoyens se réjouiront, avec nous que cette liberté ait fait surgir des serviteurs plus dévoués du pays que les membres des Facultés, et ait pu exciter des esprits dont l'élan était paralysé par un système de privilége!

Ou bien il en sortira la glorification de l'enseignement de l'État, enseignement susceptible d'amélioration sans doute, mais qui déjà, tel qu'il est, propage la plus grande partie des idées solides et utiles!

N'en doutons pas : c'est ce dernier résultat qui sortira de la lutte.

Excitée par la vue de nombreux points de comparaison, l'Université sera d'autant plus progressive, qu'elle aura plus de progrès à dépasser.

Si les satellites lumineux, qui tourneront autour d'elle, menaçaient d'effacer sa lumière au lieu de lui renvoyer la leur, elle saurait, par un effort plus intense, attirer leur flamme à son foyer.

Entre eux et elle, existerait le même rapport qu'entre les voûtes des cathédrales et ces statues de saints et de martyrs qui, suivant l'expression de notre bien-aimé maître de philosophie, M. Ozaneaux,

> Semblent porter au ciel, par des efforts jaloux,
> L'éternel monument qui les soulève tous (1) !

DEUXIÈME PROPOSITION. — *L'introduction du système allemand est contraire à la nature de l'Instruction supérieure.*

Il faut distinguer, à beaucoup d'égards, les leçons de Facultés et les leçons familières.

Les premières, faites du haut de la chaire, après une préparation sérieuse du fond et de la forme, négligent les détails pour s'attacher aux points importants. — Elles excitent efficacement l'ardeur de celui qui les donne, comme de ceux qui les reçoivent, par suite de cette communication électrique qui ne manque pas de s'établir dans toute réunion d'hommes. — Utiles aux esprits impressionnables, c'est-à-dire à la grande majorité des jeunes gens, elles ne manquent leur effet que sur quelques intelligences, dont la lenteur ne peut suivre le mouvement qu'elles impriment.

(1) Mission de Jeanne d'Arc, chant XII.

Les secondes, causeries improvisées d'un maître avec ses élèves sur les divers points d'une science, peuvent, par la patience des moyens et la netteté des formules élémentaires sans cesse répétées, vaincre la paresse des intelligences auxquelles ne conviennent pas les leçons de Faculté; mais elles n'ont pas, sur les autres intelligences, l'influence inspiratrice qui appartient à celles-ci.

Les unes n'emploient que la puissance de la parole accentuée, vibrante, agissant pendant une heure et demie sur un auditoire silencieux. — Chacune d'elles épuise pour tout un jour, et souvent plus longtemps, la verve du professeur. Quand, dans les derniers mois de l'année scolaire, nous en faisons six par semaine, le mois de septembre nous trouve épuisés de fatigue.

Les autres procèdent par des entretiens, des interrogations, parfois même de froides dictées. — On les multiplie sans autre lassitude que celle de la poitrine; et l'on pourrait dire, en rappelant indirectement le mot de Bossuet, que la voix de celui qui les fait tombe avant que son ardeur s'éteigne.

Les unes et les autres ont leur avantage. L'État les emploiera toutes deux, s'il y a lieu, dans l'enseignement officiel. — Mais il s'occupera des premières avec plus d'amour. En effet son besoin est d'exciter les forces vives déjà nées, plutôt que de galvaniser des forces inertes; et les moyens généraux qui instruisent les masses l'intéressent bien plus que les prodiges de pédagogie, qui tirent parti de quelques individualités rebelles.

Si l'État préfère les leçons de Faculté, il évitera ce qui pourrait les faire descendre au caractère des leçons familières.

Et d'abord, pour cela, il ne laissera pas le fractionnement démesuré des objets des cours produire le fractionnement démesuré des auditoires.

Supposez cent cours pour deux cents élèves! la leçon de Faculté demeure-t-elle possible?

Aussi lorsque, dans le programme de la Faculté de Berlin, cité avec éloge par M. Laboulaye (1), nous voyons figurer des cours distincts *sur le Mariage*, *sur les Successions*, *sur Quelques théories du Code civil*, nous nous demandons où est le grand avantage de se traîner, tout un semestre ou toute une année, sur des matières qui ne doivent remplir que quelques leçons d'un cours de droit de famille ou de droit privé, s'ils sont sagement proportionnés?

Par la même raison, l'État ne favorisera pas la

---

(1) *Revue de législation et de jurisprudence*, 1845, t. III, p. 340.

possibilité, pour un seul homme, d'entreprendre, à lui seul, un grand nombre d'enseignements.

Les forces sont limitées ; un proverbe nous avertit qu'*on étreint mal en embrassant trop.*

La verve manquera à celui qui prétendra faire, en un seul jour, plusieurs leçons de Faculté. Il est à craindre qu'après quelques séances brillantes d'ouverture, il ne tombe bientôt dans la causerie et la dictée, « *système détestable qui fait de l'étudiant une machine,* » comme le fait observer avec raison M. Laboulaye (1).

Les matériaux manqueront de même à ce professeur, qui aura la prétention d'être à lui seul une encyclopédie ; la spécialité des connaissances et de la vocation de chacun s'accommode peu de ces déambulations capricieuses sur toutes les parties de la science.

Un ou deux changements successifs d'enseignement, dans la vie d'un professeur, peuvent sans doute rajeunir ses inspirations ; mais les véritables besoins de l'intelligence ne demandent pas une inconstance perpétuelle, qui s'attache à vingt objets à la fois.

Au surplus, quand M. Laboulaye défend avec vigueur la cause de la spécialité, dans le règlement des

---

(1) *De l'enseignement du droit en France*, 1839, p. 57.

épreuves des concours (1), il reconnaît lui-même que rien n'est plus rare, dans un homme, que le don de l'universalité. (2) Et pour nous, une des vérités que nous aient le mieux révélées seize ans d'expérience, c'est que professer beaucoup est directement le contraire de bien professer.

Si l'on m'accorde ces prémisses, la conséquence sera que, sur ce point, la préférence appartient encore au système français sur le système allemand.

Ce dernier, en admettant le principe de la rétribution payée par l'élève au professeur, met, il est vrai, une certaine activité en jeu.

Mais l'intérêt pécuniaire n'est pas le meilleur conseiller de l'activité artistique, délicate, qui se complaît dans son œuvre, et cherche le beau pour le plaisir consciencieux de le trouver.

Sous l'inspiration de cet intérêt, on vise à la quantité plus qu'à la qualité des leçons.

De là le grand nombre de professeurs qui se disputent les élèves; de là le grand nombre de cours que chaque professeur veut ouvrir; de là, pour piquer la curiosité, l'annonce affectée, sur les pro-

---

(1) *Revue de législation et de jurisprudence*, 1845, t. III, p. 307.
(2) Comp. M. Bonnier, *Revue de droit français et étranger*, 1846, t. III, p. 214.

grammes, de singularités excentriques, plutôt que de matières d'un intérêt général.

Ces premières conséquences du principe adopté produisent, à leur tour, le fractionnement des auditoires, le défaut de verve du professeur, et enfin la dictée, *ce système détestable* que condamne avec raison M. Laboulaye, sans s'apercevoir que l'organisation allemande y pousse fatalement (1).

En un mot, la leçon familière tend à remplacer, en Allemagne, la leçon de Faculté, qui conserve en France toute sa puissance.

Si l'on se rend bien compte de tout cet enchaînement de résultats, on fera aisément justice des calculs exagérés, qui représentent l'enseignement allemand comme trois fois plus chargé que le nôtre (2).

Ce calcul pêche par la base, en ne mesurant que matériellement le nombre d'heures que les divers professeurs emploient d'une manière différente à initier leurs élèves (3). L'heure de la leçon n'a pour le professeur que du charme. C'est la préparation qui est fatigante. Celle d'une leçon de Faculté peut deman-

---

(1) Notre cher et honoré collègue, M. Demante, montre, on ne peut mieux, dans la préface de son excellent programme, les seuls avantages que puisse avoir la dictée, à la condition qu'elle soit imprimée.

(2) M. Édouard Laboulaye, *Revue de législation et de jurisprudence*, 1845, t. III, p. 303.

(3) Et encore ce calcul matériel n'est-il pas arithmétiquement exact, comme l'a démontré M. Bonnier, dans les articles précités de la *Revue de droit français et étranger*.

der bien plus de temps que celle de plusieurs leçons familières consacrées à des dictées.

Aussi les professeurs de nos écoles de droit sont bien tentés de sourire, quand on les représente comme de fortunés sybarites. Ils chargeraient au besoin de leur défense leurs collègues de la Faculté de médecine et de la Faculté des lettres, qui ont si souvent reconnu combien leur vie est plus occupée que celle de beaucoup d'autres membres du corps enseignant.

Troisième proposition. — *L'introduction du système allemand est contraire à la bonne direction du travail des élèves.*

Les réflexions que nous avons faites, dans notre seconde lettre, sur la nécessité de distinguer les objets et les méthodes, puis, dans la troisième, sur l'utilité de bien choisir l'ordre des objets et les méthodes, et enfin, dans la quatrième, sur le devoir et le droit de l'État d'enseigner utilement sa pensée, suffisent pour démontrer qu'il ne faut pas laisser, comme en Allemagne, à la seule inexpérience d'un jeune homme qui sort du collége, le soin de se faire un plan d'études.

Aussi personne, que je sache, n'admettra cette proposition de M. Laboulaye : « *Quel rapport y a-t-il entre les connaissances exigées et le moyen de les acquérir ?* » (1)

---

(1) *Revue de législation et de jurisprudence*, 1845, t. III, p. 307.

Une autre question restera plus douteuse, c'est celle de savoir s'il faut fractionner les examens pendant le cours d'études, ou n'exiger qu'un examen unique, quand ce cours est achevé.

La théorie spéculative adopte ce dernier parti, et, nous voudrions pouvoir nous y ranger; car ce moyen simple nous donnerait la liberté de méthode, que la troisième partie de ce volume réclame, et que le Conseil royal a refusée, dans l'enseignement du Code civil.

Mais quelque séduisante que soit pour nous la perspective de ce résultat, nous ne pouvons nous faire illusion sur la réalité des faits. L'examen fractionné serait la destruction du travail des élèves.

L'arrêté du 22 septembre 1843 a mille fois raison dans ses considérants, s'il a tort dans son dispositif en rejetant la diversité des programmes.

Nous savons d'ailleurs, par une expérience qui ne laisse aucun doute, que l'examen est d'autant plus faible que son cadre est plus étendu. — Témoin le second examen de doctorat, que l'élève subit sur un grand nombre de matières, souvent après cinq ans d'études; celui qui s'y présente ne serait pas traité avec justice, si l'examinanateur n'apportait pas à le juger une certaine indulgence, nécessaire en vue de la lourdeur du fardeau.

Mais M. Laboulaye a sa réponse toute prête aux

objections tirées de ces faits constants. — Il pense que la liberté décuplera la force de l'élève, aujourd'hui découragé par l'esclavage des examens fractionnés.

Ainsi l'examen unique deviendra, suivant lui, une épreuve sérieuse.

Pour le prouver, comparant ici l'étudiant allemand et l'étudiant français, comme il a comparé le professeur de l'une et de l'autre nation, il préfère le premier, parce qu'il passe, dans les murs de la Faculté, bien plus d'heures que le second (1).

Ce calcul matériel n'est pas plus exact que l'autre calcul, cité plus haut. — L'élève français peut avoir une bien plus rude tâche à remplir pour rédiger, chez lui, un travail utile, d'après des notes considérables prises sur une leçon de Faculté, que l'étudiant allemand pour empiler sur son bureau les dictées toutes faites qu'il rapporte de l'école.

Et quant aux effets magiques de la liberté pour augmenter les forces intellectuelles, nous ne les nions pas à l'égard de quelques esprits vigoureux ; mais nous n'y croyons pas pour les autres.

Si les Facultés sont transformées en abbayes de

---

(1) *Revue de législation et de jurisprudence*, 1845, t. III, p. 295.

Thélême, sur la porte desquelles on lira : *Fais ce que veux*, nous en verrons sortir quelques bénédictins, mais beaucoup plus de frères Jean des Entomeures.

CINQUIÈME LETTRE.

Division des cours de droit, d'après les distinctions tirées du point de vue de la source du droit.

Quod Deus conjunxit, homo non separet.

Jusqu'à présent, Monsieur et honoré Collègue, nous avons combattu les idées principales sur lesquelles s'appuie le système allemand.

Maintenant, prenant pour point de départ le système français, nous avons à rechercher les améliorations dont il est susceptible.

Ici le champ de la discussion n'est plus mesuré par M. Laboulaye. C'est le Ministre de l'Instruction publique qui prend l'initiative des propositions, en appelant la discussion sur celles qu'il indique dans son rapport.

Répondons à son appel, en répétant avec Horace :

Nil desperandum, Teucro duce, et auspice Teucro!

Et d'abord transcrivons ici l'énoncé des propositions contenues dans le rapport (1).

« Plusieurs questions, Sire, appelleront immédiatement la sollicitude de la commission. — A Paris, une chaire d'histoire du droit reste depuis longtemps vacante. — A Toulouse, l'enseignement du droit public a une existence uniquement nominale. Cet état de choses doit-il continuer? »

« Partout le droit criminel et la procédure sont confondus dans un seul cours. Les lois pénales, étude si élevée dans les principes, si pratique et si importante dans l'application, ne sont pas en réalité enseignées. Y a-t-il lieu de dédoubler ces chaires? »

« La Faculté de Paris renferme dans son sein plu-

---

(1) Ce rapport, envoyé aux Facultés, a été l'objet de réponses, qui ont été imprimées par ordre du ministre de l'Instruction publique (imprimerie de Dupont, rue de Grenelle-Saint-Honoré, 55).

Un tableau synoptique, sur la comparaison des réponses des Facultés, a été annexé à cette publication.

Il n'est pas plus permis à un membre d'un corps de s'approprier le travail de l'être collectif, que d'être indiscret sur les dissidences des votes émis dans les délibérations. Mais le seul amour de la vérité nous oblige à dire que la Faculté de Paris a été sévèrement traitée dans ce tableau synoptique, et par M. Laboulaye (*Revue de législation et de jurisprudence*, 1845, t. III, p. 291, 292).

On présente sa réponse comme contenant un *non absolu*, sur toutes les propositions du Ministre. Il n'en est point ainsi. — On y trouve, sur la question de l'extension de l'enseignement du droit criminel un non conditionnel, subordonné à la prolongation du temps des études; sur celle du développement du droit administratif, la préférence donnée à l'une des deux propositions du Ministre sur l'autre; enfin, sur la question des grades administratifs, une simple dissidence sur la dénomination à choisir pour les désigner.

sieurs enseignements particuliers qui ne peuvent pas être tous obligatoires pour les élèves de cette grande école. Quels sont les moyens de coordonner ces enseignements et de les rendre tous également utiles? »

« Le droit administratif, germe heureux déposé au sein de nos Facultés par un grand esprit, n'a pas pris dans les études une place suffisante, parce qu'il est isolé. Ne conviendrait-il pas de lui donner l'appui de quelques autres branches du même ordre de connaissances et d'études? Et comme, dans l'ancienne Université, on distinguait les docteurs en droit criminel, les docteurs en droit civil, ne pourrait-on pas avoir, à côté des gradués ordinaires, des gradués particuliers dans le droit administratif et politique? Dans ce système, les sciences administratives et politiques, plus largement professées, feraient cependant partie des Facultés de droit agrandies. Elles seraient une annexe de la Faculté de Paris. »

« Ne devraient-elles pas, au contraire, former une Faculté nouvelle, la digne fille du temps où nous sommes et du gouvernement éclairé et libre qui est le nôtre? — La diplomatique et toutes ses branches, le droit des gens, le droit international, c'est-à-dire le droit des gens appliqué à toutes les matières d'État et de commerce, l'histoire des traités, qui est l'histoire même de la constitution des États, le droit public de l'Europe actuelle, le droit maritime, si essentiel aux rapports des nations commerçantes et plein de questions ou de règles dont les derniers temps ont révélé toute l'importance, l'étude des Codes et des juridictions militaires, celle de tout notre système de gouvernement et d'administration, notre régime financier, si vaste et si nouveau, l'économie politique, notre ancien droit coutumier, notre nouveau droit constitutionnel, les institutions comparées des grands gouvernements représentatifs, le droit ecclésiastique enfin, qui a eu une si grande part dans l'origine et la suite de toutes les institutions civiles, qui comprend d'ailleurs toutes les difficultés et tous les problèmes des rapports de l'État et de l'Église, toutes ces sciences ont été professées autrefois, avec un grand éclat, dans les Universités. Elles le sont encore, pour la plupart, dans tout le Nord; elles le sont en Allemagne, en Angleterre, en Italie. Elles ne le sont en France nulle part, ou n'occupent à peine que deux ou trois chaires, sans lien entre elles, ne composant point un cours d'études, ne contribuant en rien à former la pépinière des serviteurs civils de l'État. Serait-il bien de rassembler toutes ces sciences, sous l'une des deux formes qui viennent d'être indiquées, en un même faisceau? Cet ordre nouveau de connaissances et d'épreuves ne préparerait-il pas utilement à l'État des magistrats, des administrateurs, des représentants de l'intérêt et du droit de la France au dehors? N'attirerait-il pas aussi ces jeunes hommes des classes éclairées, qu'on voit s'inscrire aux écoles de Droit sans se destiner au barreau ; ceux qui, sans se mettre directement, par des fonctions, au service de la chose publique, aspireraient simplement à tenir leur place d'une manière honorable dans la commune, dans le département, dans l'État ? Aujourd'hui, toute la jeunesse qui se destine aux carrières civiles et politiques, a devant soi plusieurs années qui ne sont pas remplies. Un noble et sûr emploi de ces années pleines de périls et d'incertitudes leur serait donné ; la seule obligation de suivre certains cours et de prendre certains grades deviendrait une garantie qui élèverait tous les services dans la considération générale ; nous assurerions des magistrats de tous les ordres plus préparés à leur mission, et nous développerions des éléments nouveaux de la supériorité nationale. »

« Il est des questions relatives à la constitution même du professorat, qui appellent un prompt examen. Doit-il y avoir des agrégés pour constituer un premier degré dans l'enseignement ? — Quel ordre d'épreuves lierait les deux degrés du professorat l'un à l'autre ? — Enfin, pourrait-on concilier l'inamovibilité, qui est nécessaire à la dignité de la situation et à la sécurité des personnes, avec le mouvement ascendant qui fait les efforts généreux et qui les soutient ? »

« Une partie des nombreuses chaires qui sont ou

qui seraient spéciales à la Faculté de Paris, ne pourraient-elles pas être réservées, dans des formes et selon des règles certaines, aux professeurs éminents qui honorent les autres Facultés, de sorte qu'il s'établirait, entre les départements et la capitale, un utile échange des talents, allant se faire connaître et se développer dans les départements, venant dans la capitale chercher la récompense de leurs succès et trouver la plus belle de toutes, celle qui consiste à être plus utile, en l'étant sur un plus vaste théâtre? Ces pensées, Sire, ont besoin d'être étudiées. La haute commission les mûrira. »

Pour procéder avec ordre, nous ferons rentrer les diverses questions posées par le rapport dans le cadre de la division quadripartite, que nous avons admise, des branches du droit.

Nous rechercherons, en conséquence, dans quel ordre et dans quelle proportion doivent être enseignées les diverses parties de la jurisprudence, considérées sous les divers points de vue :

1° De la source d'où le droit émane ;
2° De l'objet des rapports qu'il règle ;
3° Du but qu'il se propose ;
4° Des personnes qu'il régit.

Le premier de ces quatre points sera traité dans

cette lettre; les trois autres feront le sujet des trois lettres suivantes.

Au point de vue de sa source, c'est-à-dire selon qu'il émane de la raison du législateur ou de la raison de ceux qui critiquent l'œuvre du législateur, le droit se divise en *positif* et *naturel*.

Nous avons longuement, et à plusieurs reprises, dans ce volume, essayé de préciser le sens de ces deux mots : *droit positif*, *droit naturel*.

Nous avons vu, dans *le droit positif*, le droit social qui est; dans *le droit naturel*, le droit social qui doit être, en un mot, la *législation* ou *philosophie du droit*.

Impossible d'enseigner complétement le droit *qui est* et le droit *qui doit être*, sans enseigner d'abord le droit *qui a été*, c'est-à-dire l'histoire du droit.

L'histoire, l'exégèse, la philosophie, telles sont les trois parties, ou, comme dit M. Beugnot, les *trois aspects* de l'enseignement du droit. — La division du droit en *positif* et *naturel* n'est que le rappel de deux de ces trois aspects; et la législation comparée n'est qu'une partie intégrante de la philosophie.

Or, le rapport du Ministre soulève cette question :

L'histoire du droit occupe-t-elle assez de place dans l'enseignement des facultés ?

Il est muet sur la question correspondante : *La philosophie du droit occupe-t-elle assez de place dans cet enseignement?* Ou du moins il n'indique que la portion de la philosophie qui compare les législations.

Sur toutes deux, nous répondons négativement.

Nous demandons que le premier soin du projet de loi qu'on prépare soit de favoriser davantage les études historiques et philosophiques du droit.

Mais pour imprimer à la science ce double mouvement si désirable, nous ne croyons nullement à l'efficacité du système allemand, c'est-à-dire à l'utilité de la juxta-position d'un certain nombre de chaires de philosophie ou d'histoire, opposées, comme entièrement distinctes, à des chaires de droit pratique.

Bien plus, nous pensons que cette manière de procéder est plus nuisible qu'avantageuse au but qu'il faut se proposer. En séparant ce qui doit rester uni, elle engagerait de plus en plus, d'une part, les esprits étroits à se contenter de suivre les cours pratiques; et d'autre part, les imaginations entraînées par des préoccupations littéraires à se contenter de chercher, dans des cours plus brillants, des notions vagues dont elles ne poursuivraient pas l'application.

Bien convaincu que nul professeur ne remplit sa

mission, s'il sacrifie, dans son cours, un seul des trois aspects de l'enseignement, quel qu'il soit, nous demandons que l'impulsion philosophique et historique soit donnée à tous les cours à la fois.

Pour cela, nous indiquerons deux moyens fort simples : le changement du nom des Écoles, et la modification des intitulés des cours.

Le changement du nom des écoles. — Qu'on les appelle *écoles de législation et de droit!* et la direction qu'on veut leur donner est à l'instant formulée : la philosophie y entre par toutes les portes (1).

La modification des intitulés des cours. — Rien de plus aisé que de rédiger ces intitulés de manière à y comprendre la philosophie du droit qui doit se trouver dans chaque cours, et la partie de l'his-

---

(1) Dans notre opinion, le nom actuel des écoles contient déjà implicitement celui que nous proposons de lui substituer.

Nous apercevons, dans la division des Facultés, un certain rapport avec celle de plusieurs classes de l'Institut. — Si nous trouvons en regard de l'Académie française, la Faculté des lettres, et en regard de l'Académie des sciences, la Faculté des sciences, nous trouvons aussi la Faculté de droit en regard de l'Académie des sciences morales et politiques : et nous ne pensons pas qu'elle ait un champ d'études plus limité que celui de cette dernière section de l'Institut.

Mais notre opinion n'est pas admise par tous nos collègues. Beaucoup d'entre eux croient qu'il est de leur devoir de se borner à l'enseignement des lois existantes. — Il est bon que l'autorité leur dise que son vœu le plus cher est qu'ils y joignent l'étude, non-seulement du passé, mais des améliorations qu'attend l'avenir.

Le changement du nom des écoles tranchera tout doute à cet égard.

toire interne qui se rattache à chaque branche du droit.

Ainsi, par exemple, que le cours de Code civil soit intitulé : *Cours historique, pratique et philosophique de droit de famille et de droit privé;* et le doute ne peut plus s'élever sur la mission du professeur.

Si, par impossible, il subsistait encore, une circulaire semblable à celle des inspecteurs généraux, publiée en 1807, mais plus progressive, puisque vous en seriez l'auteur, achèverait, Monsieur et honoré Collègue, de le lever.

Le mouvement une fois donné de cette manière, il faudrait se confier au temps, au sentiment du devoir, à l'attrait des études historiques et philosophiques, pour lui faire produire ses conséquences de détail.

C'est ainsi que le droit coutumier, qui n'est rien que l'histoire interne d'une grande partie du droit de famille et du droit privé, et d'une petite partie du droit public, puis le droit canonique, qui n'est que l'histoire interne d'une partie un peu plus notable du droit public, et de quelques sections du droit de famille et du droit privé, entreraient dans l'enseignement, en prenant la place véritablement utile qu'ils doivent occuper; l'histoire des traités resterait dans le cours de droit des gens, où je crois fermement qu'elle est enseignée, dès à présent, par les professeurs qui remplissent cette chaire (1).

Enfin, la comparaison des législations s'introduirait aussi, dans chaque cours, sur les pas de la science philosophique.

Il ne faut rien exagérer. — De ce que nous recherchons le seul progrès efficace dans la fusion continuelle de l'étude du droit existant avec celle de son origine et avec sa critique, il ne faut pas conclure que nous bannissions des écoles tout cours spécial d'histoire et de philosophie du droit, et de législation comparée.

Il y a, dans l'histoire, la philosophie et la comparaison des législations, des parties générales et des parties spéciales.

L'histoire que nous mêlons à chaque cours, c'est l'histoire interne des points spéciaux que ce cours comprend.

Il reste place suffisante à l'enseignement d'un professeur sur deux parties générales ; l'une serait l'histoire externe, matérielle, des sources du droit : l'autre serait l'histoire interne, résumée dans ses aperçus les plus généraux.

Le même professeur peut utilement, dans un semestre, enseigner la première aux élèves de première

---

(1) On voit que les chaires spéciales, que propose le rapport, sur le droit coutumier, le droit canonique, et l'histoire des traités, ne seraient que des mutilations illogiques des enseignements qui doivent retenir ces matières.

année : puis, dans un autre semestre, réservé aux aspirants au doctorat, se hasarder à faire sa synthèse, comme Vico ou Herder, ou comme les hommes dont, au temps où nous étions sur les bancs, nous étions si heureux de suivre les cours sur l'histoire progressive de la civilisation, MM. Guizot, Cousin et Villemain !

De même, la philosophie du droit que nous introduisons dans chaque cours, c'est la philosophie des détails. Mais, pour résumer ces détails dans des aperçus plus généraux, un professeur de *méthodologie* ou de *propædeutique*, ou *d'encyclopédie et de philosophie du droit*, ou enfin *d'introduction à l'étude du droit* (car tous ces intitulés sont synonymes), pourrait, dans un premier semestre, donner aux élèves de première année tous les prolégomènes nécessaires sur la jurisprudence, sur ses divisions, sur ses méthodes ; puis, dans un autre semestre, réservé aux aspirants au doctorat, discuter, sur les bases du juste et de l'injuste, quelque grand système comme ceux de Wolff et de Kant, de Fichte ou de Schelling ou d'Hégel.

Enfin, une chaire spéciale de législation comparée serait l'annexe de celle de philosophie du droit.

C'est ainsi que nous concevons, dans le cadre des

cours de la Faculté, la proportion relative de l'enseignement du droit positif, du droit naturel, de l'histoire, et de la législation comparée.

Pour compléter notre pensée, il nous reste à dire comment nous concevons cette proportion, dans le cadre particulier de chaque cours.

Ici les tendances particulières des professeurs produiront des combinaisons différentes. Un caractère froid fera prédominer l'élément pratique. Un esprit curieux cherchera, dans l'histoire et la comparaison des divers peuples, des études variées de l'humanité. Une imagination chagrine ou sensible appellera les réformes, avec toute l'ardeur de sa misanthropie ou de sa charité (1).

A notre avis, quelle que soit la nature de ses goûts, le devoir du fonctionnaire qui enseigne dans une Faculté de droit est toujours de donner la plus grande somme de ses efforts à l'enseignement du droit existant. C'est ce que reconnaît M. Labou-

---

(1) Supposons un instant que l'on fasse comparaître les Facultés devant un tribunal composé, en nombre égal, de praticiens, d'historiens et de socialistes. Accusées par la première fraction de faire trop de théorie, et par les deux autres d'en faire trop peu, elles pourraient se trouver dans la position de l'homme entre deux âges dont parle Lafontaine, si, au lieu de tendre à une conciliation impartiale, chacune des fractions du tribunal n'était occupée qu'à retrancher, au profit de ses prédilections, ce qui serait l'objet des prédilections des deux autres.

laye (1), quand il recommande aux professeurs de prendre pour devise cette phrase de Leibnitz : « *Quarè et juvenes, in Academiis, paulatim ad usum communis vitæ præparandi ;* » et qu'il leur rappelle de former avant tout « *de bons avocats, de bons notaires, de bons juges.* »

Autant nous estimons la réunion proportionnée des trois éléments du droit, autant nous rappelons au professeur qu'il ne doit pas, nouveau Thomas Morus, perdre de vue la terre pour jeter au milieu des utopies l'imagination de ses jeunes élèves.

Autant aussi nous lui conseillerons de ne pas trop encombrer sa route de débris historiques amoncelés en barricades. Qu'il étudie beaucoup l'histoire dans son cabinet! mais qu'en chaire il distribue sobrement les résultats de ses études !

Une fois que l'humanité en a fini, à certaines époques, avec telle ou telle erreur, il suffit de rappeler, par quelques mots bien résumés, les luttes antérieures et la victoire acquise ; puis il faut marcher en avant, au lieu de risquer de s'aveugler, en soufflant perpétuellement sur des cendres éteintes.

Inclinons-nous devant tous ceux qui ont décou-

---

(1) *De l'enseignement du droit en France*, 1839, p. 21.

vert quelque vérité : mais ne refaisons pas sans cesse l'œuvre qu'ils ont consommée.

Un élève de l'École polytechnique admire Newton, mais le dépasse.

Honneur à Cujas, qui a renvoyé dans la poussière les volumes des glossateurs ! mais vingt leçons du grand homme n'en feraient plus qu'une, pour un professeur qui sait son métier.

Lisons certes encore Grotius et Montesquieu ! mais formulons en quelques pages leurs théories pour nos élèves. — J'ai vu tel ou tel in-folio de Marquardus, de Casa Régis, ou d'Ansaldus de Ansalis, dont il n'y a plus rien à dire, sinon qu'ils sont résumés dans dix lignes du Code de commerce.

Citons, en terminant, les paroles d'un homme dont le génie a aperçu toutes les vérités, Leibnitz.

Dans son discours *Touchant la méthode de la certitude*, il s'exprime ainsi :

« On peut dire que les sciences s'abrégent en s'augmentant, ce qui est un paradoxe très-véritable. — Car plus on découvre de vérités, et plus on est en état d'y remarquer une suite réglée, et de se faire des propositions toujours plus universelles, dont les autres ne sont que des exemples ou corollaires. — De sorte qu'il se pourra faire qu'un grand volume de ceux qui nous ont précédés, se réduise avec le temps à deux ou trois thèses générales. »

SIXIÈME LETTRE.

Division des cours de droit, d'après les distinctions tirées du point de vue des rapports que le droit règle.

Jus privatum sub tutelâ juris publici latet.
Bacon.

Nous avons vu, jusqu'à présent, monsieur et honoré collègue, comment il faut proportionner, dans les Facultés, l'enseignement de l'histoire, de l'exégèse et de la philosophie.

Voici une seconde question. — C'est celle de la place respective que doivent prendre, dans nos programmes, les divers enseignements du droit constitutionnel, du droit de famille, du droit privé, du droit public, c'est-à-dire des quatre parties fondamentales du droit, dont toutes les autres divisions ne sont que des subdivisions ou des faces différentes.

C'est ici qu'il faut examiner, avec toute la reconnaissance qui lui est due, la pensée principale du rapport de M. de Salvandy; pensée vraie et féconde qui honorera son ministère, pourvu que la volonté si légitime de la réaliser ne dépasse pas le but par l'exagération des moyens !

Je veux parler de la proposition d'une extension assez considérable de l'enseignement du droit politique et public français, et du droit applicable aux étrangers (1).

---

(1) Il faut bien s'entendre sur les mots, pour s'entendre sur les idées. Nous substituons aux mots *droit politique* et *administratif*, qu'on lit dans le rapport, les mots *droit politique* et *public français*, et *droit applicable aux étrangers*.

L'expression *droit public* a été employée dans divers sens.

On comprend souvent, sous cette dénomination, non-seulement le *droit public* proprement dit, qui règle les sacrifices que l'intérêt particulier doit à l'intérêt général, mais encore le *droit constitutionnel*, qui règle le rapport d'obéissance, et le *droit administratif*, qui est la procédure du *droit politique* et du *droit public* proprement dit. — On ajoute même le *droit international* et le *droit des gens*; — et enfin le *droit pénal* et sa procédure.

Nous croyons avoir démontré dans cet ouvrage :

1° Qu'il y a confusion d'idées à ranger, sous le nom de *droit public*, le *droit pénal*, qui constitue une subdivision spéciale du *droit constitutionnel* comme du *droit de famille*, du *droit privé* comme du *droit public* :

2° Qu'il y a confusion aussi à ranger, sous le nom de *droit public*, le *droit international* et le *droit des gens*, qui ne forment aussi qu'une subdivision spéciale des quatre branches fondamentales du droit.

3° Qu'il y a encore confusion à donner un seul et même nom à deux de ces branches, savoir au *droit politique* et au *droit public* proprement dit. Ces deux parties du droit diffèrent, en effet, et dans leur objet, et dans l'ensemble des règles qui les concernent, comme l'a fait voir M. Rossi. — Il faut distinguer les deux moitiés de la Charte, comme il faut distinguer le but et le moyen de la révolution de 1789 ;

4° Enfin qu'il n'est pas exact de rattacher le *droit administratif* au *droit public* seulement, quand il constitue aussi bien la procédure du *droit politique* que celle du *droit public*,

Si ce volume a quelque utilité, c'est, nous l'espérons, celle d'avoir contribué

Reconnaissons ce qui est vrai. — Le droit de famille et le droit privé applicables aux Français prennent une place considérable, dans la distribution actuelle de l'enseignement. — Le droit politique et le droit public français, et tout le droit applicable aux étrangers, n'ont pas, au contraire, à côté du droit de famille et du droit privé, place suffisante au soleil de la science.

Tout fait a sa raison d'être. L'histoire de cette inégalité nous montre, d'une part, des motifs justes qui ont dû la produire et qui la maintiendront à plusieurs égards, et d'autre part, des motifs condamnables, qui l'ont exagérée au delà du besoin.

Le premier des motifs dont nous reconnaissons la justesse a été celui-ci : l'étude du droit de famille et du droit privé est véritablement la base de la science du jurisconsulte.

C'est sur cette étude seulement que le droit romain et une grande partie du droit coutumier et du droit canonique versent les trésors de leur lumière.

à éclairer les divisions du droit, et à dégager notamment le mot *droit public* des nuages qui l'environnent.

Ce soin nous sert en ce moment, non pas à combattre la pensée du rapport au Roi, mais à tâcher de la préciser, en démontrant que, s'il faut créer des Facultés nouvelles, le nom qui leur conviendra ne serait pas le nom impropre et trop restreint de *Facultés d'administration*, mais celui de *Facultés de droit politique et public français, et de droit international et des gens.*

Celui qui aura bien compris les immenses et innombrables applications du juste et de l'injuste que ces deux parties du droit contiennent, ne trouvera pas grande difficulté dans l'étude du droit politique et du droit public ; tandis que la révélation la mieux inspirée des théories constitutionnelles, et l'application pratique la plus savante des talents de l'administrateur, n'économiseront pas un quart d'heure à celui qui voudra se livrer à l'étude ultérieure du droit de famille et du droit privé.

Disons mieux : la connaissance du droit de famille et du droit privé est la seule route qui conduise aux autres parties de la jurisprudence.

Celui à qui cette étude fondamentale fait défaut pourra, dans les fonctions les plus élevées, avoir ce que l'étude ne donne pas, la spontanéité des grandes pensées, la sagacité qui devine, et la justesse de coup d'œil qui préserve de l'erreur ; mais c'est par un instinct supérieur, et non par la science véritable du droit public et du droit politique, qu'il résoudra les difficultés (1).

---

(1) M. Édouard Laboulaye pense-t-il autrement que nous? Nous l'ignorons. — Nous trouvons, dans sa dissertation *sur l'enseignement du droit en France* (1839, p. 39), cette phrase :

« *Le droit public n'exige* POINT *la connaissance du droit privé ; et les principes du droit privé supposent* SOUVENT *la connaissance du droit public.*

Evidemment le mot *droit public* ne peut, dans cette phrase, avoir ni le

S'il en est ainsi, la place étendue que le droit de famille et le droit privé ont prise, jusqu'à présent, dans l'enseignement, se trouve justifiée par l'importance vraiment fondamentale de cette étude.

Un second motif dont nous ne méconnaîtrons pas non plus la justesse, lui a longtemps assigné cette place : c'est que la plupart des hommes n'avaient souci que de l'étude de ces deux branches.

Combien n'y avait-il pas autrefois d'existences, qui fournissaient la carrière que Dieu leur mesurait, sans jamais se préoccuper d'une seule des pensées du citoyen! Les affections de la famille et la recherche des richesses, tel était l'emploi de toute la vie de leur pensée.

L'enseignement proportionnait ses instructions à la nature de leurs goûts et à l'exclusivité de leurs intérêts.

---

sens, longtemps médité par nous, que nous croyons qu'il faut lui réserver, ni le sens plus général que beaucoup d'esprits lui donnent, ainsi que nous l'avons dit dans la note précédente.

Dans l'un comme dans l'autre, il entraînerait forcément cette proposition, inverse de celle de l'auteur :

Le droit privé n'exige point, A LA RIGUEUR, *la connaissance du droit public; mais les principes du droit public supposent* TOUJOURS OU PRESQUE TOUJOURS *la connaissance approfondie du droit privé.* »

En effet, nous l'avons déjà dit, le grammairien étudie les règles avant les exceptions; le musicien étudie les bases de l'harmonie avant le mystère des dissonances qui plaisent.

Nous n'avons pu découvrir dans quel sens M. Laboulaye entend le mot *droit public.* Nous croyons qu'il entend seulement, par cette expression, le *droit politique.* — Ce langage lui est tout à fait spécial.

Ajoutons à ces deux motifs, justifiables, bien qu'à des degrés différents, deux autres qui méritent le blâme.

Les gouvernements trouvaient leur compte dans l'inégalité exagérée du partage entre les diverses branches de la science; d'abord parce que la défiance que leur inspirait la liberté était peu désireuse de divulguer les moyens d'action du pouvoir social; ensuite parce que leur désir de ne borner, par aucune restriction, le choix de leurs agents, ne permettait pas que des grades administratifs, conquis par l'étude, désignassent des hommes utiles pour prétendants aux fonctions publiques, au préjudice des favoris que préférait le bon plaisir.

Autres temps, autres besoins. — La première raison, que nous avons tirée de la place incontestable qu'occupent le droit de famille et le droit privé à la base des études, subsiste et subsistera toujours.

Mais la seconde a été modifiée par les institutions modernes, qui ont fait une plus large part à l'amour du pays, à côté de l'amour de la famille et de la passion des richesses.

La troisième a disparu quand, éclairé lui-même par la liberté qu'il avait donnée, le gouvernement a senti le besoin de confier la garde de la constitution à l'instruction des hommes, plutôt qu'à leur ignorance insouciante.

Et M. de Salvandy prend une noble initiative qui tend à détruire la quatrième raison, en restreignant l'abus des sollicitations, par l'établissement de grades nécessaires pour désigner les candidats aux fonctions publiques.

Il y a là une pensée opportune, généreuse, qui doit être mise en action par une part plus grande à faire à l'enseignement du droit politique et du droit public, ainsi que du droit international et des gens.

Cherchons maintenant les meilleurs moyens d'assurer le succès que mérite une des conceptions de progrès social les plus franches et les plus utiles que depuis longtemps on ait vues apparaître.

M. le Ministre de l'Instruction publique propose le choix entre deux moyens, savoir :

Ier moyen. — Scinder les Facultés de droit en deux Facultés, dont l'une resterait consacrée au droit de famille et au droit privé; dont l'autre prendrait, pour domaine exclusif, le droit politique et le droit public français, et le droit applicable aux étrangers;

IIe moyen. — Développer plus complétement ces derniers enseignements, dans les Facultés de droit agrandies, qui conserveraient leur unité.

Écoutons les Facultés d'Aix, de Caen, de Dijon; la Faculté de Grenoble, qui voit dans la scission des

Facultés *une innovation mortelle;* la Faculté de Paris, qui dit avec tant de raison que *la science du droit est une;* la Faculté de Poitiers, qui rappelle que le droit administratif *ne forme pas une science à part;* la Faculté de Rennes, qui n'y voit qu'une *dépendance des écoles de droit;* la Faculté de Strasbourg qui, malgré son voisinage de l'Allemagne, ne partage pas sur ce point les idées de M. Moll, professeur à Tubingue, et reconnaît *une connexion intime* entre toutes les branches de la science (1); enfin la Faculté de Toulouse; elles supplient toutes unanimement M. le Ministre de l'Instruction publique de renoncer au premier moyen, pour s'en tenir au second.

Nous joignons notre profonde conviction à celle de tous ces corps éminents de l'Université. — Nous n'éprouvons pas la moindre hésitation à affirmer qu'autant la pensée, autrement exécutée, sera utile, autant, exécutée ainsi, elle serait désastreuse.

Navem si dividas, dit un auteur, *nec tu, nec socius habebitis.*

Telle est la vérité vulgaire, mais incontestable, qui représente les effets du démembrement des Facultés.

---

(1) Je renvoie aux excellentes pages où M. Hepp, professeur de droit des gens, dans son rapport à la Faculté de Strasbourg, démontre que cette séparation des Facultés est aussi impossible en théorie qu'en pratique. — (Recueil imprimé des délibérations des Facultés, p. 3 et suivantes.)

En effet, désignons sous une forme vulgaire, mais exacte, sous la forme des fractions arithmétiques, les trois manières dont peut se concevoir ce démembrement.

En suivant la première, on constituerait deux corps, dont chacun ferait une moitié de Faculté;

En suivant la seconde, on constituerait deux corps, dont chacun ferait trois quarts d'une Faculté.

En suivant la troisième, on constituerait deux corps, dont l'un ferait trois quarts d'une Faculté, et l'autre un quart supplémentaire.

La première manière d'opérer le démembrement serait de laisser aux Facultés existantes deux des quatre branches du droit, savoir le droit de famille et le droit privé applicables aux Français ; — et d'attribuer aux Facultés nouvelles le droit politique et le droit public français, et le droit applicable aux étrangers.

Mais personne ne proposera cette scission, dont le résultat serait de constituer, dans un des deux établissements, une fin d'enseignement sans son commencement, et dans l'autre, un commencement d'enseignement sans sa fin.

Les deux Facultés tomberaient bien vite au-dessous du niveau de la science.

L'une ferait des administrateurs praticiens; et l'autre des clercs de notaires.

De ces deux établissement découronnés, il ne sortirait plus un jurisconsulte.

Aussi, M. Laboulaye se hâte de protester qu'une seconde manière est seule possible (1).

Ce second système laisserait, dans les Facultés existantes des cours élémentaires de droit public, de droit politique, et de droit des gens, à côté de cours étendus sur le droit de famille et le droit privé ; — et il introduirait dans les Facultés nouvelles des cours élémentaires de droit de famille et de droit privé, à côté de cours étendus sur le droit public, le droit politique, et le droit des gens.

Ce procédé est mille fois préférable au premier.

Mais qui ne voit qu'il a précisément pour base le principe contre lequel il s'élève dans l'application? Et qu'il rend implicitement hommage à l'unité de la science, en persistant à mutiler cette unité par le fait?

Puisqu'on reconnaît que toute étude du droit demande la cohésion de toutes ses parties, n'est-il pas bien plus simple de constituer complétement une Faculté unique, que d'opposer l'une à l'autre deux écoles, dont les formes disproportionnées rappelleraient celles des statues des dieux de l'Égypte? et dont chacune, regardant l'autre par les deux côtés successivement retournés de sa lunette, serait un foyer ré-

---

(1) *Revue de législation et de jurisprudence*, 1845; t. III, p. 368, 369.

flecteur qui représenterait, tantôt en le grossissant, tantôt en le diminuant, l'enseignement de sa rivale?

Je crains de mériter le reproche d'abuser des comparaisons. Je cède pourtant à la tentation d'en faire encore une.

Le système des deux Facultés, se barrant mutuellement le passage sur un même chemin, et celui de la Faculté unique, menant rapidement une armée disciplinée de travailleurs réunis sous une direction commune, me rappellent l'image sensible du *Dragon à plusieurs têtes* et du *Dragon à plusieurs queues*, que nous représente notre inimitable fabuliste.

Des deux écoles, toutes deux boiteuses, sortiraient des hommes nécessairement incomplets.

Combien n'ai-je pas vu de bons esprits déplorer, dans l'ordre de la médecine, la distinction des docteurs et des officiers de santé, comme, dans l'ordre de droit, la distinction du diplôme de licence et du diplôme de capacité!

Eh bien! les institutions étranges qui admettent, de nos jours, ces distinctions anormales (comme si la demi-science était la science), opposent du moins les uns aux autres, comme individus différents, ceux qui ont obtenu ces certificats inégaux d'aptitude. Chacun n'a que le petit diplôme seul, ou le grand diplôme seul, à montrer à la confiance des malades ou des plaideurs.

Le projet de scission des écoles produirait un résultat plus singulier. Il réunirait, en sens inverse, dans la personne de chaque étudiant de l'une ou de l'autre des deux Facultés, un petit et un grand diplôme !

Sorti de l'une d'elles, l'élève pourrait, à son choix, être avoué, ambassadeur, ou conseiller d'État. — Sorti de l'autre, il pourrait être secrétaire de mairie, ou présider la cour de Cassation.

Élevons, un instant, nos pensées vers un horizon qui dépasse la région des faits d'aujourd'hui.

La division des classes de l'Institut, la division aussi des Facultés, sont-elles donc des classifications des divers ordres de connaissances humaines tellement parfaites, que la théorie ne pourra jamais les remplacer par de meilleures ? — Qui pourrait le dire ?

Qui pourrait affirmer que, demain, un vaste esprit encyclopédique, reprenant l'ouvrage que M. Ampère a laissé incomplet en mourant, ne démontrera pas que toutes ces divisions sont dans l'enfance ? que la théologie, la philosophie, le droit, sont la même chose ? que la physiologie a des points de contact avec la philosophie, et la morale avec la médecine ?

Qui se chargera de placer bien logiquement, dans une des cinq Facultés, l'économie politique, qui, telle qu'elle est aujourd'hui conçue, n'appartient directement à aucune ?

Pourquoi M. Orfila et M. Gall ne feraient-ils pas, dans l'enceinte de l'École de droit, le cours de médecine légale ou de crâniologie ? — Et si Rousseau renaissait, pour achever l'ouvrage qu'il voulait intituler, je crois, *de la Morale sensitive*, quelle est la classe de l'Institut qui le couronnerait ?

Toutes ces objections, que nous ne présentons que comme des hypothèses, ont pour but de faire comprendre que toutes les sciences ont des affinités intimes; et qu'ainsi toute division du corps enseignant en Facultés nombreuses aura pour effet, ou de laisser, dans chaque Faculté, des lacunes, ou de produire, dans toutes, des doubles emplois.

Ainsi, la pensée scientifique de l'avenir, bien loin de tendre à la scission des Facultés, tendrait à leur concentration, dans l'unité d'une seule Académie, où des cours sur toutes les combinaisons de la pensée humaine, feraient progresser, comme toute autre étude, *la science même des divisions de la science.*

Je ne demande pas, bien entendu, d'une manière aussi irréfléchie, qu'on opère dès demain ce grand coup d'État.

Mais du moins qu'on reste sur la route qui y mène ! Qu'on ne partage pas en deux tronçons une science *qui est une*, et qui restera telle, quoi qu'en disent ceux qui ont raillé cette phrase de la réponse de la Faculté de Paris (1) !

Il ne reste plus à désigner que la troisième manière d'opérer le démembrement des écoles de droit.

Ce serait de laisser, dans les Facultés existantes, tout ce qui s'y trouve ;

---

(1) M. Laboulaye. *Revue de législation et de jurisprudence*, 1845, t. III, note de la page 369. — C'est à l'auteur à nous dire ce que c'est que *l'administration*, si ce n'est pas *le droit*.

Et quant au doute qu'il exprime sur la ressemblance des principes du droit des gens et du droit privé, nous le renvoyons à Domat, qui veut que les guerres ne soient que *la justice armée;* à Montesquieu lui-même, bien qu'un peu plus vacillant sur le principe, quand il recommande aux nations de se faire dans la paix le plus de bien, et dans la guerre le moins de mal qu'il est possible ; et surtout au beau plaidoyer de l'avocat Élie de Beaumont, dans l'affaire Béresford, qui fonde, sur le principe fondamental de l'Évangile, tout le droit des gens et tout le droit privé entièrement assimilés !

Au surplus, quand *l'administration* serait autre chose que *le droit*, j'avoue que je ne puis comprendre comment M. Mohl, professeur à Tubingue, et M. Laboulaye peuvent, en partant du système allemand, rencontrer, pour conséquence, la scission des Facultés de droit.

Ce sont ces honorables savants qui, bien plus que nous, devraient trouver, dans leurs prémisses, la nécessité d'absorber toutes les Facultés dans une Université unique, où tout homme qui voudrait faire un cours mi-partie sur des objets maintenant séparés, serait entendu, comme ceux qui suivraient les divisions consacrées.

Je ne vois certes plus l'abbaye scientifique de Thélème dans la Faculté de droit, non plus que dans celle d'administration, où chaque professeur, parqué dans son enseignement, soit élémentaire, soit approfondi, aurait moins de liberté que sous le régime actuel !

Et de créer une autre Faculté, où l'on approfondirait davantage les matières du droit politique et du droit public français, et du droit applicable aux étrangers; en faisant toutefois du grade de licencié, conquis dans la première, la condition préalable nécessaire pour entrer dans l'autre.

« *Mais ce serait encore là*, dit la Faculté de Paris dans sa réponse, *une idée malheureuse, qui tendrait à rabaisser la dignité de l'école actuelle.* » — En effet, pourquoi, puisqu'elle resterait indispensable comme école première, lui faire l'affront gratuit de ne pas la constituer comme école définitive?

C'est ainsi que l'idée du premier moyen de développer l'enseignement du droit politique et du droit public, c'est-à-dire l'idée de la scission des Facultés, nous paraît devoir être abandonnée, quelle que soit celle, des trois manières que nous venons d'indiquer, qui servirait à la réaliser.

Pour nous, nous ne verrions à ce projet qu'un seul avantage, c'est qu'il donnerait gain de cause à la réclamation exprimée dans la troisième partie de ce volume.

En effet, quand il faudrait renvoyer à l'école administrative cinquante articles environ du Code civil, une moitié du Code pénal, et toutes les dispositions des codes de procédure civile ou criminelle sur la compétence, en un mot toutes les parties de nos codes qui ne concernent pas le droit privé et le droit de famille, alors évidemment les examens devraient se faire, non plus sur des recueils morcelés, mais sur le programme donné par le professeur; et ainsi disparaîtraient des entraves nuisibles, suivant nous, aux études philosophiques.

La science conjure le Ministre de l'Instruction publique de s'en tenir à sa seconde pensée; de se contenter d'agrandir, dans chaque Faculté, le cercle du droit politique et public, ainsi que du droit international et des gens;

Que deux ans, trois ans d'études peut-être, soient consacrés à ces études;

Que, dans les diverses parties de ces cours, vienne l'explication de la Charte et de toutes les matières de droit politique ou public, éparses au Bulletin des lois;

Que la comparaison des institutions constitutionnelles des diverses nations de l'Europe, que l'histoire des traités y soient plus développées que dans l'état actuel des choses;

Que l'économie politique y trouve sa place, précisément peut-être pour préparer le jour où, l'utile s'absorbant dans le juste, elle disparaîtra;

Que le droit militaire, le droit maritime, fournissent matière à quelques leçons seulement de ces cours; pour ne pas enlever aux professeurs de droit commercial et de droit pénal la grande part, qui doit leur rester, dans ces objets d'étude;

Que le droit canonique et le droit coutumier fournissent aussi leur contingent à quelques leçons seulement, pour que les professeurs de Code civil ne perdent pas la propriété, qui leur appartient légitimement, sur le reste.

Ce sont là les véritables moyens de concilier le progrès de la science avec l'unité qui est son caractère essentiel.

En dehors de leur emploi, c'est la lutte d'attribution entre deux corps rivaux, et non la lutte du progrès scientifique, qui serait constituée, contrairement à la pensée généreuse qui anime M. le Ministre de l'Instruction publique!

---

(1) Voir, sur tous ces points, les observations fort justes du professeur de droit administratif de Grenoble (Délibérations des Facultés, p. 37). — Comparez avec M. Édouard Laboulaye (*De l'Enseignement du droit en France*, 1839, p. 35), qui donne au droit canonique une importance singulièrement exagérée. — Aj. *Réponse* de la Faculté de Caen, p. 9.

SEPTIÈME LETTRE.

Division des cours de droit, d'après les distinctions tirées du point de vue du but que le droit se propose.

> *Legis virtus hæc est imperare, vetare, permittere, punire.*
> Modestinus, l. 7, *Dig. de legib.*

Cette lettre sera courte, Monsieur et honoré Collègue. — Le sujet qu'elle traite a été tellement approfondi, depuis quinze ans, qu'il est inutile de répéter longuement ce que d'autres ont suffisamment démontré.

Nous nous bornerons à un résumé de ce qui a été dit, en ajoutant toutefois quelques observations qui nous resteront propres.

L'enseignement du droit sanctionnateur présente, dans l'état actuel des choses, ce premier vice, qu'il est fractionné, pour quelques-unes de ses parties, dans des cours dont il n'est qu'un objet accessoire.

Nous l'avons déjà dit, à la page 113 de ce livre. —

Mais ce n'est là, après tout, qu'un point de vue purement théorique, plus ou moins contestable : et les besoins pratiques ne signalent pas, à cet égard, la nécessité d'une réforme urgente.

Le second vice que nous signalerons encore au point de vue des classifications que nous avons adoptées, c'est un autre fractionnement nuisible, celui de la place que le droit sanctionnateur occupe dans le cours des études. — En effet, une partie en est enseignée dans la troisième année ; c'est celle qui comprend la procédure administrative, et les sanctions légales, conventionnelles et judiciaires accessoires de cautionnement, gage, privilége et hypothèque. — Une partie beaucoup plus considérable est l'objet des cours de seconde année, où l'on enseigne l'indemnité civile, les preuves, la procédure civile, le droit pénal, et l'instruction criminelle.

A notre sentiment, la place de l'enseignement du droit sanctionnateur tout entier est dans la dernière année des études.

Il faut avoir fait le dénombrement de tous les droits, pour apprendre comment le pouvoir social en garantit le respect.

Cette étude présente d'ailleurs une foule de détails d'application dont le développement convient parfaitement, comme transition utile, à l'époque où l'élève va sortir des bancs, pour entrer dans la vie pratique. — Mais ce n'est encore là qu'une appréciation toute personnelle. La liberté de programme, si elle était accordée aux professeurs de Code civil, me donnerait le moyen de suivre cet ordre dans mon cours, en n'expliquant que dans les dernières leçons de la troisième année l'indemnité civile et la preuve.

Mais le troisième vice, et le plus notable qu'en général on reproche à l'enseignement du droit sanctionnateur, c'est celui de la disproportion irrationelle des parts faites aux diverses subdivisions de cet enseignement.

La procédure administrative comprend, à elle seule, un grand nombre de leçons : — la procédure civile, le code pénal, et l'instruction criminelle, se partagent une seule année, et sont confiées au même professeur, qui succombe sous le fardeau. « *Sans doute*, dit la Faculté d'Aix dans sa réponse (1), *le zèle supplée au temps : mais on n'atteint le but qu'en ôtant à l'un des deux enseignements ce qu'on accorde à l'autre.* »

Aussi les Facultés demandent en général, soit immédiatement, soit d'une manière subordonnée à

---

(1) *Délibérations des Facultés*, p. 3.

l'augmentation des années d'études, que ce cours, trop surchargé, soit partagé en deux.

Alors on pourra suivre le vœu de la Faculté de Strasbourg (1), qui demande que le professeur de procédure civile ne néglige pas l'enseignement de l'histoire, de la bibliographie, et des principes généraux des actions ; et qu'il joigne aussi, aux règles qu'il explique, des exercices pratiques qui les fassent mieux comprendre.

Alors ausi l'on devra tenir compte de l'observation de la Faculté de Grenoble (1), qui insiste pour que l'enseignement de l'organisation judiciaire, quoique partie intégrante du droit constitutionnel, soit au moins reproduit dans le cours de procédure.

Et enfin la philanthropie cessera d'être un vain mot, quand on aura fait disparaître un état de choses qui montre autant de dureté de cœur que de froideur pour la science, en donnant au droit pénal toute l'importance qu'il doit avoir.

Les licenciés, dit la Faculté de Rennes (3), *sont sortis de l'école sans une préparation assez étendue pour aider suffisamment leurs débuts devant les tribunaux.—Aussi, plusieurs fois, des présidents d'assises ont-ils exprimé le vif regret que des mesures efficaces n'eus-*

---

(1) *Délibérations des Facultés*, p. 72.
(2) *Ibid.*, p. 22.
(3) *Ibid.*, p. 66.

sent pas encore été prises, pour faire disparaître une lacune fâcheuse dans l'enseignement du droit.

De nombreuses cassations, dit la Faculté de Toulouse (1), *qui entraînent pour le Trésor des frais considérables, témoignent de cette vérité, que les magistrats ont regardé comme accessoire l'étude du droit criminel.* »

Lorsque le cours de droit pénal se trouvera ainsi plus largement constitué, le professeur pourra enseigner, à côté des règles générales, les règles spéciales, non-seulement sur les juridictions militaires, comme le demande le rapport au Roi, mais sur toutes les procédures et les compétences exceptionnelles, comme le demandent les Facultés de Caen (2), de Grenoble (3), de Strasbourg (4), de Toulouse (5), qui citent notamment la pénalité en matières de contributions indirectes, de douanes, de délits ruraux, maritimes, forestiers, ou de pêche fluviale, de presse, d'associations prohibées, et aussi la juridiction des conseils de guerre et de la chambre des Pairs.

Il est superflu de s'arrêter plus longtemps sur une question, dont l'accord de presque toutes les opinions fait deviner la solution prochaine inévitable.

---

(1) *Délibérations des Facultés*, p. 90.
(2) *Ibid.*, p. 9.
(3) *Ibid.*, p. 23 et suiv.
(4) *Ibid.*, p. 74.
(5) *Ibid.*, p. 89.

HUITIÈME LETTRE.

Division des cours du droit, d'après les distinctions tirées du point de vue des personnes que le droit régit.

> Le peuple qui renferme... la partie de son droit qui est relative aux étrangers, dans le cercle étroit de ses intérêts immédiats et matériels, se ferme à lui-même la route vers le progrès.
>
> DEMANGEAT, *Mémoire couronné par la Faculté de droit de Paris, sur la condition des étrangers en France.*
>
> Peut-être viendra-t-il un jour où les peuples, rapprochés par la civilisation et la paix, s'appelleront les uns les autres à l'exercice mutuel de leurs droits confondus.
>
> SAPEY, *Mémoire couronné par la Faculté de droit de Paris, sur la condition des étrangers en France.*

Nous arrivons, Monsieur et honoré Collègue, à la distinction du droit en *droit national* et *droit des gens*.

Quelques mots suffiront sur les réformes à introduire dans cet objet de l'enseignement.

Nous avons divisé le droit des gens en deux parties ;

L'une, sous le nom de *droit des gens*, *proprement dit*, comprend les règles applicables aux étrangers considérés individuellement. — L'autre, sous le nom de *droit international*, s'occupe des rapports entre les nations, considérées comme personnes collectives.

La première partie est enseignée, avec une certaine étendue, dans toutes les Facultés de France, par les professeurs de Code civil.

Mais c'est seulement à Paris et à Strasbourg qu'il existe des chaires spéciales, où les professeurs, reprenant, avec plus de détails, les matières du *droit des gens proprement dit*, déjà analysées dans les cours de Code civil, donnent en outre l'explication du *droit international*.

Il ne semble pas qu'il y ait des raisons suffisantes, pour refuser aux autres Facultés du royaume l'enseignement, attribué exclusivement, jusqu'à ce jour, à deux d'entre elles.

Au surplus si, à notre grand regret, on réalisait le projet funeste de la scission de nos Facultés en Facultés de droit public et politique d'une part, et Facultés de droit de famille et de droit privé d'autre part, c'est dans ces dernières que la pensée de M. de Salvandy placerait l'enseignement *du droit des gens proprement dit*, et *du droit international*. — Ces deux dénominations se trouvent en effet, dans le rapport au Roi, pour indiquer deux chaires de ces nouveaux établissements.

Nous qui parlons, dans ce volume, au nom de la science, et qui trouvons, dans l'exactitude de ses divisions, une direction que l'intérêt public ne nous paraît pas devoir répudier, nous devons faire observer que ce classement ne peut être exact sous tous les rapports.

Pour expliquer, dans son intégralité, le droit applicable aux étrangers, il faut rechercher jusqu'à quel point notre droit constitutionnel aussi bien que notre droit de famille, et notre droit privé aussi bien que notre droit public, leur sont accordés ou imposés.

Force est donc de faire, entre les deux Facultés rivales, un partage du droit des gens, en donnant à l'une l'explication de ce droit en ce qui touche le droit de famille et le droit privé, et à l'autre l'explication de ce même droit en ce qui touche le droit public et le droit politique.

Ce partage est nécessaire, si l'on veut que les cours sur ces matières soient approfondis dans chacune des deux écoles, où ils compléteront l'enseignement divisé des règles, par l'enseignement divisé des exceptions.

Mais d'autre part, il faut le reconnaître, on tombe,

par là, dans l'inconvénient de scinder en deux moitiés un objet d'études dont il vaudrait mieux conserver l'unité.

La seule conciliation logique que pourrait admettre le science, si la pensée de scission devait être mise en action, c'est qu'il faudrait alors créer une troisième faculté, qui retirerait aux deux autres, avec l'enseignement du droit international, l'enseignement cumulé des quatre divisions du droit, dans leur application aux étrangers considérés individuellement.

Mais la nécessité de cette conséquence est une raison de plus de douter de la sagesse du principe : car on aperçoit qu'en entrant dans une voie que la doctrine ne peut suivre, on ne sait où l'on s'arrêtera. — Un premier morcellement ne peut qu'en amener beaucoup d'autres : et l'image de la science juridique, se plaignant à l'Université de ces mutilations, se trouve d'avance tracée par Ovide, dans les fables d'Actéon et de Penthée :

> *Jam loca vulneribus desunt.....*
> *Trunca sed ostendens dejectis vulnera membris,*
> *Aspice, mater, ait !....*

Espérons que notre voix sera entendue ; que cette tendance sera abandonnée.

Le droit des gens, le droit politique et le droit public français ne seront pas exilés de la famille, où leur présence est nécessaire pour donner comme pour recevoir les secours mutuels d'une indivisible confraternité!

NEUVIÈME LETTRE.

Ordre et durée de l'enseignement.

> *Altiùs ibunt qui ad summa nitentur, quàm qui, præsumptâ desperatione quò velint evadendi, protinùs circa ima substiterint.*
>
> QUINTILIEN.
>
> Ayez les yeux fixés sur une robe dorée; et vous finirez par en attraper une manche.
>
> *Proverbe écossais*, *cité par* WALTER SCOT.

Nous touchons bientôt au terme de ces lettres.

Plus nous avançons, Monsieur et honoré Collègue, mieux vous pouvez apercevoir la pensée d'unité qui a inspiré ce volume.

Proclamant impossible tout divorce entre la science et l'action, elle a cherché, dans une première partie, un principe fondamental, dont tout le droit fût la déduction;

Elle a donné, dans une seconde, le conseil

de présenter une exposition encyclopédique de la science, avant d'en approfondir les détails;

Elle s'est indignée, dans la troisième, du caprice arbitraire de l'examen, prétendant contrarier la synthèse du professeur.

C'est elle aussi qui, dans ces lettres, a voulu montrer quel inexprimable désordre produiraient, dans les notions juridiques, la confusion des objets avec les méthodes, et celle de la liberté des moyens avec l'indifférence sur le but;

C'est elle encore qui aspire à réunir, dans chaque cours, l'histoire, la pratique et la philosophie, bien loin de les opposer, l'une à l'autre, dans des explications didactiques mutilées; et qui enfin n'a pu se résoudre, à aucun prix, à accepter la scission des écoles de droit.

Cette pensée va-t-elle s'arrêter à ces premières conséquences? — Ou poursuivra-t-elle ses déductions jusque dans les détails de l'organisation de l'enseignement?

D'avance vous ne doutez pas qu'elle ne doive faire ce dernier effort.

Homme de science, vous savez qu'il faut obéir à une direction logique, fermement adoptée.

Ne croyez pas pourtant que nous n'admettions aucune transaction.

Jusqu'à présent, quand nous nous occupions des objets et des formes de la science, nous avons pu suivre, sans dévier, notre route tout intellectuelle, où nul obstacle matériel ne nous arrêtait.

Mais voici qu'en abordant la question de l'ordre et de la durée des cours, nous touchons, sur ce nouveau terrain, à un point d'intersection où l'inflexibilité scientifique rencontre les nécessités sociales.

Ce point, c'est l'organisation de l'Instruction publique en vue des examens et des grades.

Ici la pensée d'unité n'abdiquera pas sans doute son principe : mais elle en modifiera, en présence des faits, quelques exigences qui seraient trop exclusives.

La pensée d'unité n'abdiquera pas son principe. — En conséquence, elle n'hésitera pas à rejeter, tout d'abord, tout grade qui, obtenu après un an ou deux d'études, c'est-à-dire après quelques cours incomplets sur quelques fractions théoriques ou pratiques d'enseignement, ne donnerait pas la garantie d'une instruction générale suffisante.

L'intérêt de l'État ne peut se contenter d'efforts aussi faibles, pour appeler les hommes à des fonctions sociales, dont l'importance et la dignité sont grandes, dans tous les degrés de leur hiérarchie.

Que l'anomalie du diplôme de capacité disparaisse donc de nos institutions, aux applaudissements de tous les hommes qui aiment leur pays et la science!

Et que le grade de bachelier, si l'on veut le conserver, ne soit qu'un certificat honorifique, précurseur du titre de licencié, sans conduire par lui-même à aucune profession!

En exprimant ces vœux, il ne nous reste, sur l'utilité de leur accomplissement, aucun doute.

Quiconque prétend devenir un des agents de l'application des lois, doit sérieusement apprendre la jurisprudence.

Ne craignons pas de demander plutôt trop que trop peu de garanties à tout candidat aux emplois publics : retenons à ce sujet la leçon, pleine de sens, que nous donne Quintilien, dans l'épigraphe de cette lettre!

Mais la pensée d'unité doit *modifier, en présence des faits, quelques exigences trop exclusives.* — Au-dessus du grade de licencié, grade uniformément nécessaire à ceux qui aspireront aux fonctions administratives ou judiciaires d'un certain ordre, elle admettra un grade supérieur, le doctorat, dont l'objet sera de conduire à celles de ces fonctions qui seront d'un ordre plus relevé.

La différence entre ce grade et celui de licencié sera moins dans l'obligation de suivre, pour y parvenir, quelques enseignements spéciaux en petit nombre, que dans la sévérité de plusieurs examens, plus solennels, sur les mêmes parties de la jurisprudence qui auront antérieurement fait l'objet des examens de licence.

Dans cette région plus élevée de la science, de nombreux avantages compensent les inconvénients, qui continuent toutefois à subsister, de toute scission.

Aussi, en présence de la variété des intelligences, et du problème de la distribution du travail dans la société, nous ne repousserons pas l'idée de la distinction de deux sortes de doctorats :

L'un, donnant l'aptitude aux fonctions de l'administration ;

L'autre, donnant l'aptitude aux fonctions de la magistrature ;

Sauf à exiger la réunion de tous les deux, pour l'aptitude au sacerdoce du professeur.

Après ces observations préliminaires sur les grades et les examens, arrivons au sujet plus spécial de cette lettre, c'est-à-dire à la question de l'ordre et de la durée de l'enseignement.

1° Les généralités de la philosophie et de l'histoire du droit ;

2° Un aperçu de droit constitutionnel ;

3° Le droit romain, c'est-à-dire l'enseignement plus fécond de l'histoire interne du droit ;

4° Le droit de famille français,
5° Le droit privé français,
6° Le droit public français ;
} étudiés sous leurs trois aspects, historique, pratique et philosophique ;

7° Le droit sanctionnateur, dans toutes ses branches, et aussi sous ses trois aspects ;

8° Le droit des gens ;

9° Le droit constitutionnel approfondi ;

10° L'histoire et la philosophie, approfondies dans des résumés généraux ;

11° La législation comparée ;

12° L'économie politique et la statistique ;

Tels sont, à notre avis, les objets d'enseignement juridique, dans l'ordre que la raison demande pour leur exposition successive.

En ne les abordant que l'un après l'autre, ce cours d'études demanderait quinze ans.

Du moins je ne voudrais pas me charger de le fournir, à la condition d'un seul semestre de rabais.

Mais l'utilité sociale exige plus de rapidité.

L'ordre scientifique est donc obligé d'admettre la simultanéité, la moins illogique qu'il peut trouver, de plusieurs cours, dont l'élève suivra les enseignements parallèles, pour pouvoir, en quelques années, acquérir les grades auxquels il aspire.

Or, en vain ici M. Laboulaye (1) s'indignera contre la Faculté de Paris (2), qui réclame contre la brièveté du temps d'études, et subordonne tout vœu de réforme à sa prolongation; contre la Faculté d'Aix (3), convaincue que, sans cette prolongation, *l'extension de l'enseignement sera plus nuisible qu'utile;* contre la Faculté de Caen (4), qui déclare que l'insuffisance de trois ans est *de la dernière évidence;* enfin contre la Faculté de Rennes (5), qui affirme *qu'on sent de plus en plus le besoin de cette extension :*

Tous ceux qui voudront tenir compte des faits exactement observés, seront obligés de reconnaître que l'élargissement du cadre des études est la condition préalable nécessaire de toute amélioration qu'on voudra rendre efficace.

Sur ce point, quelle voix a plus le droit d'être en-

---

(1) *Revue de législation et de jurisprudence*, 1845, t. III, p. 291 et suivantes.

(2) *Délibérations des Facultés*, p. 56.

(3) *Ibid.*, p. 2.

(4) *Ibid.*, p. 10. La Faculté de Caen demande trois ans pour le baccalauréat, quatre ans pour la licence, cinq ans pour le doctorat.

(5) *Délibérations des Facultés*, p. 67.

tendue que celle des maîtres qui, mesurant chaque jour l'étendue de la science et le niveau commun de l'intelligence des élèves, ont des éléments statistiques qui n'appartiennent véritablement qu'à eux seuls?

Quand je vois près de 40,000 jeunes gens passer sous les yeux d'un professeur de la Faculté de Paris, pendant les années de sa carrière scientifique, je me dis que ce contact, sans cesse répété, donne à son expérience des documents, que nul équivalent ne peut suppléer.

Aussi j'écoute avec respect mes anciens, quand ils me disent qu'il vaut mieux étudier avec soin certaines parties, que les effleurer toutes superficiellement. Je me souviens d'avoir trouvé ce conseil en image dans ce proverbe anglais, *deux oiseaux en cage valent mieux que cent dans les bois;* comme aussi dans cette sentence grecque :

Τῇ χειρὶ δεῖ σπείρειν, ἀλλὰ μὴ ὅλῳ τῷ φυλάκῳ (1).

Et je me dis que les Facultés doivent être sérieusement écoutées, quand elles demandent le moyen pratique d'améliorer, avant d'accepter toutes propositions d'amélioration.....

Et pourtant, si la crainte d'imposer aux familles

---

(1) Il faut semer avec la main, et non-seulement avec le sac.

de trop lourds sacrifices doit faire ajourner encore la mesure nécessaire de la prolongation du temps d'études, je ne puis me résoudre à ajourner en même temps la détermination plus complète des objets de l'enseignement !

Continuons donc, malgré tout, à la demander; mais en conservant un secret espoir. C'est que le cadre trop rempli ne tardera pas à se briser; et qu'il faudra bientôt donner, aux exigences de la science agrandie, des moyens d'action mieux proportionnés !

Dans cette pensée, terminons cette lettre par la proposition de deux programmes d'enseignement:

L'un conçu dans la supposition d'un cours d'études de quatre années pour arriver à la licence, et de deux années de plus pour arriver au doctorat;

L'autre conçu dans la supposition d'un cours d'études de trois années pour arriver à la licence, et de deux années de plus, pour arriver au doctorat.

§ I. Programme d'un cours d'études de quatre années pour arriver a la licence, et de deux années de plus pour arriver au doctorat.

I. *Cours d'études pour la licence.*

1re ANNÉE.

3 *cours.*

1° Cours d'introduction à l'étude du droit, comprenant :

Dans un premier semestre, la philosophie et l'encyclopédie du droit (ou en d'autres termes la propædeutique ou méthodologie), et un abrégé de droit constitutionnel ;

Et, dans un second semestre, l'histoire externe du droit romain et du droit français.

2° Cours de droit romain ; Instituts ;

3° Cours philosophique, historique et pratique sur le droit de famille.

2e ANNÉE.

3 *cours.*

1° Cours de droit romain, Pandectes, un semestre ;

2° Cours philosophique, historique et pratique sur le droit privé ;

3° Cours de droit commercial.

3e ANNÉE.

3 *cours.*

1° Continuation du cours de droit privé ;

2° Cours de droit public et administratif ;

3° Cours de droit des gens.

4e ANNÉE.

4 *cours.*

1° Continuation du cours de droit privé : conférences et exercices pratiques ;

2° Cours philosophique, historique et pratique de procédure civile ;

3° Cours philosophique, historique et pratique de droit pénal et d'instruction criminelle ;

4° Continuation du cours de droit public et administratif.

II. *Cours d'études pour le doctorat.*

DOCTORAT JUDICIAIRE.	DOCTORAT ADMINISTRATIF.
Cours de Pandectes ; 1 semestre. Cours de droit constitutionnel. Histoire approfondie du droit ; 1 semestre. Philosophie du droit ; 1 semestre. Législation privée comparée ; 1 semestre.	Cours d'économie politique et de statistique. Cours de droit constitutionnel. Législations politiques et administratives comparées ; 1 semestre.

§ II. Programme d'un cours d'études de trois années pour arriver a la licence, et de deux années de plus pour arriver au doctorat.

I. *Cours d'études pour la licence.*

1re ANNÉE.
3 *cours.*
1° Cours d'introduction (comme dans l'autre programme) ;
2° Cours de droit romain ; Instituts ;
3° Cours de droit de famille, et commencement du cours de droit privé.

2e ANNÉE.
3 *cours.*
1° Continuation du cours de droit privé ;
2° Pandectes ; un semestre ;
3° Droit public et administratif ;
4° Droit commercial.

3e ANNÉE.
4 *cours.*
1° Continuation du cours de droit privé ;
2° Continuation du cours de droit public et administratif ;
3° Procédure civile ;
4° Droit pénal et instruction criminelle.

II. *Cours d'études pour le doctorat.*

DOCTORAT JUDICIAIRE.	DOCTORAT ADMINISTRATIF.
Comme dans l'autre programme, en ajoutant le droit des gens.	Comme dans l'autre programme, en ajoutant le droit des gens.

Ces programmes se rapprochent, à certains égards, de celui que propose M. Laboulaye (1).

Mais ils s'en séparent profondément :
1° Par la réunion constante, dans chaque cours, de l'enseignement historique, de l'enseignement pratique et de l'enseignement philosophique ;
2° Par la place attribuée au droit sanctionnateur ;
3° Par la division de l'histoire externe, de la philosophie et du droit constitutionnel, en deux parties, l'une au commencement, l'autre à la fin des études.

Ils satisfont au vœu exprimé par le même auteur de voir échelonner les études dans cet ordre : études spéculatives, études générales, études spéciales.

Ils empruntent aux programmes allemands, cités par lui (2), une grande partie de leurs divisions, en abandonnant leurs superfluités.

(1) *De l'enseignement du droit en France*, 1839, p. 37.
(2) *Revue de législation et de jurisprudence*, 1845, t. III, p. 309 à 313, et 340. — Voir aussi le rapport présenté à la commission des hautes études, par M. Vergé.

Ils diffèrent du programme proposé par la Faculté de Strasbourg (1) :

1° Par la place assignée au droit sanctionnateur, au droit des gens, au droit constitutionnel ;

2° Par la fusion, jusqu'à la licence inclusivement, des deux sections de la Faculté ;

3° Par la pensée de confier au même professeur toutes les matières du droit public, au lieu de les fractionner arbitrairement entre plusieurs.

(1) *Délibérations des Facultés*, p. 86.

DIXIÈME LETTRE.

Conciliation de la variété des méthodes, et de la division des examens.

> « Qu'est-ce qu'un système ? Une méthode en action. — Mettez une méthode dans le monde, vous y mettez un système, que l'avenir se chargera de développer. »
>
> M. Cousin, *Cours de* 1828.

Le nombre déjà grand de ces lettres m'avertit d'abréger, Monsieur et honoré Collègue.

Celle-ci sera courte. — Elle ne procédera que par voie de simple rappel aux idées développées dans notre troisième partie.

Je me joins tout à fait à M. Laboulaye (1), pour demander que le système des examens ne fasse aucun obstacle à la liberté des méthodes.

Sacrifier les grands intérêts de l'enseignement au

---

(1) *Revue de législation et de jurisprudence*, 1845, t. III, p. 295.

besoin d'un peu plus de régularité dans les épreuves, c'est retomber dans l'erreur astronomique qui faisait tourner le soleil autour de la terre.

Il faut que celui qui enseigne puisse à son gré choisir la méthode exégétique ou la méthode indépendante; qu'il prenne, s'il le veut, son thème dans l'ordre du texte, en rattachant à cet ordre les éclaircissements donnés par l'histoire du passé ou la prescience de l'avenir ; ou bien qu'il se trace dogmatiquement, s'il le préfère, un cadre philosophique de la science du juste, conçu *à priori*, sur le modèle duquel il comparera les faits historiques et pratiques.

A cette condition seulement, l'émulation et le progrès sont possibles.

Les professeurs dont le cours dure un an continueront à jouir de cette bienheureuse liberté.

Les professeurs de droit public et ceux de droit de famille et de droit privé, qui auront seuls un enseignement de plusieurs années, ne demanderont pas le système de l'examen unique, système trop fatal au travail des élèves.

Mais ils demanderont la liberté de programme, avec l'examen fractionné (1).

---

(1) Voir ci-dessus, notre 3ᵉ partie.

ONZIÈME LETTRE ET DERNIÈRE.

Organisation du professorat.

> Qui préserverait le pouvoir des séductions de l'intrigue et des erreurs du hasard, s'il n'était ouvert une lice où les aptitudes naturelles pussent se produire, et les capacités effectives se révéler?
>
> M. le comte PORTALIS, *Rapport sur le noviciat judiciaire, fait à la chambre des pairs*, le 2 juillet 1840.

Ma tâche est achevée, Monsieur et honoré Collègue.

J'ai défendu, autant que je l'ai pu, l'intérêt sacré de l'unité de la science.

Si son enseignement est une fois bien organisé, elle saura bien tirer parti des hommes qu'on lui donnera pour la servir, de quelque côté que leur mission leur vienne.

Toutefois elle n'est pas entièrement indifférente sur le moyen de choisir ses apôtres; et la question d'organisation du professorat a des rapports intimes avec ses progrès.

Du reste, c'est moins à nous qu'à l'administration supérieure, au public, à nos élèves, à discuter cette question.

Données par un tiers désintéressé, les raisons les plus faibles se font écouter. Mais nul, au point de vue du succès, n'est bon avocat ou témoin à décharge dans sa propre cause.

Quelle que soit l'excellence de ses arguments, on est tenté de lui opposer cette pensée de Cicéron : « *Suum codicem testis loco recitare, arrogantiæ est!* »

Notre devoir est cependant de n'éviter aucune partie de la discussion ; et nous donnerions à celle-ci quelques développements, si nos excellents collègues et amis, MM. Bonnier (1) et Roustain (2), ne nous en dispensaient, par leurs travaux récents sur cette matière.

Nous nous bornerons donc à poser, pour ainsi dire, les questions, et à donner un aperçu de leur solution.

Nous supposons la conservation du système fran-

---

(1) Voir l'article publié par M. Bonnier sur le concours, dans la *Revue française et étrangère*, 1845, t. 2, p. 943 ; et la polémique qui l'a suivie, entre M. Valette et M. Laboulaye.

(2) M. Roustain publie en ce moment (chez Joubert) ses deux dissertations, insérées cette année dans le même recueil, sur *la permutation appliquée aux chaires vacantes, et la permutation d'enseignement entre les professeurs*.

çais amélioré. — Nous supposons que l'Université, en admettant la concurrence autour d'elle, conserve dans son sein les Facultés de droit, dont les membres, rétribués par l'État, trouvent, dans la dignité de leur position, la considération qui leur est nécessaire.

Cela posé : quel sera le mode de désignation de ces membres des Facultés ?

Sera-ce le choix discrétionnaire du Ministre ?

Ou la nomination sur présentation ?

Ou la désignation par la voie du concours ?

On tombe généralement d'accord sur l'utilité du maintien du concours, pour parvenir au premier degré du professorat.

Seulement on discute sur le nom qu'on donnera à ce premier degré. — Ceux qui l'auront franchi s'appelleront-ils professeurs suppléants, ou agrégés?

C'est demander s'ils seront en nombre assez restreint et institués à vie? ou s'ils seront en nombre considérable, et institués pour un temps limité?

Les Facultés d'Aix (1), de Caen (2), de Dijon (3), de Grenoble (4), de Paris (5), de Rennes (6), de Tou-

---

(1) *Délibérations des Facultés*, p. 4.
(2) *Ibid.*, p. 13.
(3) *Ibid.*, p. 20.
(4) *Ibid.*, p. 43.
(5) *Ibid.*, p. 59.
(6) *Ibid.*, p. 67.

louse (1), sont unanimes, et font valoir les considérations les plus décisives, pour écarter des Facultés de droit l'institution, admise dans d'autres Facultés, d'agrégés nombreux temporaires.

Seulement on peut se demander si, pour multiplier les causes d'émulation par les cours libres, le nombre des professeurs suppléants ne doit pas recevoir une légère augmentation?

L'affirmative paraît admissible. — Elle ne produirait, au surplus, que le rétablissement d'une proportion nécessaire, si la nouvelle organisation augmentait le nombre des professeurs titulaires.

Mais c'est surtout sur la question de nomination des professeurs titulaires que les esprits se divisent.

Le choix discrétionnaire du Ministre a été admis jusqu'à présent, et peut continuer à l'être, pour la désignation du premier titulaire d'une chaire de nouvelle création, sur un enseignement jusqu'alors inexistant.

Mais quand les chaires, une fois créées, deviennent vacantes, il serait trop contraire à l'esprit de notre époque que le pouvoir ne demandât pas à être éclairé

---

(1) *Ibid.*, p. 89.

sur le choix des hommes qui doivent y monter.

« *Ce qui fait un magistrat*, dit M. Laboulaye, *c'est un député* (1). » Il ne veut pas, avec raison, qu'il en soit de même du professeur.

La lutte sérieuse des systèmes, en effet, ne peut s'élever qu'entre deux modes de désignation ; savoir :

La nomination sur présentation par certains corps savants (2) ;

Ou la désignation par la voie du concours.

Pour déterminer le terrain de la lutte, il faut, parmi les objections qu'on fait contre le second de ces deux modes, écarter celles qui portent non contre le principe, mais contre la mise en action de ce principe.

Se plaint-on du jury du concours ? — Craint-on l'esprit de corps des Facultés, et la partialité qui peut en être la conséquence ?

Eh bien ! qu'on augmente les adjonctions ; qu'on modifie la composition du jury, en y introduisant un nombre un peu plus grand de magistrats !

Dira-t-on que, si la chaire disputée est spéciale, si c'est par exemple une chaire d'histoire, d'écono-

---

(1) *Revue de législation et de jurisprudence*, 1845, t. III, p. 325.
(2) M. Édouard Laboulaye, *de l'Enseignement du droit en France*, 1839, p. 52.

mie politique, de droit constitutionnel ou public, les membres de la Faculté peuvent ne pas avoir toutes les connaissances nécessaires pour bien juger entre les candidats?

Qu'alors on prenne les juges adjoints, tantôt dans l'Académie des sciences morales ou des belles-lettres, tantôt dans le conseil d'État.

Qu'on transporte même, si l'on veut, le concours pour ces chaires devant le conseil d'État ou l'Académie, avec un certain nombre d'adjonctions.

Enfin critiquera-t-on les épreuves? — Dira-t-on qu'elles sont trop peu spéciales? que la nature de quelques-unes convient mieux aux jeunes docteurs qu'à des hommes parvenus au milieu de la vie?

Hâtons-nous de les modifier! de les combiner de telle sorte, qu'elles n'écartent personne, qu'elles portent uniquement sur le don d'initier, et qu'elles soient variées suivant la nature des chaires, comme le propose la Faculté de Grenoble (1).

Au moyen de ces modifications de détail, le concours sera dégagé des applications exagérées ou inexactes qui peuvent en fausser l'esprit. — Ne demandant aux candidats que de montrer leur aptitude, en faisant, la veille de la nomination, les le-

___
(1) *Délibérations des Facultés*, p. 44.

çons qu'ils veulent avoir le droit de faire le lendemain, il se présentera au bon sens du peuple français, et aux idées libérales de notre siècle, dans toute la puissance de sa pureté, comme une application directe du principe fondamental du droit, l'égalité.

Pour comparer les résultats de ce combat loyal, au grand jour de la publicité, avec le système admissible à beaucoup d'égards, mais plus complaisant et moins démocratique, de la présentation par certains corps savants, nous nous contenterons de poser les questions suivantes, que nous laisserons au lecteur le soin de résoudre :

Première question. — Quel est le but qu'il faut se proposer dans le choix des membres des Facultés ?

Est-ce d'avoir les hommes spéciaux les plus érudits ? ou les hommes, pourvus d'une instruction générale, qui auront avant tout le talent d'initier ?

La distinction entre les savants et les jurisconsultes, est adoptée par M. Laboulaye, quand il s'agit de soumettre les seconds au contrôle des premiers.

Mais elle est trop négligée par lui, quand il s'agit de peupler les Facultés.

Il ne nous dit pas si l'enseignement doit, comme le notariat et le barreau, avoir son noviciat et sa pratique? s'il croit qu'on puisse arriver, du premier coup, à faire, dans une année, cent cinquante leçons bien méthodiques, bien proportionnées, présentées avec clarté (1).

C'est là cependant un des côtés importants de la question posée.

Eh bien! la présentation désignera le plus souvent des savants très-remarquables sur quelque partie spéciale de la science; — le concours désignera mieux les maîtres pourvus de connaissances générales, et exercés à enseigner.

Deuxième question. — Doit-on désirer de voir monter dans les chaires des hommes jeunes, pleins d'ardeur, plaçant tout leur avenir dans la conquête du titre de professeur? renonçant à tout cumul, même, s'il le faut, à la plaidoirie, qu'il y a de bonnes raisons de leur interdire? enfin assidus dans l'exercice de toutes leurs fonctions, et dévoués au corps auquel ils appartiennent?

Ou bien faut-il préférer des candidats plus avancés dans la vie, munis ainsi de plus d'expérience, mais placés dans une condition plus défavorable pour apprendre à professer? hommes distingués, qui sans

---

(1) Depuis seize ans que j'enseigne le Code civil, je n'ai pu encore parvenir à ne pas jeter au feu mon cours précédent, chaque fois que j'en commence une période nouvelle.

doute pourront populariser, dans les Facultés, quelques idées utiles, et leur apporter l'illustration de leur nom et de leurs titres antérieurs? mais qui, d'un autre côté, quelle que soit leur bienveillance pour elles, n'auront pas le temps de se dévouer à tous les travaux qu'elles demandent, préoccupés qu'ils seront par la pairie, par la députation, par mille autres emplois entre lesquels leur vie sera partagée?

Le concours amènera le premier résultat : la présentation produira le second.

Je vois dans de bons esprits le doute sur le choix entre les deux. — Mais je ne puis partager ce doute. Persuadé que je suis du fâcheux effet de tout cumul, dans toute société bien organisée, je prends parti pour le concours qui ne favorise pas ce cumul.

Quant à la vocation, par voie d'avancement, des professeurs des Facultés des départements à la Faculté de Paris, je l'admets de grand cœur :

Si, pourtant ce n'est pas une cause de ruine pour les premières ;

Si, en exigeant certaines conditions d'âge, de temps, de consentement des Facultés, on peut éviter les abus possibles ;

Et si enfin il n'en résulte pas, comme l'a montré M. Roustain dans les dissertations indiquées plus haut, la destruction à peu près complète du concours, qui, au surplus, modifié comme nous l'avons vu ci-dessus, ouvre une honorable voie à l'avancement des professeurs des Facultés des départements.

En terminant cette conclusion, j'apprends que M. le Ministre de l'Instruction publique veut bien m'appeler, avec mon honoré collègue M. Demante, aux délibérations de la haute commission des études de droit.

Le peu d'éclaircissements que ce livre a voulu apporter dans la discussion va me paraître bien faible, absorbé dans un foyer bien plus lumineux.

Que ce volume subsiste cependant; achevé en dehors de toute prévision d'un honneur auquel j'étais loin de m'attendre, qu'il reste du moins comme un souvenir d'affection entre vous et moi, Monsieur et honoré Collègue, et comme un témoignage de dévouement à la science que nous aimons tous deux.

FIN.

TABLE DES MATIÈRES.

                                                  Pag.

A MES ÉLÈVES... V
PRÉFACE... VII

PREMIÈRE PARTIE.

PREMIÈRE LEÇON.

(14 novembre 1845.)

Quelques conseils. 4
Division du cours 9
Analyse du cours abrégé de philosophie de droit. 11
    PARTIE Ire. — Position de la question du juste et de l'injuste... 13
    — II. — Désir d'une réponse à la question du juste et de l'injuste.. 17
    — III. — Réponses spontanées, ou hypothèses......... 18
    — IV. — Besoin de la certitude, ou du choix entre les réponses. 19
    — V. — Du doute ou scepticisme................. 20
    — VI. — Conditions générales de l'étude de la science du juste et de l'injuste 26
    — VII. — Conditions spéciales de l'étude de la science du juste et de l'injuste.. 30

DEUXIÈME LEÇON.

(17 *novembre* 1845.)

Pag.

PARTIE VIII. — Recherche de la distinction du juste et de l'injuste dans un principe fondamental. 39
— IX. — Divisions de la science du droit. 61
TITRE 1ᵉʳ.— Première division du droit, prise du point de vue de sa source. 62
— 2. — Deuxième division du droit, prise du point de vue de la nature des rapports qu'il règle. 70
— 3. — Première subdivision du droit, prise du point de vue du but qu'il se propose. 71
— 4 — Deuxième subdivision du droit, prise du point de vue des personnes qu'il régit. 75

TROISIÈME LEÇON.

(19 *novembre* 1845.)

PARTIE X. — Classification des matières de l'enseignement du droit. 76
TITRE 1ᵉʳ.— Dans quel ordre convient-il d'enseigner les divisions du droit tirées du point de vue de sa source. . c'est-à-dire le droit positif et le droit naturel?. . 77
— 2. — Dans quel ordre convient-il d'enseigner les divisions du droit tirées du point de vue de l'objet des rapports qu'il règle, c'est-à-dire le droit contitutionnel, le droit de famille, le droit privé, le droit public?. 111
— 3. — Dans quel ordre convient-il d'enseigner les divisions du droit tirées du point de vue de son but, c'està-dire le droit déterminateur et le droit sanctionnateur?. 112
— 4. — Dans quel ordre convient-il d'enseigner les divisions du droit tirées du point de vue des personnes qu'il régit? c'est-à-dire le droit national et le droit des gens?. 114

TITRE 5. — Diverses méthodes pour étudier le droit. 115
— 6. — Classement méthodique des matières dans l'étude de chaque branche du droit 125

DEUXIÈME PARTIE.

Analyse du cours abrégé d'encyclopédie du droit français. . 137

QUATRIÈME LEÇON.

(21 novembre 1845.)

But de cette analyse 139
Division du cours d'encyclopédie. 142
Ire Série de prolégomènes. — Aperçu du droit français, considéré sous le point de vue de la nature des rapports qu'il règle. 143
  Livre Ier. — Droit constitutionnel . . . . *ib.*
  — II. — Droit de famille et droit privé. 152
  — III. — Droit public. 172
IIe Série de prolégomènes. — Aperçu du droit français, considéré sous le point de vue du but qu'il se propose. 180
IIIe Série de prolégomènes. — Aperçu du droit français, considéré sous le point de vue des personnes qu'il régit. 192
  1re *Question*. — Comment notre droit des gens établit-il la distinction de la qualité de Français et de celle d'étranger ? 193
  2e *Question*. — Comment notre droit des gens règle-t-il les rapports de la nation française avec les autres nations, considérées comme personnes collectives ? 199
  3e *Question*. — Comment notre droit des gens règle-t-il les rapports des Français et des étrangers, considérés individuellement ? 204
Transition aux deux cours spéciaux sur le droit de famille et le droit privé. 209

TROISIÈME PARTIE.

Pag

Observations sur l'enseignement du droit civil en France, et notamment sur l'arrêté du conseil royal de l'instruction publique du 22 septembre 1843. 229

SECTION Iʳᵉ. — Exposé des faits antérieurs à l'arrêté du 22 septembre 1843 236
— II. — Changements apportés par les dispositions de l'arrêté du 22 septembre 1843. 242
— III. — Examen des dispositions de l'arrêté du 22 septembre 1843. 246
§ Iᵉʳ. — Considérations contre le système de l'unité de programme. . . . . *ib.*
1° — La détermination, par l'autorité, d'un programme unique, est scientifiquement impossible 247
2° — La détermination d'un programme unique, prenant pour base l'ordre du Code civil, est nuisible. 255
3° — Les minces avantages que produit l'unité de programme sont loin de contre-balancer les inconvénients qu'elle entraîne 258
§ II. Considérations contre le programme adopté par l'arrêté. . 272
1° — L'arrêté laisse subsister la confusion de matières qui résultera toujours d'une division par numéros d'articles. . 273
2° — L'arrêté augmente la disproportion qui existait déjà entre les matières des trois examens 277

QUATRIÈME PARTIE.

Conclusion.

LETTRES A M. GIRAUD, INSPECTEUR GÉNÉRAL DE L'ORDRE DU DROIT. 283
Première lettre. . . . . *ib.*
Deuxième lettre. — Nécessité de la distinction des objets et des méthodes d'enseignement. 290

	Pag.
Troisième lettre. — Impossibilité de l'indifférence sur le choix des méthodes et surtout sur l'ordre des objets d'enseignement.	304
Quatrième lettre. — Conciliation des devoirs et des droits de l'État avec la liberté d'enseignement	312
Cinquième lettre. — Division des cours de droit, d'après les distinctions tirées du point de vue de la source du droit.	343
Sixième lettre. — Division des cours de droit, d'après les distinctions tirées du point de vue des rapports que le droit règle.	358
Septième lettre. — Division des cours de droit, d'après les distinctions tirées du point de vue du but que le droit se propose.	375
Huitième lettre. — Division des cours de droit, d'après les distinctions tirées du point de vue des personnes que le droit règle.	380
Neuvième lettre. — Ordre et durée de l'enseignement.	385
Dixième lettre. — Conciliation de la variété des méthodes et de division des examens.	398
Onzième lettre. — Organisation du professorat.	400

FIN DE LA TABLE DES MATIÈRES.

PARIS. — IMPRIMERIE DE FAIN ET THUNOT,
Rue Racine, 28, près de l'Odéon.

www.ingramcontent.com/pod-product-compliance
Lightning Source LLC
Chambersburg PA
CBHW072215240426
43670CB00038B/1496